全国高等院校旅游专业规划教材

旅游企业财务管理

师 萍 主编

北京·旅游教育出版社

责任编辑:郭珍宏

图书在版编目(CIP)数据

旅游企业财务管理/师萍主编. --北京:旅游教育出版社,2017.3(2022.6重印)
全国高等院校旅游专业规划教材
ISBN 978-7-5637-3549-5

Ⅰ.①旅… Ⅱ.①师… Ⅲ.①旅游企业—财务管理—高等学校—教材 Ⅳ.①F590.66

中国版本图书馆 CIP 数据核字(2017)第 069058 号

全国高等院校旅游专业规划教材
旅游企业财务管理
师萍 主编

出版单位	旅游教育出版社
地　　址	北京市朝阳区定福庄南里1号
邮　　编	100024
发行电话	(010)65778403 65728372 65767462(传真)
本社网址	www.tepcb.com
E-mail	tepfx@163.com
排版单位	北京旅教文化传播有限公司
印刷单位	河北省三河市灵山芝兰印刷有限公司
经销单位	新华书店
开　　本	720毫米×960毫米 1/16
印　　张	18
字　　数	277千字
版　　次	2017年3月第1版
印　　次	2022年6月第6次印刷
定　　价	33.00元

(图书如有装订差错请与发行部联系)

前 言

在现代旅游企业的经营思想和方法中,财务管理占重要地位。所谓财务管理,通俗地说即"理财",就是研究如何合理地筹资、投资、用资的一门科学。加强旅游企业的财务管理,运用科学的方法来管理好企业财务,已成为旅游企业的经营者和财务人员的当务之急。旅游企业财务管理涉及的问题、范围十分广泛,它既需探测企业外部环境的未来趋势,又要分析企业内部因素的现实状态,以期对旅游企业面临的各种财务问题作出规划、研究、设计,提出有效、可行的目标。传统意义上的财务管理作为一种实践活动,无疑有着与人类生产活动同样悠久的历史,但现代意义上的财务管理无论是就实践还是就理论而言,都只是近百年的事情(陆正飞,2001)。随着经济全球化和我国旅游事业的迅速发展,经营范围不断扩大,各种因素日趋复杂,旅游企业基于生存和发展的需要研究财务问题,就显得非常重要。从事旅游企业管理的各类人员,也都热切地希望能系统了解旅游企业财务管理的最新知识和方法。

本书是为满足这一要求而编写的。希望能在不太长的篇幅内,系统介绍现代旅游企业财务管理的最新理论、最新知识和方法。由于财务管理涉及企业上上下下,涉及国家大部分经济政策和税收政策,是应用性较强的管理学科,很难在有限篇幅内勾画出它的全貌。若要一味求全而顾及财务管理的方方面面,必有非繁即空之虞。因此,作者紧紧围绕旅游企业财务管理中面临的新问题——筹资、投资、股利分配等热点问题,结合财政部最新中级《财务管理》考试大纲的内容,着重介绍现代旅游企业财务管理理论和方法,重点问题皆举例说明。希望广大旅游企业的管理者、业务人员、财务人员在读完本书后,能系统掌握现代旅游企业财务管理的一些原则、概念、方法,分析和处理企业财务管理中遇到的实际问题。如若是,则作者花费心血编写此书的些许心意,也就得到了报偿。

本书由师萍担任主编,作者有吴翊、杨东礼、韩聪慧、张文利、常莉、徐博宇、陈娟丽、陈建设、赵敏刚、石睿、吴昊、靳洪涛、王靓、郝楠楠、张扬、张倩、唐丹妮、田谧、屈杰、叶茹、张雨莹、杨军良、陈静菲、李辉、潘艳玲、欧阳春花、宁岗、王杲、王勇等。

全书由师萍教授提出大纲,负责统稿,组织习题设计等。

  本书是国家旅游局组织的全国高等院校旅游专业规划教材,旅游饭店、旅行社、旅游车船公司的经营者、管理者以及会计人员中级职称考试等,也可学习和参考。本书是在国家旅游局和旅游教育出版社的关怀下充实和完善的,郭珍宏编辑提出了不少宝贵意见,为本书的付梓出版作了大量的工作;西北大学经济管理学院院长任保平教授,党委书记李国良副研究员,副院长惠宁教授、何爱平教授、杜勇副研究员、师博博士等给予了我们大力支持,在此一并表示深深的感谢!

师 萍

2017年1月于西北大学长安校区

目 录

第一章 旅游企业财务管理概论 ··· 1
 第一节 企业与旅游企业财务管理 ·· 1
 第二节 旅游企业组织与财务管理目标 ·· 6
 第三节 旅游企业财务管理的环节 ··· 15
 第四节 旅游企业财务管理体制 ··· 17
 第五节 旅游企业财务管理环境 ··· 21
 思考与练习 ··· 26

第二章 旅游企业财务管理基础 ·· 28
 第一节 货币时间价值 ··· 28
 第二节 风险与收益 ··· 43
 第三节 成本性态 ··· 55
 思考与练习 ··· 59

第三章 旅游企业预算管理 ·· 62
 第一节 旅游企业预算管理的主要内容 ······································· 62
 第二节 预算编制方法与程序 ··· 64
 第三节 预算编制 ··· 68
 第四节 预算执行与考核 ··· 79
 思考与练习 ··· 80

第四章 旅游企业筹资管理（上） ·· 81
 第一节 旅游企业筹资管理的主要内容 ······································· 81
 第二节 债务筹资 ··· 89
 第三节 股权筹资 ·· 101
 思考与练习 ·· 112

第五章　旅游企业筹资管理(下) ……………………………………………… 113
　　第一节　混合筹资 ……………………………………………………… 113
　　第二节　资金需要量预测 ……………………………………………… 119
　　第三节　资本成本与资本结构 ………………………………………… 124
　　思考与练习 ……………………………………………………………… 139

第六章　旅游企业投资管理 ………………………………………………… 141
　　第一节　旅游企业投资管理的主要内容 ……………………………… 141
　　第二节　投资项目财务评价指标 ……………………………………… 144
　　第三节　项目投资管理 ………………………………………………… 152
　　第四节　证券投资管理 ………………………………………………… 153
　　思考与练习 ……………………………………………………………… 160

第七章　旅游企业营运资金管理 …………………………………………… 161
　　第一节　旅游企业营运资金管理的主要内容 ………………………… 161
　　第二节　现金管理 ……………………………………………………… 164
　　第三节　应收账款管理 ………………………………………………… 170
　　第四节　存货管理 ……………………………………………………… 176
　　第五节　流动负债管理 ………………………………………………… 184
　　思考与练习 ……………………………………………………………… 189

第八章　旅游企业成本管理 ………………………………………………… 190
　　第一节　旅游企业成本管理的主要内容 ……………………………… 190
　　第二节　量本利分析与应用 …………………………………………… 192
　　第三节　标准成本控制与分析 ………………………………………… 201
　　第四节　作业成本与责任成本 ………………………………………… 205
　　思考与练习 ……………………………………………………………… 209

第九章　旅游企业收入与分配管理 ………………………………………… 210
　　第一节　收入与分配管理的主要内容 ………………………………… 210
　　第二节　收入管理 ……………………………………………………… 213
　　第三节　纳税管理 ……………………………………………………… 226
　　第四节　分配管理 ……………………………………………………… 231
　　思考与练习 ……………………………………………………………… 237

第十章　旅游企业财务分析与评价 …………………………………… 238
　　第一节　财务分析与评价的主要内容与方法 …………………… 238
　　第二节　基本的财务报表分析 …………………………………… 243
　　第三节　上市公司财务分析 ……………………………………… 260
　　第四节　财务评价与考核 ………………………………………… 261
　　思考与练习 ………………………………………………………… 267

附表 1 …………………………………………………………………… 269
附表 2 …………………………………………………………………… 272
附表 3 …………………………………………………………………… 275
附表 4 …………………………………………………………………… 278

第一章

旅游企业财务管理概论

本章重点
- 掌握旅游企业财务管理的内容
- 掌握旅游企业财务管理的目标
- 掌握旅游企业财务管理体制
- 熟悉旅游企业财务管理的技术、经济、金融和法律环境
- 了解旅游企业财务管理的环节

第一节 企业与旅游企业财务管理

一、旅游企业财务管理的概念

企业是一个契约性组织,它是从事生产、流通、服务等经济活动,以生产或服务满足社会需要,实行自主经营、独立核算、依法设立的一种营利性的经济组织。

旅游企业是能够以旅游资源为依托,以有形的空间设备、资源和无形的服务效用为手段,在旅游消费服务领域实行自主经营、独立核算、依法设立的一种营利性的经济组织。

所谓"财务"一般是指社会各经济环节中,涉及钱、财、物的经济业务。英文Finance(理财)泛指政府、企业和个人的理财活动。旅游企业财务(Finance of Tourism Enterprise)是客观地存在于旅游企业生产经营活动中的专业性的财务活动。随着社会的发展,现代旅游业(Modern Tourism Industry)已成为以有形和无形的旅游资源为凭借,以完善的旅游设施为基础,通过旅游服务来满足旅游者各种需要的第三产业。现代旅游业以科学技术和生产高度社会化为特征,集合着现代生产的诸要素(资源、资金、人力),运用旅游资源,按时或针对旅游者的某一项或多项

需要,从事有组织、有计划、有效率的旅游服务,成为依法自主经营、独立核算、自负盈亏的经济单位。服务于旅游企业总目标的财务管理,是企业经营管理中一项独立的管理活动,承担着专业化的职能——理财。

旅游企业按照从事旅游产品经营的产业链划分,分为:①直接旅游企业:包括旅行社、饭店、餐馆、旅游商店、交通公司、旅游景点、娱乐场所等。②辅助旅游企业:包括管理公司、服务公司、影视公司、出版单位、通信设施以及食品、卫生等生活服务部门和行业。③开发性组织:包括相关的政府机构、旅游院校、旅游科研机构等。按照旅游活动所使用的主要经营资源划分,分为劳动密集型旅游企业和资本密集型旅游企业。

旅行社的产品是向旅游者提供某一条(或几条)旅游线路,为旅游者预订房间、预订车辆、提供导游服务等;旅游饭店的产品是为旅游者提供以食宿为主的各种服务;旅游汽车公司的产品是使旅游者完成空间的位移,使旅游者安全到达旅游目的地。因此,旅游产品是一种组合产品,是由许多环节构成的有机服务整体,是一个系统工程。只有对整个旅游服务活动进行合理计划、组织、协调、监督和控制,才能充分满足旅游者食、住、行、游、购各方面的需要。

我国是世界旅游资源大国之一,在960万平方公里的辽阔国土上,绚丽的河山、灿烂的文化,孕育了丰富多彩的旅游资源,为我国发展旅游业奠定了丰厚的基础。据统计,2015年年底,我国纳入统计范围的旅行社共有27 621家,纳入星级饭店统计管理系统的星级饭店共计12 327家。2015年,我国国内旅游人数40亿人次,收入3.42万亿元,分别比上年增长10.5%和13.0%;入境旅游人数1.34亿人次,实现国际旅游收入1136.5亿美元,分别比上年增长4.1%和7.8%;中国公民出境旅游人数达到1.17亿人次,旅游花费1045亿美元,分别比上年增长9.0%和16.6%;我国全年实现旅游业总收入4.13万亿元,同比增长11%。2015年,全国旅游业对GDP的直接贡献为3.32万亿元,占GDP总量的4.9%;综合贡献为7.34万亿元,占GDP总量的10.8%。旅游直接就业2798万人,旅游直接和间接就业7911万人,占全国就业总人口的10.2%[①]。旅游业在我国国民经济中发挥着越来越重要的作用。

旅游企业财务管理(Financial Management of Tourism Enterprise)是随着旅游业规模不断扩大而出现的一种管理职能,它主要解决旅游企业经营管理中的一些理财问题,如资金如何筹集,股票如何发行,资金筹集后如何使用,如何使利润最大化,营运资金如何管理,企业利润如何分配等。财务管理是旅游企业经营管理的一部分,应根据企业经营目标和经营需要,按照资金运动规律,对旅游企业的财务问题进行规划和管理,实施科学有效的计划、组织与控制,并正确处理企业同各方面

---

① 2015年中国旅游业统计公报.中华人民共和国旅游局官网[EB/OL].http://www.cnta.gov.cn/zwgk/lysj/201610/,2016-10-18.

的经济关系。

旅游企业财务管理在学科划分上属经济管理学范畴,是财务管理理论和实践的组成部分,是应用于旅游企业中的专业性的财务管理,是一种价值管理,有显著的行业特点。它利用货币形式,对旅游企业资金运动和业务收支活动进行综合规划。财务管理是企业对财务活动的管理,是企业或公司最基本的管理活动,因此又称公司理财(Corporate Finance)。财务管理是基于企业客观存在的财务活动和财务关系而产生的,是企业组织财务活动、处理财务关系的一项管理工作。财务管理是现代企业经营管理的核心,由于企业经营活动规模不断扩大,竞争日趋激烈,理财已成为企业生存和发展的重要环节。

二、旅游企业财务管理的内容

旅游企业财务管理千头万绪,归根结底不外乎两大类:筹资和投资,即要解决企业生产经营所需的钱从哪里来、所筹的钱又用到哪里去这两个基本问题。除此之外,营运资金的管理、分配活动的管理,也都是旅游企业财务管理的基本内容。

(一)筹资

筹资就是旅游企业筹措资金的过程。筹资的目的是为了满足企业购置资产的资金到位。旅游企业财务管理的内容之一,就是在筹集资金阶段研究和设计最优的筹资方案,合理确定筹资结构,使企业筹资的成本最小。同时要使所筹集的资金能发挥最大的经济效益,使企业的价值最大化。

一般说来,旅游企业可以从两方面筹资并形成两种性质的资金来源:一是自有资金,即通过向投资者吸收直接投资、发行股票、企业内部留存收益等方式取得。投资者包括国家、法人、集体、个人、外商等。二是债务资金,即通过向银行借款、发行债券、应付款项等方式取得。企业筹集资金,表现为企业资金的流入。偿还借款、支付利息、股利以及付出各种筹资费用等,则表现为企业资金的流出。

(二)投资

旅游企业将所筹资金投资于资产时,投资收益是否高于投资成本、投资风险的防范和补偿等,是旅游企业财务管理的重要内容。旅游企业的投资决策正确与否,直接影响其未来的净现金流量,亦即影响企业资产的增值。

投资可分为广义投资和狭义投资两种。广义的投资是指企业将筹集的资金投入使用的过程,包括企业内部使用资金的过程(如购置流动资产、固定资产、无形资产等)及对外投放资金的过程(如投资购买其他企业的股票、债券或与其他企业联营等)。狭义的投资仅指对外投资。无论企业购买内部所需资产,还是购买各种证券,都需要支付资金。而当企业变卖其对内投资形成的各种资产或收回对外投资时,则会产生资金的流入。

旅游企业在投资过程中,还必须考虑投资的规模,即在多大的投资规模下,企业的经济效益最佳。还必须通过对投资方向和投资方式的选择,确定合理的投资结构,提高投资效益、降低投资风险。

（三）营运资金

旅游企业投资于生产经营的营运资金,是为满足日常生产经营活动需要而垫支的资金。营运资金的周转与生产经营周期具有一致性。在一定时期内资金周转更快,利用数量相同的资金,就可以生产出更多产品,提供更多的服务,取得更多的经营收入,获取更多的利润。因此,如何加速旅游企业营运资金的周转速度,提高资金利用效果,也是企业财务管理的主要内容。

（四）分配

旅游企业通过资金营运取得的收入,首先要弥补生产经营耗费,缴纳流转税,其余部分为企业的营业利润;营业利润和投资净收益、营业外收支净额等构成企业的利润总额。旅游企业实现的利润首先要按国家规定缴纳所得税,净利润按比例提取公积金和公益金,分别用于扩大积累、弥补亏损和改善职工集体福利设施,其余利润作为投资者的收益分配给投资者,或暂时留存企业,或作为投资者的追加投资。值得说明的是:企业筹集的资金归结为所有者权益和负债两个方面,在对这两种资金分配报酬时,前者是通过利润分配的形式进行的,属于税后分配;后者是通过将利息等计入成本费用的形式进行分配的,属于税前分配。

另外,随着分配过程的进行,资金退出企业或留存企业,都必将影响企业的资金规模和资金结构。因此,如何合理确定分配规模和分配方式,使企业长期利益最大化,也是财务管理的主要内容。

旅游企业的上述财务活动与外部理财环境息息相关。国家经济发展周期、政府财税政策的变化、与筹资直接有关的金融市场利率等,都是旅游企业财务必须熟悉和重点研究的领域。因此,旅游企业财务管理的另一任务,就是要在企业和资本市场之间、企业和国家宏观财税政策之间搭起桥梁,发挥资金转换作用。财务管理还要寻求在一定外部环境下,使企业资金运用产生尽可能多的效益,这就需要旅游企业财务管理在资金需求与收益、成本及风险之间进行衡量,做出最终达到效益最大的决策。

三、财务管理学科的发展

旅游企业财务管理在学科划分上,属管理学范畴,是旅游企业管理理论和实践的组成部分,是应用于旅游企业中的专业性的财务管理,是一种价值管理,有显著的专业特点,它是财务管理学应用于旅游业的学科分支。1897 年,美国学者格林(Thomas L.Greene)的《公司理财》(Corporate Finance)问世,标志着财务管理学的诞生。1920 年,斯通(Arthor Stone)出版《公司财务策略》(Financial Policy of Corporation),发展了财务管理的理论和方法。"二战"后,随着企业生产经营规模的不断扩大、金融证券市场的日益繁荣,筹资日渐不易等原因使人们越来越感觉到财务管理的重要性,财务管理的理论与方法也得到了不断发展。每个大型的旅游企业都有专门从事财务管理的机构,设财务经理(Chief Finnance Officer,CFO)直接向总经理报告并负责财务会计工作。财务经理(CFO)作为副总,在企业高层领导中处于重要的地位。

财务管理自从成为一专门学科以来,经历了传统财务管理、内部财务管理和投资财务管理等阶段。

(一)传统财务管理阶段

这一阶段的划分是指从19世纪财务管理作为学科产生,到"二战"前后的一段时间。这一时期的财务管理学,主要集中在研究企业如何在外部资本市场上筹集资金,并安排资金的使用和分配。由于股份公司的出现和发展,各公司都面临如何筹集扩大经营所需要的资金问题,而当时资金市场的发展还不够充分,很多人还不愿意购买股票和债券,资金筹集十分困难。因此,这一时期企业财务管理的主要任务是研究筹资问题。

这一阶段财务管理面临的另一重要问题,是适应企业与投资者、债权人、政府等各方有关的问题。20世纪30年代的经济危机使许多公司倒闭,投资者损失严重。为了保护投资者的利益,各国政府普遍加强了对证券市场的管理。如美国于1933年通过了《联邦证券法》,1934年又通过了《证券交易法》,规定公司发行证券前必须向证券交易委员会登记注册,向投资人提供公司财务状况及其有关情况的说明书,并按规定向证券交易委员会定期报告公司财务状况等。因此,这一时期企业财务管理的一个重要问题,是协调企业与投资人、政府、法律等的关系,理顺企业生长的外部环境。

(二)内部财务管理阶段

这一阶段的划分是指从"二战"后到20世纪70年代的这一段时期。在这一时期,财务管理经历了一个重要发展时期,传统财务管理阶段只着重研究资本筹措,却忽视了企业日常的资金周转和内部控制,也没有一套必要的财务管理办法。随着科学技术的发展、市场竞争的激烈,企业逐渐认识到,财务管理的主要问题不仅在于筹措资金,更在于有效的内部控制。只有管理和运用好现有资金,才能促使企业持续和稳定地发展。在此阶段,由于资金市场也逐渐成熟,资金筹集已不是财务人员第一位的工作任务,而代之以管好、用好资金,加强企业内部的财务管理。在这一阶段,各种计量模型被应用于存货、应收账款、固定资产等项目,财务分析、财务计划、财务控制等得到了广泛应用。20世纪50年代,投资项目选择和评价方法的出现,使投资决策理论得到发展。现金折现方法被用于资本预算分析及金融资产定价。资本成本、股息策略和资本结构理论也开始发展。至20世纪六七十年代,统计学、运筹学、优化理论等数学方法被引入财务管理中。这一时期形成的"资本资产定价模型""期权定价理论"等,为评价企业价值、研究证券投资的风险和收益奠定了基础,并使得财务管理中的投资决策、筹资决策、资本结构和股息策略决策等,建立在可靠的理论基础和实证分析之上。因此,这一时期财务管理的主要问题是如何搞好内部管理,并使财务管理理论与方法得到了空前发展与完善。

(三)投资财务管理阶段

这一阶段的划分是指20世纪70年代以来的这一段时间。这一时期,世界经济由于科学技术的不断进步有了很大的发展,旅游企业跨国经营的规模不断扩大,通货膨胀和市场竞争更加激烈,投资风险也加大。因此,这一时期的财务管理中,投资管理受到空前重视,使企业财务管理又走上一个新的台阶。20世纪80年代以来,财务管理学进一步研究不确定条件下的企业价值评估,通货膨胀对企业价值的影响,企业的兼并、转让与收购。20世纪在世界范围内,包括旅游业在内,至少已掀起过五次企业购并的高潮,同时对已有的理论进行完善,并在实践验证的基础上对理论做出修正,旅游企业财务管理的方法也向定量化、科学预测、国际化的方向发展。

第二节 旅游企业组织与财务管理目标

一、企业组织形式

典型的企业组织形式有三种:个人独资企业、合伙企业以及公司制企业。三种形式的企业组织中,个人独资企业占企业总数的比重很大,但是绝大部分的商业资金是由公司制企业控制的。因此,财务管理通常把公司理财作为讨论的重点。

不同组织形式的企业,财务管理的目标和内容不尽相同。现代旅游企业按照组织形式分为三种:独资、合伙、公司制。我国的国有独资旅游企业既有公司的大部分特性,又是国家独资的,它也是企业的一种类型。随着我国现代企业制度的建立,大部分国有旅游企业也明确了产权形式,改造为公司制的基本形式。财务管理理论和方法的研究重点是公司,但财务管理中的概念、原则和方法同样适用于独资和合伙企业。

(一)个人独资企业

独资企业(Sole Proprietorship)是由一个人(自然人或法人)单独出资,自营或雇人经营,归个人所有和控制的企业。独资企业具有结构简单,开办容易,利润独享,限制较少的优点。但按照惯例,独资企业要承担无限责任,即一旦企业亏损倒闭,企业所有者的损失不是以资本为限,而是须将自己的私人财产用来抵债,对企业所有的债务负责。另外,独资企业筹资一般比较困难,因为个人财力有限,在借款时往往会因信用不足而遭到拒绝,使企业失去有利可图的机会。个人独资企业的特点是：

(1)组建简单、费用低,只要按照有关规定,向政府工商行政管理部门申请营业执照即可。

(2)无须向社会公布企业的财务报表。

(3)一般情况下,所有权和经营权合一。

(4)政府对独资企业的管制较少,企业只要遵守政府的有关规定即可。

(5)企业对自己的债务负无限责任,当个人投入企业的资产不足以抵偿债务时,业主的个人财产也将被迫负担索赔。

(6)企业的寿命有限,往往随着业主的死亡而告终。

(7)企业的资本由业主个人筹集,一般为个人积蓄,很难筹集到大笔资金用于企业的扩展。

由于以上原因,独资企业设立较多,消失得也快,规模较小。当独资形式妨碍企业的进一步发展时,它们会转向其他更有利的形式。

(二)合伙企业

合伙企业(Partnership)是由两个或两个以上的业主订立合同,由每个合伙人各自出资,按共同商定的合约决定每人分担责任和分享利润的企业。合伙企业也要承担无限责任,交个人所得税。按每个合伙人所负担责任的差别,合伙企业可分为一般合伙(General Partnership)和有限合伙(Limited Partnership)两种。一般合伙的合伙人每人均可代表企业,以企业的名义签订合同。每人都负有无限责任,即当企业的资产不足以抵债时,每个合伙人都有连带责任,要以自己个人的财产承担公司债务;有限合伙是只有一个合伙人负有无限责任,其他人负有限责任,但企业只能由负无限责任的合伙人经营,其他合伙人不得干预。有限合伙人类似于一般投资者,他们不参与企业经营,仅以自己投入的资本对企业的债务负责。

合伙企业的组建也比较容易,但寿命一般也有限。当某个合伙人退出或死亡,合伙关系即告终止,合伙企业消失。一旦形成新的合伙关系,即预示着一个新合伙企业的诞生。

实行合伙企业制,可以把不同个人的资本、技术和能力聚合起来,形成比独资企业更强更有创造力的经营实体。但它在无限责任和有限生命这两点上与独资企业是一致的。此外,合伙企业的资本不以股票形式出现,不能转让和变现,因此,合伙制与公司制相比,所有权的转移比较困难,较难筹集大量资金,故合伙企业适合于小型企业。在国际上,一般的高科技企业,在风险投资刚起步时,往往采用合伙制的形式。有的国家的政府为鼓励高科技风险投资,对合伙企业规定可以实行股份制,对股票收益征收较轻的税收政策等。

(三)公司制

公司制(Corporation)的企业不同于个体企业和合伙企业,它是一个法律实体,我们在法律上称它为"法人"。作为法人，公司具有许多与自然人相同的权利，它以公司的名义拥有财产，具有法律身份。公司可以签订合同，为公司的债务承担责任，当然也要为公司获得的利润缴纳所得税。公司制有不同形式，从公司股东责任形式的角度，公司分为无限责任公司、有限责任公司、股份有限公司、两合公司等。其中，有限责任公司和股份有限公司是两种基本类型，国际上采用得比较多的也是这两种形式，我国《中华人民共和国公司法》所指的公司，主要采用两种形式。

1. 有限责任公司

是由两个以上、法定人数以下的股东共同出资组建而成的。每个股东对公司只承担有限责任，也就是只以其出资额作为对公司债务的责任。对公司来讲，它以其全部资产对公司的债务承担责任。有限责任公司不公开发行股票。

有限责任公司的特点是：①股东只承担有限责任，对公司的债权人不承担直接责任，对公司所负债务的责任最多以他的出资额为限。②股东可以是自然人，也可以是法人和政府。③股东数最少为2个，最多不能超过法定数，我国《公司法》规定上限为50个股东。④不能公开发行股票。那么如何表示不同股东所拥有的不同份额呢？用股单。有限责任公司的股单表示股东各自的份额，它是一种股份的权利证书，但不能进行买卖。⑤股东股份的转让，需经股东会讨论通过或由董事会讨论通过，具有严格的限制，不能自由交易或转让。

2. 股份有限公司

是将全部资本分为等额股份，并可以通过发行股票筹集资本，股东只是以其所持有的股份对公司承担有限责任。对公司而言，则以全部资产对公司的债务承担责任。

股份有限公司的特点是：①股东负有有限责任，他只以其所持有的股份对公司债务承担责任，不直接对公司债权人承担责任，也就是说，公司的债权人只能对公司行使债权。②股东必须达到法定人数，但只有下限，没有上限，我国《公司法》规定应有5人以上为发起人。③公司的全部资本须划分为等额的股份。④公司经批准可向社会公开发行股票，股票可以交易或转让。⑤每一股有一表决权，股东按其持有的股份享受股利和表决权。

有限责任公司和股份有限公司都是有限公司，这类公司的优点是：

第一，股东在公司中的投资所冒的风险仅限于投资额本身，也就是说，当公司出现偿债危机时，债权人讨债的对象只能是公司的财产，股东的个人财产不会受到影响，绝不会让股东们赔得身无分文。

第二，便于筹集资本，因此具有较多的增长机会。特别是股份有限公司，能够向社会募集到巨额资本，这是个体企业、合伙企业无法做到的。

第三，股份可以转让。特别是股份有限公司的股票在市场上公开出售或转让，流动性很强，股票持有者可随时根据需要将股票转化为现金。

第四,公司制企业具有永久存在的可能。这并不是说公司永远不会破产。相对个体企业和合伙企业而言,个体企业将随业主本人的死亡而终结;合伙企业中任何一合伙者的退出或死亡都意味着合伙关系的结束。而公司由于股份的可转让性,使其不会因股东的退出或死亡而告终结。

第五,公司制企业往往由专业管理人员经营。由于公司所有权和经营权分离,股东们不可能共同管理公司,因此由股东们选出董事会管理公司,董事会则聘任专业管理人员担任经理来管理公司的日常事务。专业管理人员管理公司比股东自己管理公司要有效得多。

公司制企业的缺点是:首先,公司若盈利,须缴纳所得税,股东分红后,还要缴纳个人所得税。这就形成了双重纳税。其次,由于股份分散,公司容易被少数人控制,某些管理者可能追求个人利益而忽视或损害股东的利益。再次,有的国家对公司制企业在法律上的限制较多。例如经营范围、发行股票等方面都有限制,股票上市的公司还要定期公布财务报表,接受社会公众的监督。最后,企业经营权和所有权的分离在给企业带来管理效率的同时,也由于所有者与经营者信息的不对称,给经理利用职权为自己和职工谋利而损害所有者利益带来可乘之机。

由于公司制的众多优点,使公司这一组织形式比独资和合伙企业有更大发展的可能性。当今世界范围内,公司已经成为大企业所采用的最为普遍的形式。

至于无限责任公司则是指公司股东对公司的债务负无限责任,有多少债务就应还多少,直至以个人财产偿还公司债务。两合公司是无限公司与有限公司的结合。这类公司的股东有两类,一类负无限责任,另一类负有限责任,所以称其为两合公司,它实际上是无限公司的一种。

不同的组织形式对企业财务管理有很大影响。独资企业财务管理比较简单,主要是利用业主自己的资金和供应商提供的商业信用。由于银行和其他人都不太愿意冒险借款给独资企业,其利用借款筹资的能力相当有限。合伙企业在筹资中的信用能力比独资企业强一些,利润分配也比较复杂。公司制引起的财务问题最多,因为公司制不仅筹资方式多样,管理复杂,股东数量也多,利润分配需考虑企业内部和外部的多种因素,并满足争取最大利润的需要。

二、旅游企业经营目标

旅游企业是以营利为目的的组织,其出发点和归宿是盈利。旅游企业可以有多个目标,如企业利润最大、管理人员和职工报酬最大、股东财富最大、对国民收入的贡献最大等,但企业只有生存和发展,才可能获利。因此,旅游企业目标的层次依次是:生存、发展、盈利。生存的一个基本条件是能够偿还到期债务。旅游企业为扩大业务规模或满足经营周转的临时需要,可以对外借债。国家为维持市场经济秩序,从法律上保证债权人的利益,要求企业到期必须偿还本金和利息。否则,就可能被债权人接管或被法院判定破产。

一般说来,企业生存的威胁主要来自两个方面:第一是亏损,入不敷出,它是企业终止的根本原因;第二是不能偿还到期债务,它是企业终止的直接原因。亏损企业为维持运营被迫进行偿债性融资,借新债还旧债,如不能扭亏为盈,迟早会因借不到钱而无法周转,从而不能偿还到期债务。盈利企业也可能出现"黑字破产"的情况,如借款扩大规模,但由于各种原因投资失败,为偿债必须出售企业的资产,使生产经营无法持续下去。为此,旅游企业的第一目标,是力求保持以收抵支和偿还到期债务的能力,减少破产的风险,使企业能够长期、稳定地生存下去,再求发展、获得更多的利润。

三、旅游企业财务管理目标

财务管理目标(Goals of Financial Management)又称理财目标,是指旅游企业进行财务活动所要达到的目的,它决定着企业财务管理的基本方向。在公司这种组织形式下,所有权和经营权主体发生分离,公司作为微观经济主体就只表现为经营权主体。这种两权分离,使得公司的财务管理权也相应地分离,公司的财务主体被分属于所有者和经营者两个方面,财务管理目标也就需要体现所有者和经营者两个方面的内容。

就整体而言,所有者参与企业财务运作或财务管理的主要内容有:①基于防止稀释所有者权益的需要,企业的所有者要对企业筹资尤其是股票筹资做出决策;②基于保护所有者财产的需要,所有者必须对企业的会计资料和财产状况进行监督,这是一种财务监督;③基于保护所有者权益不受损失的需要,所有者必须对企业的对外投资尤其是控制权性质的投资进行干预;④基于保护所有者财产利益的需要,所有者对涉及资本变动的企业合并、分立、撤销、清算等重大财务问题,必须做出决策;⑤基于追求资本增值的需要,所有者必须对企业利益分配做出决策等。

旅游企业财务管理目标从根本上说,取决于企业生存目的或企业目标,取决于特定的社会经济模式。但从企业财务管理的总体目标出发,所有者把资金投入企业形成了企业的法人财产,并授权企业经营者进行经营管理,目的是使企业财产增值,股东得到高的投资回报。公司这种组织形式若不是遇到破产和兼并,一般具有无限寿命。股东希望从公司的长期稳定经营中得到最大的利益,因此,旅游企业财务管理的总体目标应是股东财富最大化。

在理论界,关于财务管理目标有以下观点:

(一)利润最大化

利润最大化(The Maximum Profit)即假定在旅游企业的投资预期收益确定的情况下,财务管理行为将朝着有利于企业利润最大化的方向发展。旅游企业财务管理以追逐利润最大化作为财务管理的目标,主要原因是:人类从事生产经营活动的目的是为了创造更多的剩余产品,在商品经济条件下,剩余产品的多少可以用利润这个价值指标来衡量;另外,在自由竞争的资本市场中,资本的使用权最终属于获利最多的企业;还有,只有每个企业都最大限度地获得利润,整个社会的财富才可能实现最大化,从而带来社会的进步和发展。在社会主义市场经济条件下,企业作为自主经营的主体,所创利润是企业在一定时期内全部收入和全部费用的差额,是按照收入与费用配比原则加以计算的,它不仅可以直接反映企业创造剩余产品的多少,而且也从一定程度上反映出企业经济效益的高低和对社会贡献的大小。同时,利润是企业补充资本、扩大经营规模的源泉。因此,利润最大化意味着社会财富最大化。利润的多少还决定资本的流动,因为资本追逐利润,资本只会流向利润最大化的行业和企业,因此,利润最大化还有利于资本和资源的合理配置,以利润最大化为旅游企业理财目标是有一定的道理的。

利润最大化目标的主要优点是,企业追求利润最大化,就必须讲求经济核算,加强管理,改进技术,提高劳动生产率,降低产品成本。

利润最大化作为财务管理目标存在以下缺陷:①没有考虑利润实现时间和资金时间价值;②没有考虑风险问题;③没有反映创造的利润与投入资本之间的关系;④可能导致企业短期财务决策倾向,影响企业长远发展。

(二)股东财富最大化

股东作为企业的投资者,其投资目标是取得资本收益,具体表现为税后净利润与出资额或股份数(普通股)的对比关系。这个目标的优点是把企业实现的利润额同投入的资本或股本数进行对比,能够说明企业的盈利水平,可以在不同资本规模的企业或同一企业不同期间之间进行比较,揭示其盈利水平的差异。但该指标也有缺陷,主要是没有考虑货币的时间价值,也没有考虑风险因素。货币的时间价值是一个客观因素。如果仅仅考虑资本收益而不考虑收益取得的时间,就不能正确评价收益的质量。在资金市场风险相同的情况下,资金会流向报酬率高的使用者;在报酬率相同的情况下,资金会流向风险较小的使用者。在资金市场上,预期报酬和预期风险之间的关系决定着资金的流向,引导着每个资金所有者(潜在股东)将资金投向报酬率高、风险低的资金使用者。从而使他可能获得最大财富,社会财富也会最大限度地增加。

与利润最大化相比,股东财富最大化的主要优点是:①考虑了风险因素;②在一定程度上能避免企业短期行为;③对上市公司而言,股东财富最大化目标比较容易量化,便于考核和奖惩。

以股东财富最大化作为企业的财务管理目标,有利于资金所有者,也有利于整个社会财富的增加,因此往往被大多数投资者认可。在股份经济条件下,资金所有者将资金投放于股票,本人成为股东(Stockholder),其财产就体现在股票这种虚拟资本(Fictitious Capital)上。这时,股东的财产价值就已经不是股票的票面价值,而是股票的市场价格即股票市价,财富最大化又可演化为股票市场价格最大化这一目标。这时,旅游企业财务管理就要考虑不同财务行为对股票市价的影响。

以股东财富最大化作为财务管理目标,也存在以下缺点:①通常只适用于上市公司,非上市公司难以应用;②股价受众多因素影响,特别是企业外部的因素,有些还可能是非正常因素;③它强调得更多的是股东利益,而对其他相关者的利益重视不够。

(三)企业价值最大化

企业价值最大化目标,要求在保证企业长期稳定发展的基础上使企业总价值达到最大。企业价值(The Value of Corporation)通俗地说,是指企业本身值多少钱。企业虽不是一般意义上的商品,但也可以被买卖。要买卖必然要对企业进行市场评价,通过市场评价来确定企业的市场价值或者企业价值。在对旅游企业进行价值评估时,一般看重的不是企业已经获得的利润水平,而是旅游企业潜在的获利能力。因此,企业价值不是账面资产的总价值,而是企业全部财产的市场价值,它反映了企业潜在或预期获利能力。投资者在评价企业价值时,是以投资者预期投资时间为起点的,并将未来收入按预期投资时间的同一口径进行折现,未来收入的多少按可能实现的概率进行计算。可见,这种计算办法考虑了资金的时间价值和风险问题。企业所得的收益越多,实现收益的时间越近,应得的报酬越是确定,企业的价值或股东财富就越大。

以企业价值最大化作为财务管理目标,具有以下优点:①考虑了取得报酬的时间,并用时间价值的原理进行了计量;②考虑了风险与报酬的关系;③将企业长期、稳定的发展和持续的获利能力放在首位,能克服企业在追求利润上的短期行为;④用价值代替价格,避免了过多外界市场因素的干扰,有效地规避了企业的短期行为。

以价值最大化作为企业财务管理的目标,存在的缺陷是:作为财务管理目标过于理论化,不易操作。对于非上市公司而言,只有对企业进行专门评估才能确定其价值,而在评估企业的资产时,由于受评估标准和评估方式的影响,很难做到客观和准确。

总体来说,旅游企业追求价值最大化有利于体现企业管理的目标,更能揭示市值变动和企业的价值,而且它也考虑了资金的时间价值和风险价值,所以,通常被认为是一个较为合理的财务管理目标。

(四)相关者利益最大化

以相关者利益最大化作为财务管理目标,具有以下优点:①有利于企业长期稳定发展;②体现了合作共赢的价值理念,有利于实现企业经济效益和社会效益的统一;③这一目标本身是一个多元化、多层次的目标体系,较好地兼顾了各利益主体的利益;④体现了前瞻性和现实性的统一。

(五)各种财务管理目标之间的关系

利润最大化、股东财富最大化、企业价值最大化以及相关者利益最大化等各种财务管理目标,都以股东财富最大化为基础。

四、企业财务管理中的利益冲突与协调

旅游企业财务管理中,需要协调相关利益群体的利益冲突。原则是:力求企业相关利益者的利益分配均衡,也就是减少因各相关利益群体之间的利益冲突所导致的企业总体收益和价值的下降,使利益分配在数量上和时间上达到动态的协调平衡。

(一)所有者和经营者利益冲突与协调

所有者和经营者的主要利益冲突,是经营者希望在创造财富的同时,能够获取更多的报酬、更多的享受,并避免各种风险;而所有者则希望以较小的代价(支付较少报酬)实现更多的财富。为了协调这一利益冲突,所有者通常采取以下方式解决:解聘、接收、激励。

1. 解聘

解聘是一种通过所有者约束经营者的办法。所有者对经营者予以监督,如果经营者未能使企业价值达到最大,就解聘经营者,经营者因害怕被解聘而被迫努力实现财务管理目标。

2. 接收

接收是一种通过市场约束经营者的办法。如果经营者经营决策失误、经营不力,未能采取一切有效措施使企业价值提高,该公司就可能被其他公司强行接收或吞并,相应经营者也会被解聘。经营者为了避免这种接收,必须采取一切措施提高股东财富和企业价值。

3. 激励

激励即将经营者的报酬与其绩效挂钩,以使经营者自觉采取能提高股东财富和企业价值的措施。激励通常有两种基本方式:①股票期权是允许经营者以固定的价格购买一定数量的公司股票,当股票的市场价格越高于固定价格时,经营者所得的报酬就越多。经营者为了获取更大的股票涨价益处,就必然主动采取能够提高股价的行动。②绩效股是公司运用每股收益、资产收益率等指标来评价经营者的业绩,视其业绩大小给予经营者数量不等的股票作为报酬。如果公司的经营业绩未能达到规定目标时,经营者也将部分丧失原先持有的"绩效股"。这种方式使经营者不仅为了多得"绩效股"而不断采取措施提高公司的经营业绩,而且为了使每股市价最大化,也采取各种措施使股票市价稳定上升,从而增加股东财富和企业价值。

所有者与经营者矛盾的协调方式,如图1-1所示。

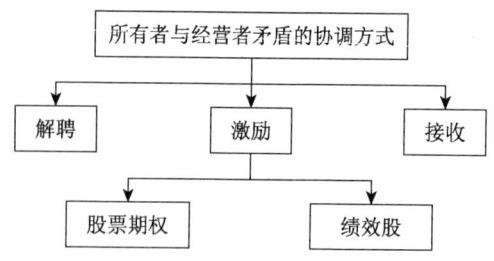

图 1-1　所有者与经营者矛盾的协调方式

(二)所有者与债权人的矛盾与协调

所有者的财务目标可能与债权人期望实现的目标发生矛盾。首先,所有者可能要求经营者改变举债资金的原定用途,将其用于风险更高的项目,这会增大偿债的风险,债权人的负债价值也必然会实际降低。若高风险的项目一旦成功,额外的利润就会被所有者独享;但若失败,债权人却要与所有者共同负担由此而造成的损失。这对债权人来说风险与收益是不对称的。其次,所有者或股东可能未征得现有债权人同意,而要求经营者发行新债券或举借新债,致使旧债券或老债券的价值降低(因为相应的偿债风险增加)。

协调所有者与债权人利益冲突的方式有限制性借债、收回借款或停止借款等。

1. 附限制性条款的借款

限制性借债即在借款合同中加入某些限制性条款,如规定借款的用途、借款的担保条款和借款的信用条件等。

2. 收回借款或停止借款

收回借款或停止借款即当债权人发现公司有侵蚀其债权价值的意图时,收回债权和不对公司增加放款,从而保护自身的权益。

五、企业的社会责任

企业的社会责任,是指企业在谋求所有者或股东权益最大化时,所应负有的维护和增进社会利益的义务。

旅游企业作为市场主体,它不仅要为其所有者提供收益,而且还要承担相应的社会责任,如保护生态平衡、防治环境污染、诚实守信、不坑害消费者、支持社区文化教育和福利事业等。企业尽到了社会责任,整个社会就能获得安定和发展。旅游企业财务管理的财富最大化目标,总的来说是和社会利益相一致的,但也有矛盾,因为过分地强调社会责任而使股东财富减少,可能导致整个社会资金运用的次优化。因此,企业管理当局不能放弃财富最大化这一理财目标,应当在各种法规约束下,追求财富最大化或企业股票价值最大化。

从另一角度分析,企业股票价值最大化与社会目标并不矛盾。因为股票价格高的企业,其经营效率高,成本费用低,并能为市场提供高质量的产品和服务,这正是社会所需要的。而且企业追求价值最大的目标必然要不断创新以谋求高额利润,这就为社会带来了新技术和新产品,创造了新的就业机会。在企业不断发展和价值持续增加的同时,也满足了顾客不同层次的需求,为社会创造了更多财富。

第三节 旅游企业财务管理的环节

旅游企业财务管理的环节,是指财务管理的工作步骤与一般程序。旅游企业财务管理主要包括三个环节:①计划与预算;②决策与控制;③分析与考核等。

一、计划与预算

旅游企业的财务计划和预算,是指企业财务管理要以全局观念,根据企业整体战略目标和规划,结合对未来宏观、微观形势的预测,建立企业财务的战略目标和规划。旅游企业战略目标的实现需要确定与之相匹配的企业的财务战略目标。因此,财务战略目标是旅游企业战略目标的具体体现,财务战略规划也是企业整体战略规划的具体化。

在财务战略的指导下,旅游企业财务人员要根据企业财务活动的历史资料,考虑现实的要求和条件,对企业未来的财务活动做出较为具体的预计和测算。测算各项生产经营方案的经济效益,为决策提供可靠的依据;预计财务收支的发展变化情况,以确定经营目标;测定各项定额和标准,为编制计划、分解计划指标服务。

(一)财务预测

财务预测是根据旅游企业财务活动的历史资料,考虑现实的要求和条件,对旅游企业未来的财务活动做出较为具体的预计和测算的过程。旅游企业财务预测的方法主要有定性预测和定量预测两类。

(二)财务计划

财务计划是根据企业整体战略目标和规划,结合财务预测的结果,对财务活动进行规划,并以指标形式落实到每一计划期间的过程。确定财务计划指标的方法一般有平衡法、因素法、比例法和定额法等。

(三)财务预算

财务管理中的预算是根据财务战略、财务计划和各种预测信息,确定预算期内各种预算指标的过程。预算的编制方法主要包括固定预算法与弹性预算法,增量预算法与零基预算法,定期预算法和滚动预算法等。

二、决策与控制

财务决策是指旅游企业财务管理人员应当按照财务战略目标的总体要求,利用专门的方法对各种备选方案进行比较和分析,并从中选出最佳方案的过程。财务决策是财务管理的核心,财务预测是为财务决策服务的,决策的成功与否直接关系到企业的兴衰成败。

(一)财务决策

财务决策是按照财务战略目标的总体要求,利用专门的方法对各种备选方案进行比较和分析,从中选出最佳方案的过程。财务分析的方法主要有比较分析法、比率分析法、因素分析法等。

(二)财务控制

财务控制是利用有关信息和特定手段,对企业的财务活动施加影响或调节,以便实现计划所规定的财务目标的过程。财务控制的方法主要有前馈控制、过程控制、反馈控制。

在控制过程中,由于企业各个部门的运作及预算的执行最终都会以价值的形式体现出来,都会对企业的资金运动产生影响,这就需要协调企业各部门的关系,发动和激励企业全体员工参与全面预算的落实和执行,以使得企业的经营能高效运转,实现价值增值。此外,还要协调好与企业外部各方面的关系,并充分利用各方面的资源,为企业谋取更大的利益。另外,为保证对各部门财务预算的执行情况进行有效的监督和控制,需要设计适当合理的财务控制制度以监控预算的执行,同时保证这种财务控制制度符合企业整体对内部控制制度的要求。

财务管理的重要目标,总体来说,是对财务活动的各个环节进行风险控制和管理,以保证目标和预算的执行。风险控制和管理就是要预测风险发生的可能性、尽可能地提出预警方案、确定和甄别风险、采取有效措施规避、化解风险或减少风险所带来的危害等。

三、分析与考核

(一)财务分析

旅游企业财务管理中的财务分析,是根据旅游企业财务报表等信息资料,采用专门方法,系统分析和评价企业财务状况、经营成果以及未来趋势的过程。财务分析的方法主要有比较分析法、比率分析法、因素分析法。

财务分析既是对已完成的财务活动的总结,也是财务预测的前提,在财务管理的循环中起着承上启下的作用。财务分析是评价和衡量企业、部门以及各级管理人员经营业绩的重要依据,是挖掘潜力、改进工作、实现财务管理目标和企业战略目标的重要手段,是合理实施企业决策的重要步骤。财务分析包括以下步骤:占有资料,掌握信息;指标对比,揭露矛盾;分析原因,明确责任;提出措施,改进工作。

(二)财务考核

财务考核是将报告期实际完成数与规定的考核指标进行对比,确定有关责任单位和个人是否完成任务的过程。可以用绝对指标、相对指标、完成百分比进行考核,也可用多种财务指标进行综合评价考核。

旅游企业财务管理的各个环节,都要在遵循企业内部控制规范体系关于全面性、重要性、制衡性、适应性、成本效益五项原则的基础上,合理保证企业经营管理合法合规、资产安全、财务报告及相关信息真实完整,提高经营效率和效果,促进企业实现发展战略等目标。

第四节 旅游企业财务管理体制

财务管理体制是划分旅游企业财务管理方面的权责利关系的一种制度,是财务关系的具体表现形式。一般来说,财务管理体制包括企业投资者与经营者之间的财务管理体制和企业内部的财务管理体制两个层次。企业集团财务管理体制是明确集团各财务层级财务权限、责任和利益的制度,其核心问题是如何配置财务管理权限,其中又以分配母公司与子公司之间的财权为主要内容。它属于企业财务管理工作的"上层建筑",对其"经济基础"即企业的理财活动起着推动、促进和导向作用。

一、旅游企业财务管理体制的一般模式

(一)集权型财务管理体制

集权型财务管理体制,指企业对各所属单位的所有财务管理决策都进行集中统一,各所属单位没有财务决策权,企业总部财务部门不但参与决策和执行决策,在特定情况下还直接参与各所属单位的执行过程。

集权制的优点:①由集团最高管理层统一决策,有利于规范各成员企业的行动,促使集团整体政策目标的贯彻与实现;②最大限度地发挥企业集团的各项资源的复合优势,集中力量,达到企业集团的整体目标;③有利于发挥母公司财务专家的作用,降低子公司财务风险和经营风险;④有利于统一调度集团资金,保证资金头寸,降低资金成本。

集权制的缺点:①集权制首先要求最高决策管理层必须具有极高的素质与能力,同时必须能够高效率地汇集起各方面详尽的信息资料,否则可能导致主观臆断,以致出现重大的决策错误;②财务管理权限高度集中于母公司容易挫伤子公司的积极性,抑制子公司的灵活性和创造性;③还可能由于信息传递时间长,延误决策时机,缺乏对市场的应变力与灵活性。

(二)分权型财务管理体制

分权型财务管理体制,指企业将财务决策权与管理权完全下放到各所属单位,各所属单位只需将一些决策结果报请企业总部备案即可。

分权型财务管理体制可以在相当程度上缩短信息的传递时间,减小信息传递过程中的控制问题,从而使信息传递与过程控制等的相关成本得以节约,并能大大提高信息的决策价值与利用效率。

分权型的优点是:①可以调动子公司各层次管理者的积极性。②市场信息反应灵敏,决策快捷,易于捕捉商业机会,增加创利机会。③使最高层管理人员将有限的时间和精力集中于企业最重要的战略决策问题上。

分权制的缺点有:①难以统一指挥和协调,有的子公司因追求自身利益而忽视甚至损害公司整体利益;②弱化母公司财务调控功能,不能及时发现子公司面临的风险和重大问题;③难以有效约束经营者,从而造成子公司"内部人控制"的问题。

(三)集权与分权相结合型的财务管理体制

集权与分权相结合型的财务管理体制,实质就是集权下的分权,企业对各所属单位在所有重大问题的决策与处理上实行高度集权,各所属单位对日常经营活动具有较大的自主权。

恰当的集权与分权相结合,既能发挥母公司财务调控职能,激发子公司的积极性和创造性,又能有效控制经营者及子公司风险。所以,适度的集权与分权相结合的混合制,是许多企业集团财务管理体制所追求的目标。但是如何把握其中的度,则是一大难题。

二、集权与分权的选择

企业的财务特征决定了分权的必然性,而企业的规模效益、风险防范又要求集权。集权和分权各有特点,各有利弊。对集权与分权的选择、分权程度的把握历来是企业财务管理的一个难点。旅游企业财务管理体制选择是否恰当,主要根据以下标准来判断。

(一)是否有利于建立稳健高效的财务管理运行机制

反映现代企业制度的企业内部财务管理体制的构建,目的在于引导企业建立"自主经营、自负盈亏、自我发展、自我约束"的财务运行机制,从而形成一套完整的自我控制、自我适应的系统。由于财务机制是财务管理体制最直接、最灵敏的反映,其有效运行是财务体制构建的重要目标,因此,在构建财务管理体制时,关键是看其是否有利于财务管理机制的有效运行。

(二)是否有利于调动其积极性、主动性、创造性

财务管理是企业管理的一部分,因此企业能否成功地构建其内部财务管理体制,很大程度上取决于是否能把各级经营者、管理者的积极性调动起来,使企业内部各级管理者、经营者出于对自身利益的追求,自觉地把个人利益与企业利益、个人目标与企业目标有效地结合起来,从而形成一股强大的凝聚力。

(三) 是否有利于加强企业的内部管理

财务管理是旅游企业管理各项工作的综合反映,它与企业管理的各项工作密切相关,它们之间相互制约、相互促进。同时,财务管理本质上是处理企业同企业内外各种经济利益的关系,因而,成功地构建企业内部财务管理体制能够强化企业内部管理。

(四) 是否有利于促进企业经济效益的提高

经济效益是衡量企业管理好坏的标志,是判断一种体制优劣的根本,而且企业内部财务管理体制构建的目的是为企业管理服务并有利于经济效益的提高。因此,旅游企业内部财务管理体制构建的成功与否,也只能用企业的经济效益来衡量。

三、旅游企业财务管理体制的设计原则

旅游企业财务管理体制设计的一般原则是:

(一) 与现代企业制度的要求相适应

现代企业制度是一种产权制度,它是以产权为依托,对各种经济主体在产权关系中的权利、责任、义务进行合理有效的组织、调节的制度安排。它具有"产权清晰、责任明确、政企分开、管理科学"的特征。

企业内部相互间关系的处理应以产权制度安排为基本依据。企业作为各所属单位的股东,根据产权关系享有作为终极股东的基本权利,特别是对所属单位资产的受益权、管理者的选择权、重大事项的决策权等。但是,企业各所属单位往往不是企业的分支机构或分公司,其经营权是其行使民事责任的基本保障,它以自己的经营与资产对其盈亏负责。

企业与各所属单位之间的产权关系确认了两个不同主体的存在,这是现代企业制度特别是现代企业产权制度的根本要求。在西方,在处理母子公司关系时,法律明确要求保护子公司权益,其制度安排大致如下:①确定与规定董事的诚信义务与法律责任,实现对子公司的保护;②保护子公司不受母公司不利指示的损害,从而保护子公司权益;③规定子公司有权向母公司起诉,从而保护自身利益与权利。

按照现代企业制度的要求,企业财务的管理体制必须以产权管理为核心,以财务管理为主线,以财务制度为依据,体现现代企业制度特别是现代企业产权制度管理的思想。

(二) 明确企业对各所属单位管理中的决策权、执行权与监督权三者分立

现代旅游企业要做到管理科学,必须首先要求从决策与管理程序上做到科学、民主,因此,决策权、执行权与监督权三权分立的制度必不可少。这一管理原则的作用就在于加强决策的科学性与民主性,强化决策执行的刚性和可考核性,强化监督的独立性和公正性,从而形成良性循环。

(三)明确财务综合管理和分层管理思想

财务综合管理是指企业的财务管理的决策权集中于财务管理层;财务分层管理是指将企业所有者财务与经营者财务分离管理,以更好地实现财务管理职能。

现代企业制度要求管理是一种综合管理、战略管理。因此,财务管理不是也不可能是企业总部财务部门单一职能部门的财务管理,当然也不是各所属单位财务部门的财务管理,它是一种战略管理。这种管理原则要求:①从企业整体角度对企业的财务战略进行定位;②对企业的财务管理行为进行统一规范,做到高层的决策结果能被低层战略经营单位完全执行;③以制度管理代替个人的行为管理,保证管理的连续性;④以现代企业财务分层管理思想指导具体的管理实践,如股东大会议事规则、董事会议事规则、经理人员管理体制等。

(四)与企业组织体制相适应

旅游企业财务管理体制的设计,也必须与企业的组织体制相适应。

现代企业的组织体制有 U 型组织、H 型组织、M 型组织三种。U 型组织一般是产品简单、规模较小的企业,实行管理层级的集中控制;H 型组织一般是指企业集团的形式,子公司具有法人地位,分公司则是相对独立的利润中心,因此一般是产品复杂、规模较大的企业;M 型组织的结构是财务中央控制,集权程度较高,一般是产品复杂、规模较大的企业,其具体形式有事业部制、矩阵制、多维制等。

M 型组织内部,更强化财务的职能作用。目前,国际上大的企业管理体制的主流形式是 M 型结构。西方多数控股型公司,在总部不对其子公司的经营过分干预的情况下,其财务部门的职能更为重要,它起到指挥资本运营的作用。有资料表明,英国的控股性公司,财务部门的人数占到管理总部人员的 60%~70%,而且主管财务的副总裁在公司中起着核心作用。一方面是母子公司的"外交部长",行使对外处理财务事务的职能;另一方面又是各子公司的财务总管,各子公司的财务主管是"外交部长"的派出人员,充当"外交部长"的当地代言人角色。

M 型结构由三个相互关联的层次组成:第一层次是由董事会和经理班子组成的总部,它是企业的最高决策层,主要职能是制定企业战略规划和进行交易协调;第二层次是由职能部门和支持、服务部门组成的,主要职能是保障企业各项运转正常进行;第三层次是围绕企业的主导和核心业务、互相依存又相互独立的各所属单位,它的主要职能是确保完成企业的各项具体业务。

M 型结构的财务是由第一层次的决策层控制的,负责整个企业的资金筹措、运作和税务安排。

四、集权与分权相结合型财务管理体制的一般内容

集权与分权相结合型财务管理体制的核心内容,是旅游企业总部应做到制度统一、资金集中、信息集成和人员委派。

集权的内容主要有:集中制度制定权、筹资、融资权、投资权、用资、担保权、固定资产购置权、财务机构设置权、收益分配权。

分权的内容主要有:分散经营自主权、人员管理权、业务定价权、费用开支的审批权。

第五节　旅游企业财务管理环境

财务管理的环境(Environment of Financial Management),又称理财环境,是指对旅游企业财务活动和财务管理产生影响作用的企业内外各种条件的统称。

企业财务活动在相当大程度上受理财环境制约,如技术、经济、金融、法律、税收等因素对企业财务活动都有重大的影响。只有在理财环境的各种因素作用下实现财务活动的协调平衡,企业才能生存和发展。研究理财环境,有助于正确地制定理财策略。

一、技术环境

财务管理的技术环境(Technology Environment),是指财务管理得以实现的技术手段和技术条件,它决定着财务管理的效率和效果。财务管理所依据的会计信息主要是通过会计系统所提供的。会计信息占企业经济信息总量的60%~70%。在企业内部,会计信息主要是提供给管理层决策使用,而在企业外部,会计信息则主要是为企业的投资者、债权人等提供服务。

我国已全面推进会计信息化工作,正在建立健全会计信息化法规体系和会计信息化标准体系(包括可扩展商业报告语言(XBRL)分类标准),全力打造会计信息化人才队伍,实现大型企事业单位会计信息化与经营管理信息化的融合,进一步提升企事业单位的管理水平和风险防范能力,做到数出一门、资源共享,便于不同信息使用者获取、分析和利用,进行投资和相关决策;同时,要实现大型会计师事务所采用信息化手段对客户的财务报告和内部控制进行审计,进一步提升社会审计质量和效率;基本实现政府会计管理和会计监督的信息化,进一步提升会计管理水平和监管效能。通过全面推进会计信息化工作,使我国的会计信息化达到或接近世界先进水平。我国企业会计信息化的全面推进,必将促使企业财务管理的技术环境进一步完善和优化。

二、经济环境

财务管理的经济环境(Economic Environment),主要包括经济体制、经济周期、经济发展水平、宏观经济政策及通货膨胀等。影响财务管理的各种外部环境中,经济环境是最为重要的。

(一)经济体制

经济体制是制约旅游企业财务管理的重要环境因素之一。

在计划经济体制下,国家统筹企业资本、统一投资、统负盈亏,企业利润统一上缴、亏损全部由国家补贴,旅游企业虽然是一个独立的核算单位,但无独立的理财权利,财务管理活动的内容比较单一,财务管理方法比较简单。在市场经济体制下,企业成为"自主经营、自负盈亏"的经济实体,有独立的经营权,同时也有独立的理财权。旅游企业可以从其自身需要出发,合理确定资本需要量,然后到市场上筹集资本,再把筹集到的资本投放到高效益的项目上获取更大的收益,最后将收益根据需要和可能进行分配,保证企业财务活动自始至终根据自身条件和外部环境做出各种财务管理决策并组织实施。财务管理活动的内容比较丰富,方法也复杂多样。

(二)经济周期

市场经济条件下,经济运行大体上经历复苏、繁荣、衰退和萧条几个阶段的循环,这种循环叫作经济周期。在经济周期的不同阶段,企业应采用不同的财务管理战略。

从我国经济运行与发展的历史看,也呈现出较明显的周期特征,带有一定的经济波动。我国曾经历了若干次投资膨胀、生产高涨到控制投资、紧缩银根、正常运行等周期。企业的筹资、投资和资产运营等理财活动都要受这种经济周期波动的影响,如在经济紧缩时期,资金一般都十分短缺,利率上涨,使企业的筹资非常困难。此外,由于全球经济一体化的发展,西方的经济周期会不同程度波及我国。经济周期波动,对财务管理提出了更高的要求。

在不同的经济周期,企业应相应采取不同的财务管理策略。根据西方学者的观点,企业在经济周期的不同阶段,应当采用的理财策略如图1-2所示。

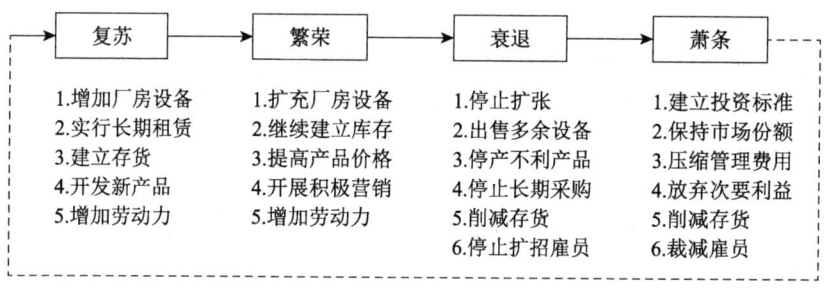

图1-2 经济周期不同阶段的理财策略

(三)经济发展水平

财务管理的发展水平和经济发展水平密切相关。经济发展水平越高,财务管理水平也越高。财务管理水平的提高,也有利于经济发展水平的进一步提高。

改革开放以来,我国的国民经济保持持续高速的增长,各项建设方兴未艾,这给企业扩大规模、调整方向、打开市场以及拓宽财务活动的领域带来了机遇。同时,由于高速发展中的资金短缺将长期存在,又给企业财务管理带来严峻的挑战。因此,企业财务管理必须积极探索与经济发展水平相适应的财务管理模式。

(四)宏观经济政策

不同的宏观经济政策,对旅游企业财务管理的影响不同。金融政策中的货币发行量、信贷规模会影响企业投资的资金来源和投资的预期收益;财税政策会影响企业的资金结构和投资项目的选择等;价格政策会影响资金的投向和投资的回收期及预期收益;会计制度的改革会影响会计要素的确认和计量,进而对旅游企业财务活动的事前预测、决策及事后的评价产生影响等。

(五)通货膨胀

通货膨胀对企业财务活动的影响是多方面的。企业应当采取措施予以防范。在通货膨胀初期,应进行投资以避免风险,实现资本保值;应与客户签订长期购货合同,以减少物价上涨造成的损失;应取得长期负债,以保持资本成本的稳定。在通货膨胀持续期,企业应采用比较严格的信用条件,以减少企业债权;应调整财务政策,以防止和减少企业资本流失等。

三、金融环境

金融环境(Financial Environment)也称金融市场环境,主要包括金融机构、金融工具、金融市场和利率等方面。企业总是需要资金从事投资和经营活动,而资金的取得,除了自有资金外,主要从金融机构和金融市场取得。金融政策的变化必然影响企业的筹资、投资和资金运营活动。所以,金融环境是企业最主要的财务环境因素之一。

(一)金融机构、金融工具与金融市场

1.金融机构

金融机构主要指银行和非银行金融机构。银行是经营存款、放款、汇兑、储蓄等金融业务,承担信用中介职责的金融机构,包括各种商业银行和政策性银行,如中国工商银行、中国农业银行、中国银行、中国建设银行、国家开发银行、中国农业发展银行等。

非银行金融机构主要包括保险公司、信托投资公司、证券公司、财务公司、金融资产管理公司、金融租赁公司等机构。

2.金融工具

金融工具是融通资金的双方在金融市场上进行资金交易、转让的工具,具体分为基本金融工具和衍生金融工具两大类。

常见的基本金融工具有货币、票据、债券、股票、期货等;衍生金融工具又称派生金融工具,是在基本金融工具的基础上通过特定技术设计形成的新的融资工具,如各种远期合约、互换、掉期、资产支持证券等,种类非常复杂、繁多,具有高风险、高杠杆效应的特点。

金融工具一般具有期限性、流动性、风险性和收益性四个基本特征:期限性是指金融工具一般规定了偿还期,也就是规定债务人必须全部归还本金之前所经历的时间;流动性是指金融工具在必要时迅速转变为现金而不致遭受损失的能力;风险性是指购买金融工具的本金和预定收益遭受损失的可能性;收益性是指持有金融工具所能够带来的一定收益。

3.金融市场

金融市场是资金供应者和资金需求者双方,通过一定金融工具进行交易而融通资金的场所。

金融市场的构成要素包括资金供应者和资金需求者、金融工具、交易价格、组织方式等。金融市场为企业融资和投资提供了场所,可以帮助企业实现长短期资金转换、引导资本流向和流量,提高资本效率。金融市场的主要功能是:①转化储蓄为投资;②改善社会经济福利;③提供多种金融工具并加速流动,使中短期资金凝结为长期资金;④提高金融体系竞争性和效率;⑤引导资金流向。

金融市场的要素主要有:①市场主体,即参与金融市场交易活动而形成买卖双方的各经济单位;②金融工具,即借以进行金融交易的工具,一般包括债权债务凭证和所有权凭证;③交易价格,反映的是在一定时期内转让货币资金使用权的报酬;④组织方式,即金融市场的交易采用的方式。

金融市场作为资金融通的场所,是企业向社会筹集资金必不可少的条件。财务管理人员必须熟悉金融市场的各种类型和管理规则,有效地利用金融市场来组织资金的筹措和进行资本投资等活动。

(二)金融市场的分类

金融市场可以按照不同的标准进行分类。如,期限、功能、融资对象、所交易金融工具的属性、地理范围等。

(三)货币市场

货币市场又称短期金融市场,是指以期限在1年以内的金融工具为媒介,进行短期资金融通的市场,包括同业拆借市场、票据市场、大额定期存单市场和短期债券市场。

(四)资本市场

资本市场又称长期金融市场,是指以期限在1年以上的金融工具为媒介,进行长期资金交易活动的市场。资本市场主要包括债券市场、股票市场和融资租赁市场等。

资本市场的主要功能是实现长期资本融通。主要特点是：①融资期限长。至少1年以上，最长可达10年甚至10年以上；②融资的目的是解决长期投资性资本的需要；③资本借贷量一般较大；④收益较高、风险较大。

四、法律环境

（一）法律环境的范畴

市场经济是法制经济，企业的经济活动总是在一定法律规范内进行的。法律既约束企业的非法经济行为，也为企业从事各种合法经济活动提供保护。

法律环境（Laws Environment）对财务管理的影响，主要分如下几类：

1. 影响企业筹资的各种法规

主要有公司法、证券法、金融法、证券交易法、合同法等。这些法规从不同方面规范或制约企业的筹资活动。

2. 影响企业投资的各种法规

主要有证券交易法、公司法、企业财务通则等。这些法规从不同角度规范企业的投资活动。

3. 影响企业收益分配的各种法规

主要有税法、公司法、企业财务通则等。这些法规从不同方面对企业收益分配进行了规范。

（二）法律环境对旅游企业财务管理的影响

法律环境对旅游企业的影响是多方面的，影响范围包括企业组织形式、公司治理结构、投融资活动、日常经营、收益分配等。不同种类的法律，分别从不同方面约束企业的经济行为，对旅游企业财务管理产生影响。

1. 公司治理和财务监控

公司治理是有关公司控制权和剩余索取权分配的一套法律、制度以及文化的安排，涉及所有者、董事会和高级执行人员等之间权力分配和制衡关系，这些安排决定了公司的目标和行为，决定了公司在什么状态下由谁来实施控制、如何控制、风险和收益如何分配等一系列重大问题。有效的公司治理取决于公司治理结构的合理、治理机制的健全、财务监控的到位、财务信息披露的规范等。

（1）公司治理结构。公司治理结构是指明确界定股东大会、董事会、监事会和经理人员职责和功能的一种企业组织结构。根据我国《公司法》，上市公司治理结构涉及公司最高权力机构的股东大会、对股东大会负责的决策机构即董事会、对董事会负责的执行机构即高级管理机构、监督机构即监事会和外部独立审计；作为对《公司法》关于公司治理结构的补充，中国证监会在其颁布的《关于在上市公司建立独立董事制度的指导意见》和《上市公司治理准则》中引入和强化了独立董事制度。

（2）公司治理机制。公司治理机制是公司治理结构在经济运行中的具体表现，包括内部治理机制和外部治理机制。内部治理机制是指为保证投资者利益,在公司内部通过组织程序明确股东、董事会和高级管理人员的权力分配和制衡关系,具体表现为公司章程、董事会议事规则、决策权力分配等一系列内部控制制度;外部治理机制是通过企业外部主体如政府、中介机构和市场监督约束发生作用的,这些外部的约束包括法律、法规、合同、协议等条款。外部治理机制常表现为事后保障机制,需要充分准确的公司信息披露。

2.财务监控

(1)财务监控。公司治理结构和治理机制的有效实现是离不开财务监控的,公司治理结构中的每一个层次都有监控的职能。从监控的实务来看,最终要归结为包括财务评价在内的财务监控。因此,有效的公司治理体系必须有完整的财务监控来支持。我国国资委制定的自 2006 年 5 月起实施的《中央企业综合绩效评价管理暂行办法》对国有企业的业绩评价和财务监控进行了规范和要求。

(2)财务信息披露。信息披露特别是财务信息披露是公司治理的决定因素之一,而公司治理的体系和治理效果又直接影响信息披露的要求、内容和质量。一般而言,信息披露受内部和外部两种制度的制约。

外部制度是国家和有关机构对公司信息披露的各种规定,如我国 2005 年新修订的《公司法》以及财政部 2006 年颁布的《企业会计准则》对公司信息特别是财务信息的披露进行了规范,在内容和形式上做出了具体的规定。

内部制度是公司治理和内部控制对信息披露的各种要求,这些要求在信息披露的时间、内容、详细程度等各方面可能与外部信息披露的制度一致,也可能不一致。但无论如何,公司的信息披露存在着边界。通常,外部边界由政府法律法规决定,而内部边界则由公司治理体系和内部控制制度来决定。公司信息披露具有内、外两种制度的约束和动力。

信息披露制度的完善直接关系到公司治理的质量。一个强有力的信息披露制度是股东行使表决权能力的关键,是影响公司行为和保护中小投资者利益的有力工具。有效的信息披露制度有利于吸收资金,维持公众对公司和资本市场的信心;而条理不清、缺失不全的信息会丧失公众的信任,导致企业资本成本的提高和筹资困难,影响企业的发展。

 思考与练习

1.你对旅游企业财务目标如何理解?财富最大化目标是否正确?能否作为企业的首要目标?除此之外,企业还有其他目标吗?请做出排序并说明自己的理由。

2.什么是旅游企业财务管理环境?这些环境因素如何影响旅游企业的财务管理?请对当前我国旅游企业面临的宏观环境做出评述。

3.如果你是一个公司的总经理,如何处理财务管理的集权与分权?

4.紧靠美丽的秦岭有一处光华山庄,有山有水,据估计,距西部中心城市西安40公里路程,仅需要投资300万元即可开发成一处旅游休闲胜地,旅游者可在此度假。

若小李与同伴们准备和其他三个人投资开发它。试分析如果你是小李,准备选择何种组织形式成立企业?如何选择企业财务管理目标?又如何考虑和适应企业理财的外部环境?

第二章

旅游企业财务管理基础

本章重点
- 掌握货币时间价值的计算
- 掌握插值法
- 掌握资本资产定价模型
- 熟悉证券资产组合的风险与收益
- 熟悉系统风险、非系统风险以及风险对策
- 熟悉风险收益率的类型
- 熟悉风险的衡量
- 了解成本性态

第一节 货币时间价值

一、货币时间价值的概念

货币时间价值(Time Value of Money),也称资金时间价值,是指一定量货币资本在不同时点上的价值量差额。通常情况下,它相当于没有风险也没有通货膨胀情况下的社会平均利润率,是利润平均化规律发生作用的结果。

根据资金具有时间价值的理论,可以将某一时点的资金金额折算为其他时点的金额。

资金时间价值是资金在周转使用过程中随着时间的推移而发生的增值。资金增值不仅仅与投入资金的数量有关,而且与投入时点、占用时间也有关。资金投入周转的时间越长,占用的时间越多,增值量也就越大。

例如,存入银行一笔现金1000元,年利率10%,经过1年后,取出本利和1100

元。这里,现值是 1000 元,终值是 1100 元,100 元是货币的时间价值。

资金之所以具有时间价值,根源就在于其在再生产过程中的运动和转化,它是生产的产物,是劳动的产物。资金时间价值是资金在周转使用中产生的,是资金所有者让渡资金使用权而参与社会财富分配的一种形式。

资金的时间价值常用利息表示,计算方法同利息的计算方法相同。经济活动总是或多或少地存在风险,而通货膨胀也是市场经济中客观存在的经济现象。所以说,利息不仅包含时间价值,也包括风险价值和通货膨胀因素,只有在购买国库券等政府债券时可视同没有风险。如果这一时期的通货膨胀率很低,往往用政府发行债券的利率作为资金的时间价值。

资金的时间价值是一个客观存在的经济范畴,是财务管理中必须考虑的重要因素。把资金时间价值引入财务管理,在资金筹集、运用和分配等各方面考虑这一因素,是提高财务管理水平,搞好筹资、投资、分配决策的重要方式。

货币时间价值有终值和现值两种。终值又称将来值,是现在一定量的货币折算到未来某一时点所对应的金额,通常记作 F。现值是指未来某一时点上一定量的货币折算到现在所对应的金额,通常记作 P。

终值与现值的计算涉及利息计算方式的选择。货币时间价值的计算中,往往用利率来计算货币的时间价值。一定时期的利息额占本金额的百分比,叫利率(Interest Rate)。利率分为年利率、月利率和日利率。如果存款期在两期以上,计息方法还会产生差异:按单利计算或按复利计算。

二、单利终值和现值

单利(Simple Interest)是指每期利息均按原始本金计算的方式。在单利计算的情况下,不论计算期有多长,每期都按初始本金计算利息,上期的利息不加入本金计算下期利息。公式如下:

$$单利利息 = 本金 \times 利率 \times 计算期数$$

设本金 P,利率 i,计算期 n,则 n 期末的将来值(本利和)F_n 为:

$$F_n = P \cdot (1 + n \cdot i)$$

$$终值 = 现值 \times (1 + 利率 \times 期数)$$

用符号表示:

$$F = P(1 + i \cdot n)$$

实际生活中,我国各类银行吸收城乡居民的储蓄存款、银行向企业发放的短期借款等,均按单利计算利息。

例如,某人持有一张带息票据,面额为 10 000 元,票面利率 6%,出票日期为 8 月 12 日,到期日为 11 月 10 日(90 天)。则该持有者到期可得利息为:

$$I = 10\ 000 \times (1 + 6\% \div 360 \times 90) = 10\ 150(元)$$

换算时间价值时,一般年按 360 天计,月按 30 天计。

单利现值的计算同单利终值的计算是互逆的。将终值换算为现值的过程,称为折现(Discount)。现值与终值的换算关系如下:

将单利终值公式 $F = P(1 + i \cdot n)$ 移项,得:

$$P = \frac{F}{(1 + i \cdot n)}, \text{即:现值} = \frac{终值}{1 + 利率 \times 期数}$$

利用上式,可以方便地计算出未来某一时点的一笔资金在给定利率下的现值。例如,某人 3 年后可得 10 000 元,若年利率 9%,用单利计算,现值多少钱?

$$现值 = 10\,000 \div (1 + 3 \times 9\%) = 7874.02(元)$$

三、复利终值和现值

复利(Compound Interest)是指不仅本金计算利息,利息至上期末加入本金,从而在本金增加后再计算后一期利息的方式,即"利滚利"。也就是说,复利指每经过一个计息期,都将所派生的利息加入本金,再计算利息,逐期滚动计算。这里所说的计息期,是指相邻两次计息的间隔,如年、月、日等。除非特别说明,计息期一般为一年。复利既涉及本金上的利息,也涉及利息上所派生的利息。按照国际惯例,在经济计算中,计息期在两期或两期以上,一般都用复利方式计算终值与现值。因此,本教材中,除特别说明外,只要谈到时间价值,全部指用复利计算。

(一)终值与现值的计算

复利终值指一定量的货币,按复利计算的若干期后的本利总和。复利现值是指未来某期的一定量的货币,按复利计算的现在的价值。

终值(Future Value)和现值(Present Value)是资金时间价值计算的需要。在资金时间价值的计算中,往往需要将今天的一定量资金换算为将来某一时刻的一笔资金,又可能需要将将来某一时刻的一定量资金,换算为今天的一笔资金。这种资金不同时点上的换算,产生了终值和现值两个概念。可见,终值是今天一定量资金在将来某一时点上的价值;现值是将来一定量资金折合为今天的价值。

终值和现值概念可以适当推广,对于所分析的任意一段时间资金,在起始时刻的价值量都可以称为现值;资金在终了时刻的价值量都可以称为终值。一定量资金的终值与现值的差额即为资金的时间价值。连接现值和终值并实现两者相互折算的百分数,称为折现率。

终值(F)与现值(P)的关系如下:

$$F = P \cdot (1 + i)^n \,;\, P = F \cdot \frac{1}{(1 + i)^n}$$

式中,$(1 + i)^n$ 称为"复利终值系数",记作 $(F/P, i, n)$; $\frac{1}{(1 + i)^n}$ 称为"复利

现值系数",记作 $(P/F,i,n)$。

可见,现值系数是终值系数的倒数。把未来值换算为现值的过程,在经济学中称为"贴现"或"折现"(Discount)。贴现或折现也是一种表现资金时间价值的方式。

"复利终值系数""复利现值系数"一般不用自己计算,可以查阅"复利终值系数表""复利现值系数表"得到(见本书附表1、附表2)。

例如,某人将 10 000 元存入银行,定期 3 年,年利率 10%。3 年期满,按复利计算,银行应付给此人多少元?

从附表 1 中查到:$n=3$、$i=10\%$ 的复利终值系数 $(F/P,10\%,3) = 1.331$,则:

$$F = 10\ 000 \times (F/P,10\%,3) = 10\ 000 \times 1.331 = 13\ 310(元)$$

根据复利终值计算公式,还可以知道,某人有资金 10 000 元,拟存入银行,在复利 10% 计息的条件下,经过多少年可以使他的资金增加一倍(已知现值 P,利率 i,求 n)?

$$F = 10\ 000 \times 2 = 20\ 000(元)$$
$$20\ 000 = 10\ 000 \times (1 + 10\%)^n = 10\ 000 \times (F/P,10\%,n)$$
$$(F/P,10\%,n) = 20\ 000 \div 10\ 000 = 2$$

在附表 1 中,查 $i=10\%$ 的那一竖行,最接近 2 的值为 1.949,对应的 $n=7$。可知在年利率 10%、复利计息条件下,7 年多一些的时间,可以使 10 000 元变为 20 000 元。当然,如果要计算精确年数到底是多少,可以使用"插值法",后面会作详细介绍。

例如,W 旅游公司现有闲置资金 10 000 元,拟寻找投资机会,使其在 12 年中达到 30 000 元。问选择投资机会时,可接受的最低报酬率是多少(已知现值 P,年数 n,求 i)?

$$30\ 000 = 10\ 000 \times (1 + i)^{12} = 10\ 000 \times (F/P,i,12)$$
$$(F/P,i,12) = 30\ 000 \div 10\ 000 = 3$$

在附表 1 中查 $n=12$ 那一横行,接近 3 的值为 3.138,对应的利率 $i=10\%$,知可接受的最低报酬率约为 10%,可使原资金在 12 年后达到 30 000 元。当然,要计算精确的利率,也可使用"插值法",后面会作详细介绍。

例如,T 旅游公司拟在 5 年后用 10 万元购买新设备,银行年利率 10%,问现在需要一次存入银行多少万元?

$$P \cdot (1 + 10\%)^5 = 10$$
$$P = 10 \times \frac{1}{(1+10\%)^5} = 10 \cdot (P/F,10\%,5)$$

从附表 2 中查到,$(P/F,10\%,5) = 0.621$。即:现在一次存入银行 10 万元 × 0.621 = 6.21 万元,能使 5 年后达到 10 万元,用于购买新设备。

(二)复利利息

复利利息是未来值减去本金的差额：$I = F - P$。

例如,某人有资金 10 000 元,投资 5 年,利率 15%,每年复利一次,5 年的复利利息共计多少?

复利本利和 $F = 10\,000 \times (1+15\%)^5 = 10\,000 \times (F/P, 15\%, 5)$
$= 10\,000 \times 2.011 = 20\,110$(元)

复利利息 $I = 20\,110 - 10\,000 = 10\,110$(元)

四、年金终值和年金现值

年金(Annuity)是指间隔期相等的系列等额收付款。现实生活中的固定工资、租金、折旧、保险费、等额分期收款、等额分期付款、零存整取或整存零取等都可称为一般意义上的年金。

年金按每次收付发生的时点不同,包括普通年金(后付年金)、预付年金(先付年金)、递延年金、永续年金等形式。凡在每期期末收到或支付的年金,是普通年金(Ordinary Annuity)或后付年金;在每期期初收到或支付的年金,是预付年金(Annuity Due)或先付年金;距今若干期以后收到或支付在每期期末的年金,是递延年金(Deferred Annuity)或延期年金。年金还可以表现为永续年金(Perpetual Annuity)的形式,即无期限连续收款、付款的年金。但是,货币时间价值计算中最常见的,还是普通年金。

(一)年金终值的计算(已知年值 A ,求终值 F)

1.普通年金终值

普通年金(Ordinary Annuity),是指从第 1 期起,在一定时期内每期期末等额收付的系列款项。年金不作特别说明,一般是指普通年金。普通年金终值的经济意义,如图 2-1 所示。

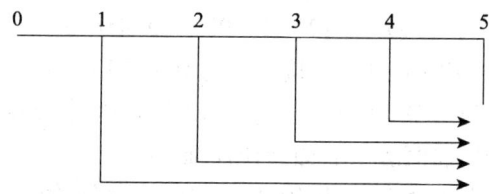

图 2-1 普通年金终值的经济意义

设本金 A,按年利率 i、复利期数 n 计算的普通年金的终值为:

$$F = A + A(1+i) + A(1+i)^2 + A(1+i)^3 + \cdots + A(1+i)^{n-1}$$

将两边同时乘以 $(1+i)$,得:

$$F(1+i) = A(1+i) + A(1+i)^2 + A(1+i)^3 + A(1+i)^4 + \cdots + A(1+i)^n$$

上述两式相减,得: $F \cdot i = A \cdot (1+i)^n - A = A \cdot [(1+i)^n - 1]$

再整理,得: $F = A \cdot \dfrac{(1+i)^n - 1}{i} = A \cdot (F/A, i, n)$

式中, $\dfrac{(1+i)^n - 1}{i}$ 称为"年金终值系数",是普通年金为1元、利率为 i、经过 n 期的年金终值,表示符号为 $(F/A, i, n)$。它的值可以在附表3中查到,不必计算。

例如,M旅游公司计划在今后6年中,每年年终从留利中提取50 000元存入银行,以备改造营业用房。目前银行存款利率为年息7%,6年后,改造营业用房的投资积蓄为:

$$F = 50\ 000 \times \dfrac{(1+7\%)^6 - 1}{7\%} = 50\ 000 \times (F/A, 7\%, 6)$$

从附表3查出,期数为6,年利率7%的普通年金终值系数为7.153,上式得:

$$F = 50\ 000 \times 7.153 = 357\ 650(元)$$

2.预付年金终值

预付年金是指一定时期内,于每期期初等额收付的系列款项。预付年金又称先付年金,它与普通年金的区别仅在于付款时间的不同,一个在年终(普通年金)、一个在年初(预付年金)。

预付年金终值,是其最后一期期末时的本利和,即各期收付款项的复利终值之和。容易得到:期数为 n 的预付年金,与期数为 n 的普通年金,付款次数是相同的。但由于其付款时间不同, n 期预付年金终值就比 n 期普通年金的终值多计算了一期利息。因此,在 n 期普通年金终值的基础上乘以 $(1+i)$,就是 n 期预付年金的终值。

$$F = A \cdot \left[\dfrac{(1+i)^n - 1}{i}\right] \cdot (1+i) = A \cdot \left[\dfrac{(1+i)^{n+1} - (1+i)}{i}\right]$$

$$F = A \cdot \left[\dfrac{(1+i)^{n+1} - 1}{i} - 1\right]$$

式中,方括号内的公式即为"预付年金终值系数",它是在普通年金终值系数基础之上,期数加1、系数减1的结果。记作 $[(F/A, i, n+1) - 1]$,通过查阅"年金终值系数表"(附表3)得 $(n+1)$ 期的值,然后减去1,便可得对应的预付年金终值系数的值。

公式如下:

$$预付年金终值\ F = A \cdot [(F/A, i, n+1) - 1]$$

例如,E旅游公司决定在连续10年的时间内,每年年初存入100万元作为改造营业厅的专用基金,现银行存款利率为5%。则该旅游公司在第10年末能一次取出本利和多少钱?

$$F = A \times [(F/A, i, n+1) - 1]$$

$$= 100 \times [(F/A, 5\%, 10+1) - 1]$$
$$= 100 \times (14.207 - 1) = 1\,320.7(万元)$$

3.递延年金终值

递延年金是在若干期后才开始发生的年金。它是普通年金的特殊形式,凡不是从第一期开始的普通年金都可称作递延年金。容易理解,如果在所分析的期间中,前 m 期没有年金收付,从第 $m+1$ 期开始形成普通年金,这种情况下的系列款项称为递延年金,即第一次支付发生在第二期或第二期以后的年金。递延年金终值的计算,与普通年金相同,只是需要仔细弄清递延期数(m)与连续的年份(n)。

(二)年金现值(已知年值 A,求现值 P)

1.普通年金现值

年金现值是指在复利计息的方法下,于若干相同间隔期末收到(或付出)的等额款项的现时总价值。普通年金现值的经济意义如图2-2所示。

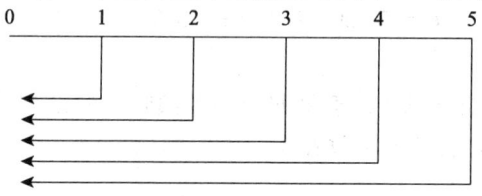

图2-2 普通年金现值的经济意义

设本金 P,按年利率 i、复利期数 n 计算的普通年金的现值为:
$$P = A \cdot (1+i)^{-1} + A \cdot (1+i)^{-2} + A \cdot (1+i)^{-3} + \cdots + A \cdot (1+i)^{-n}$$
将两边同时乘以$(1+i)$,得:
$$P \cdot (1+i) = A + A \cdot (1+i)^{-1} + A \cdot (1+i)^{-2} + \cdots + A \cdot (1+i)^{-(n-1)}$$
上述两式相减,得普通年金现值的公式如下:
$$P = \frac{A[1-(1+i)^{-n}]}{i}$$

式中,$\frac{1-(1+i)^{-n}}{i}$ 称为"年金现值系数",用$(P/A, i, n)$表示,它可以在附表4中查到,也不必自己一一计算。

例如,Q旅游企业须马上向银行存入一笔款项,以便在今后5年内能于每年年终发放某特种奖金40 000元。现时银行存款年利率为8%,该旅游企业现在应向银行存入多少元?
$$P = 40\,000 \times (P/A, 8\%, 5)$$
在附表4中,查得期数为5、年利率8%的年金现值系数为3.993,则:
$$P = 40\,000 \times 3.993 = 159\,720(元)$$

又如,在北京工作的小王最近准备结婚买房,看了好几家开发商的售房方案,其中一个方案是开发商出售一套 100 平方米的住房,要求首付 50 万元,然后分 10 年每年年末支付 10 万元。小王很想知道每年付 10 万元、10 年共支付的 100 万在利率 7% 条件下,相当于现在多少钱? 好与他所看的另一处 1.1 万元/平方米的市场价格进行比较(设现在银行房贷利率 7%)。

分析:这是已知 $A=10$ 万元、$n=10, i=7\%$,求 P。
$$P = 10 \cdot (P/A, 7\%, 10) = 10 \times 7.024 = 70.24 (万元)$$

小王为买此房的现值合计为 70.24+50=120.24(万元)。

如果小王按 1.1 万元/平方米购买 100 平方米的房子,需要付出 110 万元,可以节约 10 万多元。但如果小王没有那么多的现金,就需要分期付款了。

2.预付年金现值

容易看出,n 期预付年金现值与 n 期普通年金现值的期限相同,但由于其付款时间不同,n 期预付年金现值比 n 期普通年金现值提早折现一期。因此,在 n 期普通年金现值的基础上乘以 $(1+i)$,便可求出 n 期预付年金的现值。

$$P = A \cdot \left[\frac{1-(1+i)^{-n}}{i}\right] \cdot (1+i) = A \cdot \left[\frac{(1+i)-(1+i)^{-(n-1)}}{i}\right]$$

$$P = A \cdot \left[\frac{1-(1+i)^{-(n-1)}}{i} + 1\right]$$

上式中,方括号内的公式,即为"预付年金现值系数",它是在普通年金现值的基础之上,期数减 1,系数加 1 的结果。记作 $[(P/A, i, n-1)+1]$,通过查阅"年金现值系数表"(附表 4)得 $(n-1)$ 期的值,然后加上 1,便可得对应的预付年金现值系数的值。公式如下:

$$预付年金现值 P = A \cdot [(P/A, i, n-1) + 1]$$

3.递延年金现值

递延年金是在若干期后才开始发生的年金。它是普通年金的特殊形式,凡不是从第一期开始的普通年金都可称作递延年金。容易理解,递延年金的现值,是自若干时期后开始每期款项的现值之和。计算方法有两个:一是先计算出 $(m+n)$ 期的普通年金现值(m 表示递延期数),然后减去前 m 期的普通年金现值,即得递延年金的现值;二是先将此递延年金视为 n 期普通年金,求出在第 $m+1$ 期期初的现值,然后再折算到第一期期初的现值。

方法一:$P = A \cdot \left[\dfrac{1-(1+i)^{-(m+n)}}{i} - \dfrac{1-(1+i)^{-m}}{i}\right]$
$\qquad\quad = A \cdot [(P/A, i, m+n) - (P/A, i, m)]$

方法二:$P = A \cdot (P/A, i, n) \cdot (P/F, i, m)$

例如,P 旅游公司拟在年初存入一笔现金,以便在以后的第 5 年年末起,每年取出 10 000 元作为特殊奖金,至第 10 年年末取完。在银行利率 6% 的条件下,应在最初一次存入银行多少钱?

方法一:$P = A \cdot [(P/A,6\%,10) - (P/A,6\%,4)]$
　　　　$= 10\ 000 \times (7.360 - 3.465)$
　　　　$= 10\ 000 \times 3.895 = 38\ 950(元)$

方法二:$P = A \cdot (P/A,6\%,6) \cdot (P/F,6\%,4)$
　　　　$= 10\ 000 \times 4.917 \times 0.792$
　　　　$= 10\ 000 \times 3.8943 = 38\ 943(元)$

两法计算中,7 元的误差是由于系数尾数引起的,读者不必在意。

又如,某人要向你借一笔借款,要求你从今年起,每年年末借给他 10 000 元,连续借给他 5 年;然后从第 6 年年末起,他每年还给你 10 000 元,连续还给你 10 年,现时银行存款利率 12%,问:你借给他是否合算?

这是两个年金的价值比较问题,可以用几种方法,最简单的是将两个年金均计算为现值,比较其零期值。

$P_1 = 10\ 000 \times (P/A,12\%,5) = 10\ 000 \times 3.605 = 36\ 050(元)$
$P_2 = 10\ 000 \times (P/A,12\%,10) \times (P/F,12\%,5)$
　　 $= 10\ 000 \times 5.650 \times 0.567 = 32\ 036(元)$

由于:32 036 元<36 050 元,因此,这一笔交易对你来说是不合算的。

4.永续年金的现值

永续年金是指无限期等额收(付)的特种年金,可视为普通年金的特殊形式,即期限趋于无穷的普通年金($n \to \infty$)。由于永续年金持续期无限,没有终止的时间,因此终值可视为无穷($F \to \infty$)。至于永续年金现值的计算公式,可通过普通年金现值计算推出:

$$P = A \cdot \left[\frac{1 - (1+i)^{-n}}{i}\right]$$

当 $n \to \infty$ 时,$(1+i)^{-n}$ 等于零,故永续年金现值公式为:

永续年金现值 $P = \dfrac{A}{i}$

例如,T 旅游公司拟购入 A 公司发行的优先股 10 000 股,预计该股票每年的股利为 2 元/股,公司前景看好,T 旅游公司欲长期持有,在利率为 10% 的情况下,如何对该项股票投资进行估价?

这是一个求永续年金现值的问题,即假设该优先股每年股利固定,且持续较长时期,用永续年金现值公式计算出未来每期股利的现值之和,即为该股票价值。

由于:$P = A/i = 2 \div 10\% = 20(元/股)$,则该股票的价值为每股 20 元。

(三)年偿债基金的计算(已知终值 F,求年金 A)

年偿债基金是指为了在约定的未来某一时点清偿某笔债务或积聚一定数额的

资金而必须分次等额形成的存款准备金。

由于每次提取的等额准备金类似年金,并可以获得按复利计算的利息,所以,清偿的债务额实际上等同于年金终值 F,每年提取的偿债基金等同于年金 A。也就是说,偿债基金的计算实际上是年金终值的逆运算。

例如,S 旅游公司拟在 5 年后还清 20 万元的债务(相当于 F),从现在起每年存入银行一笔款项,若银行存款复利利率 10%,每年需要存入多少元(相当于求 A)?

由于:$F = \dfrac{A \cdot [(1+i)^n - 1]}{i}$

则:$A = F \div (F/A, 10\%, 5)$

所以:$A = 200\,000 \div 6.105 = 32\,760(元)$

即企业每年需要存入 32 760 元,就可以在 5 年后还清债务。

可见,年偿债基金 $(A/F, i, n)$ 是年金终值系数 $(F/A, i, n)$ 的倒数,因此,不用设计另外的系数表,用 $1/(F/A, i, n)$ 即可求出 $(A/F, i, n)$。

(四)年资本回收额的计算(已知现值 P,求年金 A)

年资本回收额是指在约定年限内等额回收初始投入资本或清偿所欠债务的金额。其中,未收回部分要按复利计息,构成偿债的内容。容易得到,年资本回收额是年金现值的逆运算。

例如,A 旅游公司拟以 10% 的利率借得资金 100 000 元,投资于某个合作期限为 10 年的旅游开发项目,问该企业每年至少要收回多少现金才是有利的?

由于:$P = A \times (P/A, i, n)$,则:

$$A = P \div (P/A, i, n) = 100\,000 \div (P/A, 10\%, 10)$$

在附表 4 中,查得期数为 10、年利率 10% 的年金现值系数为 6.145,则得:

$$A = 100\,000 \div 6.145 = 16\,273(元)$$

即该公司每年需要至少收回 16 273 元以上,才能归还贷款本息并有利可图。

可见,年资本回收系数 $(A/P, i, n)$ 可以用求年金现值系数 $(P/A, i, n)$ 的倒数来计算,不用自己一一计算,也不用设计另外的系数表。

又如,R 旅游公司现在借得 1000 万元的贷款,在 10 年内以年利率 12% 于年末等额偿还,每年应付的金额是多少?

$$A = 1000 \div (P/A, i\%, n) = 1000 \div (P/A, 12\%, 10)$$
$$= 1000 \div 5.650 = 176.99(万元)$$

五、利率的计算

(一)利率计算的必要性

通过以上介绍和叙述,我们介绍了 6 种按年计算的复利系数:

复利终值系数,表示符号:$(F/P, i, n)$;

复利现值系数,表示符号:$(P/F, i, n)$;
年金终值系数,表示符号:$(F/A, i, n)$;
偿债基金系数,表示符号:$(A/F, i, n)$;
年金现值系数,表示符号:$(P/A, i, n)$;
资本回收系数,表示符号:$(A/P, i, n)$。

显然,现值、终值系数的所有公式都需要三个因素:计息方式、每期利率和期数。

在复利计息方式下,由不同利率 i 和期数 n 的组合计算出各种情况下的现值和终值系数,并依照一定顺序排列成复利现值系数表、复利终值系数表、年金现值系数表、年金终值系数表等。在计算资金的时间价值时,只需要根据两个因素查询相应系数表,即可获得有关现值系数和终值系数。

现在,我们已经可以方便地计算所需要的系数和数值。但这些都是在 i、n 已知的条件下进行的。由于经济事项的复杂性,某些情况下,需要在未知 i 或 n 的条件下,计算和推算出 i 或 n 来,以满足一定决策和分析的需要。

(二)用插值法计算利率

利率与现值(或者终值)系数之间存在一定的数量关系。已知现值(或者终值)系数,则可以通过插值法(又称内插法)计算出对应的利率。基本公式是:

$$i = i_1 + \frac{\beta_1 - \alpha}{\beta_1 - \beta_2} \cdot (i_2 - i_1)$$

式中,i 为所要求的利率;α 为 i 对应的现值(或者终值)系数;β_1、β_2 为现值(或者终值)系数表中与 α 相邻的系数;i_1、i_2 为 β_1、β_2 对应的利率。

例如,D 旅游公司由于业务开拓需要,于第一年年初借款 2000 万元,每年年末还本付息均为 400 万元,连续 9 年还清。求借款利率是多少?

利用"插值法":已知 $P/A = 2000 \div 400 = 5$,则 $\alpha = 5$;

有:$(P/A, i, 9) = 5$

在年金现值系数表(附表 4)中,查 $n = 9$ 的那一行,找等于 5 的系数值。5 在 13%(5.132)和 14%(4.946)之间,利用插值法的公式,得到:

$$i = i_1 + \frac{\beta_1 - \alpha}{\beta_1 - \beta_2} \cdot (i_2 - i_1) = 13\% + \left[\frac{5.132 - 5}{5.132 - 4.946}\right] \times (14\% - 13\%)$$

$$= 13\% + (0.132 \div 0.186) \times 1\% = 13\% + 0.71\% = 13.71\%$$

(三)一年多次计息的名义利率与实际利率

货币时间价值的计算中。需要明确的概念还有:名义利率、期间利率和有效年利率。

名义利率是指银行等金融机构提供的利率,也叫报价利率。在提供报价利率时还必须同时提供每年的复利次数(或计息期的天数),否则意义是不完整的。

期间利率是指借款人每期支付的利息。它可以是年利率,也可以是 6 个月、每季、每月或每日等的利率。

$$期间利率 = 名义利率 \div 每年复利次数$$

有效年利率是指按给定的期间利率每年复利 m 次时,能够产生相同结果的年利率,也称等价年利率或实际利率。

如果以年作为基本计息期每年计算一次复利,这种情况下,年利率为名义利率。如果按照短于 1 年的计息期计算复利,并将全年利息额除以年初的本金,此时得到的利率则为实际利率。

如某些债券半年计息一次,那么,购买债券实际得到的利息就高于按票面利率计算的利息;有的抵押贷款每月计息一次,实际负担利率就要超过名义利率;还有,银行之间的拆借业务均为每天计息一次。每年复利一次的利率,实际利率才与名义利率相等。

名义利率与实际利率的换算公式:

$$i = \left(1 + \frac{r}{m}\right)^m - 1$$

式中,i 为实际利率;r 为名义利率;m 为每年复利次数。即:

$$实际利率 = \left(1 + \frac{名义利率}{每年复利次数}\right)^{每年复利次数} - 1$$

对于一年内多次复利的情况,在实际计算中,可选用以下两种方法中的一种进行计算。

1. 按公式将名义利率调整为实际利率

例如,D 旅游公司向银行借款,名义年利率为 8%,每季复利一次,则实际利率为:

$$实际利率 = \left(1 + \frac{8\%}{4}\right)^4 - 1 = 8.24\%$$

可见,当每年复利不止一次时,实际利率>名义利率。这种方法的缺点是,调整后的实际利率往往带有小数点,不利于查表。

2. 直接利用系数表

如果"名义利率÷每年复利次数"为整数,直接可查系数表时,就不要再计算实际利率,而是相应调整有关指标,即将利率变为"名义利率÷每年复利次数",期数相应变为"每年复利次数×期数"进行计算。

若利用上例有关数据,用第二种方法计算本利和。则利率=8%÷4=2%,期数=4×1=4。此时,若求复利终值,直接查复利终值系数表(F/P,2%,4)即可。

例如,P 旅游公司于年初存入 10 000 元,在年利率 6%、半年复利一次的条件下,至第 10 年年末,企业能得到多少钱?用第一种方法,先求实际利率:

实际利率 = $(1+6\%÷2)^2 - 1 = 6.09\%$

本利和 = $10\,000 × (1+6.09\%)^{10}$ = $10\,000 × 1.806 = 18\,060$(元)

用第二种方法,利率 = $6\%÷2 = 3\%$,期数 = $2×10 = 20$,则:

本利和 = $10\,000 × (F/P,3\%,20) = 10\,000 × 1.806 = 18\,060$(元)

六、用插值法计算期数 n

用插值法计算期间数 n,其原理和步骤与计算利息率 i 的步骤相同。即已知 P、A、i,推算期数 n。步骤如下:

第一步,计算出 P/A,设其为 $α$。

第二步,查年金现值系数表($P/A,i,n$)。沿着已知 i 所在列纵向查找,若能找到恰好等于 $α$ 的系数值,其对应的 n 值即为所求的期间值。

第三步,若找不到恰好为 $α$ 的系数值,则查找接近 $α$ 值的左、右临界系数 $β_1$、$β_2$ 和临界期间 n_1、n_2,然后用插值法求期数 n。公式如下:

$$n = n_1 + \frac{β_1 - α}{β_1 - β_2} · (n_2 - n_1)$$

例如,A 旅游公司拟购买一台新的中央空调设备,更新目前使用的旧设备。新设备较旧设备的价格高出 2000 万元,但每年可节约维修成本 500 万元。若现时银行利率为 10%,则新设备至少使用多少年对企业来讲才划算?

已知 $P = 2000$,$A = 500$,$i = 10\%$,则有:

$$P/A = 2000 ÷ 500 = 4 = α$$

查年金现值系数表($P/A,i,n$),沿 10% 的列纵向查找,由于无法找到恰好为 4 的系数值,于是,查出大于和小于 4 的临界系数值:$β_1 = 4.355$、$β_2 = 3.791$,临界期间 $n_1 = 6$、$n_2 = 5$,然后用插值法求 n。

$$n = n_1 + \frac{β_1 - α}{β_1 - β_2} · (n_2 - n_1) = 6 + \frac{4.355 - 4}{4.355 - 3.791} × (5 - 6)$$
$$= 6 + (-0.629) = 5.37(年)$$

即新设备至少使用 5.37 年,对这个旅游公司来讲才是划算的。

又如,S 旅游公司计划购买一套房子作为旅游线路宣传点和业务代办点,看中的房子现价 500 万元,公司每年可余出的钱是 50 万元,设房价不变。问:在利率 6% 的条件下,公司需要多少年能将购房款攒够?

用插值法,$500 ÷ 50 = 10$,查($F/A,6\%,n$)。沿 6% 的列纵向查找,由于无法找到恰好为 10 的系数值,于是,查出临界系数值:$β_1 = 11.491$、$β_2 = 9.897$,对应的临界期间 $n_1 = 9$、$n_2 = 8$,然后用插值法的公式求 n。

$$n = n_1 + \frac{β_1 - α}{β_1 - β_2} · (n_2 - n_1) = 9 + \frac{11.491 - 10}{11.491 - 9.897} × (8 - 9)$$

$= 9 + (-0.935) = 8.07(年)$

即每年攒 50 万元,可用 8 年多点的时间内将购房款攒够。

七、贷款的偿还

(一)贷款方式

企业或个人从银行借入的贷款,有多种偿还本金和利息的方式,如:

(1)贷款到期一次还本付息;

(2)每年付息、到期还本;

(3)每年偿还等额本金和贷款余额应付的利息;

(4)每年偿还等额的利息加本金。

前三种还款方式偿还的本金和支付的利息容易分清,而在第四种方式下,还必须分别计算每年偿还的本金和利息。

例如,D 旅游公司 20×1 年年初,从建设银行借入长期贷款 5000 万元,年利率 10%,期限 5 年,合同规定每年年末等额偿还,问:该企业每年应还本金和利息各为多少?

$$5000 = A \cdot (P/A, 10\%, 5)$$
$$A = 5000 \div (P/A, 10\%, 5) = 5000 \div 3.791 = 1319(万元)$$

列表计算每年支付的等额偿还额,见表 2-1。

表 2-1 贷款等额偿还表

单位:万元

时 间	等额偿还额	应付利息	偿还本金	年末贷款余额
20×1.12.31	1319	500.00	819.00	4181.00
20×2.12.31	1319	418.10	900.90	3280.10
20×3.12.31	1319	328.01	990.99	2289.11
20×4.12.31	1319	228.91	1090.09	1 199.02
20×5.12.31	1319	119.08	1199.02	0.00

表 2-1 显示,每年末的贷款余额乘以年利率即为下一年应支付的利息,每年的等额偿还额减去应付利息即为该年的还本额。上年年末贷款余额减当年偿还本金额,为该年年末贷款余额,以此类推。

(二)个人住房贷款的条件

在实际生活中,个人住房贷款的月供额,是根据现行个人住房贷款利率、按揭期数计算与分期支付的。个人住房贷款的条件,除了申请人应为具有完全行为能力的自然人,一般必须同时具备以下条件:

(1)具有合法身份；

(2)有稳定的经济收入,信誉良好,具有还本付息的能力；

(3)有合法有效的购买、建造、大修住房的合同、协议以及贷款行要求提供的其他证明文件；

(4)有所购住房全部价款一定数额(如20%或以上)的自筹资金,并保证用于所购房的首付款；

(5)有银行认可的资产作为抵押或质押,或有足够代偿能力的单位或个人作为保证人；

(6)贷款行规定的其他条件。

(三)个人住房贷款月供额的计算

个人住房贷款月供的计算,从银行角度讲,很显然是一个投资回收问题。因此,其基本公式是利用投资回收系数,已知现值 P,求年值 A。只不过由于是"月供",要注意在年值的基础上,利率除12(月利率)、期数乘12计算。

对银行来讲,贷款本金=房价-首付款。则：

$$住房贷款月供额 = 贷款本金 \times (A/P, i, n)$$

由于：$(A/P, i, n) = 1 \div (P/A, i, n)$

即：$(P/A, i, n) = [1 - (1+i)^{-n}] \div i$

所以,有：$(A/P, i, n) = \dfrac{1}{\dfrac{1-(1+i)^{-n}}{i}}$

经过数学整理,得：$(A/P, i, n) = \dfrac{i \cdot (1+i)^n}{(1+i)^n - 1}$

即：$月供额 = 本金 \times \dfrac{月利率 \times (1+月利率)^{期数}}{(1+月利率)^{期数} - 1}$

例如,张三欲购买一套住房,现价700 000元,他准备首付400 000元,向银行申请总额为300 000元的住房抵押贷款,准备在25年内按月分期等额偿还,若年利率为6.12%,问此人每月的等额偿还额(月供)是多少？

贷款本金300 000元；还款期25年,期数=25×12=300；月供利率=6.12%÷12=0.51%。

$$月供 = 300\,000 \times \dfrac{0.51\% \times (1+0.51\%)^{300}}{(1+0.51\%)^{300} - 1}$$

$$= 300\,000 \times \dfrac{0.51\% \times 4.6002}{4.6002 - 1}$$

$$= 300\,000 \times 6.5166‰$$

$$= 1954.98(元)$$

即:300 000 元贷款月供额是 1954.98 元。

又如,李四为购买住房,向银行申请总额为 200 000 元的住房抵押贷款,准备在 20 年内按月分期等额偿还,若年利率为 5.08%,问此人按揭贷款的月供额是多少?

分析:贷款本金 200 000 元;月供利率 = 5.08% ÷ 12 = 0.459%;期数 = 20 × 12 = 240。

$$月供 = 200\ 000 \times \frac{0.459\% \times (1 + 0.459\%)^{240}}{(1 + 0.459\%)^{240} - 1}$$

$$= 200\ 000 \times \frac{0.459\% \times 3.0014}{3.0014 - 1}$$

$$= 200\ 000 \times 6.8834‰$$

$$= 1376.68(元)$$

即:200 000 元贷款月供额是 1376.68 元。

如果贷款利率降低,贷款人可获得更多优惠。如上第一例,如果利率降至 5.04%,本金 300 000 元;期数 = 25×12 = 300;月供利率 = 5.04% ÷ 12 = 0.42%。则:

$$月供额 = 300\ 000 \times \frac{0.42\% \times (1 + 0.42\%)^{300}}{(1 + 0.42\%)^{300} - 1}$$

$$= 300\ 000 \times \frac{0.42\% \times 3.5161}{3.5161 - 1}$$

$$= 300\ 000 \times 5.8692‰$$

$$= 1760.76(元)$$

即:300 000 元贷款月供额是 1760.76 元。

第二节 风险与收益

一、资产收益与收益率

(一)资产收益的含义

资产收益是指资产的价值在一定时期的增值。一般情况下,表述资产收益的方式有两种:

1.绝对数——收益额

以绝对数表示的资产价值的增值量,称为资产的收益额,以资产价值在一定期限内的增值量来表示。

资产的收益额通常来源于两个部分:一是期限内资产的现金净收入,如利息、红利或股息收益等;二是期末资产的价值(或市场价格)相对于其实际价值(或价格)的升值,即资本利得。

2. 相对数——收益率

以相对数表示的资产价值的增值率,称为资产的收益率或报酬率。

资产的收益率通常是以百分比表示的,是资产增值量与期初资产价值或价格的比值。

资产收益率也包括两个部分:一是利(股)息的收益率;二是资本利得的收益率。

(二)资产收益的计算

资产的收益,可以用收益额计算,也可以用收益率计算。

以金额表示的收益与期初资产的价值(格)相关,不利于不同规模资产之间收益的比较,而以百分数表示的收益则是一个相对指标,便于不同规模下资产收益的比较和分析。所以,通常情况下,都是用收益率的方式来表示资产的收益。

由于收益率是相对于特定期限的,它的大小要受计算期限的影响,但是计算期限常常不一定是一年,为了便于比较和分析,对于计算期限短于或长于一年的资产,在计算收益率时一般要将不同期限的收益率转化成年收益率。如果不作特殊说明,资产的收益指的就是资产的年收益率,又称资产的报酬率。单期收益率的计算方法如下:

$$\text{单期资产收益率}(R) = \text{利(股)息收益率}(R_i) + \text{资本利得收益率}(R_c)$$

$$= \frac{\text{资产价值(格)的增值}}{\text{期初资产价值(格)}} \times 100\% = \frac{\text{资产的收益额}}{\text{期初资产价值(格)}} \times 100\%$$

例如,A 旅游公司购入了 B 公司的股票,一年前的价格为 10 元/股,一年中股利为 0.20 元/股,现在市价 11 元/股。在不考虑交易费用的情况下,一年内该股票的收益率是多少?

$$\text{资产的收益额} = (11-10) + 0.20 = 1.20(\text{元})$$

其中,股利收益为 0.20 元,资本利得为 1 元。

$$\text{股票的收益率} = (0.20 + 1) \div 10 = 12\%$$

$$\text{或} = 0.20 \div 10 + 1 \div 10 = 2\% + 10\% = 12\%$$

即:股利收益率为 2%,利得收益率为 10%,合计为 12%。

(三)资产收益率的类型

1. 实际收益率

表示已经实现或者确定可以实现的资产收益率。

2. 预期收益率

也称为期望收益率,指在不确定的条件下,预测的某资产未来可能实现的收益率。

期望收益率的直接估算,可选用以下方法:

(1)用概率直接估计期望收益率($\bar{R}$)。即首先描述影响收益率的各种可能情况(如市场很好、市场一般、市场较差),然后预测各种可能情况发生的概率(P_i),以及在各种可能情况下收益率的大小(R_i),那么,预期收益率($\bar{R}$)就是各种情况下收益率的加权平均,权数是各种可能情况发生的概率。用公式表示就是:

$$期望收益率(\bar{R}) = \sum P_i \cdot R_i$$

例如,A旅游公司6个月前投资10 000元购买了B旅游公司股票,持有至今尚未卖出,持有期曾获红利200元。预计未来半年内不会再发放红利,未来半年市价总值达到12 000元的可能性是50%,市价只有9500元的可能性也是50%。该股票预期价格和收益率:

B股票预期价格 = 50%×12 000+50%×9500 = 6000+4750 = 10 750(元)

B股票预期收益率($\bar{R}$) = [50%×(12 000−10 000)+50%×(9500−10 000)
     +200]÷10 000 = [1000−250+200]÷10 000
     = 9.50%

或　　　　　　　　= (10 750−10 000)÷10 000+200÷10 000
     = 7.5%+2% = 9.5%

即:B股票预期价格为10 750元,收益率为9.5%。

上例中,我们给出了半年后各种可能的市价及其概率,然而,现实中,要完成这项工作是相当困难的。

(2)收集历史数据估计期望收益率($\bar{R}$)。收集事后收益率(即历史数据),将这些历史数据按照不同的经济状况分类,并计算发生在各类经济状况下的收益率观测值的百分比,将所得百分比作为各类经济情况可能出现的概率。然后,计算各类经济情况下所有收益率观测值的平均值作为该类情况下的收益率,计算各类情况下收益率的加权平均数,就得到了预期收益率。

例如,A旅游公司拟投资B旅游公司的股票,为此收集了B公司历史上 n 个收益率的观测值,在这些历史数据中,发生在"市场良好"情况下的约有30%,此时可能的收益率为15%;发生在"市场一般"情况下的约有50%,此时可能的收益率为10%;发生在"市场较差"情况下的约有20%,此时可能的收益率为5%。那么,公司投资B公司预期的收益率为:

期望收益率($\bar{R}$) = $\sum P_i \cdot R_i$ = 50%×15%+30%×10%+20%×5% = 11.5%

这种方法简便,易于运用。尽管用历史数据预测未来的方法有一定的局限性,但至少可以作为预测的参考依据。

（3）用简单算术平均值计算预期收益率（$\bar{R}$）。即收集能够代表预测期收益率分布的历史收益率的样本，并假定所有历史收益率的观察值出现的概率相等，用简单算术平均值计算预期收益率。

例如，已知 A 旅游公司股票的历史收益率数据如表 2-2 所示。

表 2-2　历史收益率数据

年份	20×1	20×2	20×3	20×4	20×5	20×6	20×7	20×8
收益率	20%	25%	24%	20%	28%	18%	22%	25%

用算术平均值估计其预期收益率如下：

$$\begin{aligned}股票的预期收益率(\bar{R}) &= (20\% + 25\% + 24\% + 20\% + 28\% + 18\% \\ &\quad + 22\% + 26\%) \div 8 \\ &= 22.75\%\end{aligned}$$

3. 必要收益率

必要收益率也称最低必要报酬率或最低要求的收益率，表示投资者对某资产合理要求的最低收益率。

必要收益率与认识到的风险有关，人们对资产的安全性有不同的看法。如果某公司陷入财务困难的可能性很大，也就是说投资该公司股票产生损失的可能性很大，那么，投资于该公司股票将会要求有一个较高的收益率，所以该股票的必要收益率就会较高；相反，如果某项资产的风险较小，那么，对这项资产要求的必要收益率也就小。

必要收益率由两部分构成：①无风险收益率；②风险收益率。

无风险收益率也称无风险利率，它是指可以确定可知的无风险资产的收益率，它的大小由纯粹利率（资金的时间价值）和通货膨胀补贴两部分组成。无风险资产一般应满足两个条件：一是不存在违约风险；二是不存在再投资收益率的不确定性。实际上，满足这两个条件的资产，只有与所分析的资产的现金流量期限相同的国债。因此，无风险利率就是国债的利率，该国债应该与所分析的资产的现金流量有相同的期限。一般情况下，为了方便起见，通常用短期国库券的利率近似地代替无风险收益率。

风险收益率，是指某资产持有者因承担该资产的风险，而要求的超过无风险利率的额外收益，它等于必要收益率与无风险收益率之差。风险收益率衡量了投资者将资金从无风险资产转移到风险资产而要求得到的"额外补偿"，它的大小取决于以下两个因素：一是风险的大小，二是投资者对风险的偏好。

二、资产的风险及其衡量

(一)风险衡量与相关概念

风险(Risk)是指收益的不确定性。风险是市场经济的一个显著特征,具有客观性。收益的不确定性,指资产可能给投资人带来超出预期的收益,也可能带来超出预期的损失。一般说来,投资人对意外损失的关切,比对意外收益要强烈得多。因此,人们主要从不利的方面来考察不确定性。因此,风险常被看成不利事件发生的可能性。

从财务管理的角度看,风险就是企业在各项财务活动中,由于各种难以预料或无法控制的因素作用,企业的实际收益与预期收益发生背离,从而蒙受经济损失的可能性。

风险是现代企业财务管理环境的一个重要特征,在企业财务管理的每一个环节都不可避免地要面对风险。风险是对企业的目标产生负面影响的事件发生的可能性。

与风险相关的概念有概率、正态分布、期望收益等。

1. 概率

概率是风险度量常用的概念。在经济活动中,某一事件在相同的条件下可能发生也可能不发生,这类事件称为随机事件。概率就是用来表示随机事件发生可能性大小的数值。通常,把必然发生的事件的概率定为1,把一定不会发生的事件的概率定为0,一般随机事件的概率是介于0与1之间的一个数值。概率越大就表示该事件发生的可能性越大。

例如,某旅游公司A资产的收益率及概率分布如表2-3所示。

表2-3 A资产的收益率及概率分布

可能出现的市场情况(i)	资产的报酬率(X_i)	概率(P_i)
1.经济条件和投资环境良好	$X_1 = 30\%$	$P_1 = 0.2$
2.经济条件和投资环境一般	$X_2 = 20\%$	$P_2 = 0.5$
3.经济条件和投资环境较差	$X_3 = 10\%$	$P_3 = 0.3$
合计		1

用概率表示A资产的收益情况,分良好、一般、较差三种状况,概率总和等于1。

2. 正态分布

经济分析中的有些分析变量,它全部可能取到的值是有限个或无限多个,这种随机变量叫离散型随机变量,将随机试验所有可能结果组成的集合称作样本空间。如果样本空间足够大,可将离散函数的包络线认为是一个连续函数,收益率的函数呈正态分布。

例如,表示 A、B 两种股票收益概率的曲线如图 2-3 所示。

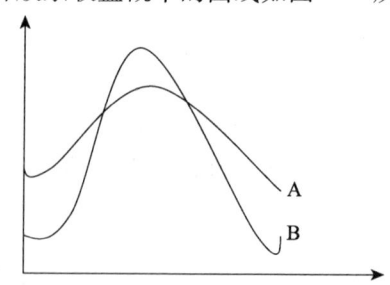

图 2-3　正态分布的 A、B 股票收益概率曲线

A 股票收益率曲线比较发散,B 股票相对集中。因此,A 股票比 B 股票风险大。

实际上,绘制正态分布曲线是一个日积月累的过程。收集的数据越多,样本分布的锯齿就会越小,实际的概率分布也将逐步与理论值相吻合。

3. 期望收益

期望收益来源于投资所产生的预期现金流量。在一个不确定的经济环境中,投资者很难准确地估计预期现金流量,需要根据所掌握的信息预测出在经济繁荣、经济正常、经济衰退等经济环境下的收益(或收益率),再进行加权平均来预期现金流量(或预期收益率)。因此,期望收益(或期望收益率)可用各种情况下的收益水平与其相应的概率进行加权平均求得,用它来表示某一投资方案的预期报酬(或预期报酬率)。公式如下:

期望收益 = ∑(各市场条件出现的概率 × 该市场条件的投资收益)

根据表 2-3 中的资料,该资产的期望收益或预期报酬率如下:

$$预期收益(期望值\ E) = \sum_{i=1}^{n} P_i \cdot X_i = P_1 X_1 + P_2 X_2 + P_3 X_3$$
$$= 0.2 \times 30\% + 0.5 \times 20\% + 0.3 \times 10\% = 19\%$$

期望收益反映统计收益的平均值,在各种不确定因素影响下,它代表投资者的合理预期。

(二) 风险衡量

衡量风险的指标主要有收益率的方差、标准差和标准离差率等。

1. 收益率的方差(σ^2)

收益率的方差表示资产收益率的各种可能值与其期望值之间的偏离程度。公式为:

$$\sigma^2 = [R_i - E(R)]^2 \times P_i$$

式中，$E(R)$ 为预期收益率，可用公式 $E(R) = \sum_{i=1}^{n} P_i \times R_i$ 计算；P_i 是第 i 种可能情况发生的概率；R_i 是在第 i 种可能情况下资产的收益率。

2. 收益率的标准差（σ）

收益率的标准差（Standard Deviation，SD）也是反映资产收益率的各种可能值与其期望值之间的偏离程度的指标，它等于方差的开方。计算公式为：

$$\sigma = \sqrt{\sum_{i=1}^{n} [R_i - E(R)]^2 \times P_i}$$

标准差和方差都是用绝对指标来衡量资产的风险大小。在预期收益率相同的情况下，标准差或方差越大，则风险越大，标准差或方差越小，则风险也越小。它们衡量风险的绝对大小，不适用于比较具有不同预期收益率的资产的风险。

以表2-3中的资料为例，计算A资产的方差和标准差，如表2-4所示。

表2-4 方差和标准差计算表

$R_i - E(R)$	$[R_i - E(R)]^2$	$[R_i - E(R)]^2 \cdot P_i$
30% - 19% = 11%	$(11\%)^2 = 1.21\%$	1.21% × 0.2 = 0.242%
20% - 19% = 1%	$(1\%)^2 = 0.01\%$	0.01% × 0.5 = 0.005%
10% - 19% = -9%	$(-9\%)^2 = 0.81\%$	0.81% × 0.3 = 0.243%
方差 σ^2		0.49%
标准差 σ		7%

计算结果说明，A投资的风险程度为7%，风险不大。标准差越大，说明实际收益水平对预期投资收益水平可能发生的偏离程度就越大。

3. 收益率的标准离差率（V）

标准离差率是资产收益率的标准差与期望值之比，也称变异系数。计算公式为：

标准离差率＝资产收益率的标准差÷资产收益期望值

$$V = \frac{\sigma}{E(R)}$$

标准离差率是一个相对指标，它表示某资产每单位预期收益中所包含的风险的大小。

一般情况下，标准离差率越大，资产的相对风险越大。相反，标准离差率越小，资产的相对风险越小。标准离差率指标可以用来比较预期收益率不同的资产之间的风险大小。

上述三个表述资产风险的指标:收益率的方差(σ^2)、标准差(σ)、标准离差率(V)都是利用未来收益率发生的概率以及未来收益率的可能值来计算的。

当不知道或者很难估计未来收益率发生的概率以及未来收益率的可能值时,可以利用收益率的历史数据去近似地估算预期收益率及其标准差。其中,预期收益率可利用历史数据的算术平均值法等方法计算。标准差则可以利用下列统计学中的公式进行估算:

$$标准差 = \sum_{i}^{n}(R_i - R)^2 \div (n-1)$$

式中,R_i 表示样本数据中各期的收益率的历史数据,R 是各历史数据的算术平均值;n 表示样本中历史数据的个数。

例如,Q 旅游公司单一经营 A 旅游线路。销售的三种可能情况是:较好概率 20%,销量 1000 人天;一般概率 50%,销量 800 人天;较差概率 30%,销量 500 人天。设 A 旅游线路 100 元/人·天,单位变动成本 60 元/人·天,固定成本总额 1000 元,资金总额 50 000 元,负债/资本＝20/80。借款利率 4%,企业面值发行普通股 40 000 股,每股面值 1 元,所得税税率 25%。

要求:计算公司每股盈余 EPS 及每股盈余的标准差。

销售量期望值 Q ＝ 1000×0.2＋800×0.5＋500×0.3 ＝ 750(人天)
边际贡献期望值 M ＝ 750×(100－60) ＝ 30 000(元)
息税前利润 $EBIT$ ＝ 30 000－1000 ＝ 29 000(元)
利息 I ＝ 50 000×20%×4% ＝ 400(元)
每股盈余期望值＝[(29 000－400)×(1－25%)]÷40 000 ＝ 0.536
EPS(较好)＝｛[1000×(100－60)－1000－400]×(1－25%)｝÷40 000 ＝ 0.724
EPS(一般)＝｛[800×(100－60)－1000－400]×(1－25%)｝÷40 000 ＝ 0.574
EPS(较差)＝｛[500×(100－60)－1000－400]×(1－25%)｝÷40 000 ＝ 0.349

验证:
每股盈余期望值＝0.724×20%＋0.574×50%＋0.349×30% ＝ 0.537

每股盈余标准差 $\sigma = \sqrt{\sum_{i=1}^{n}(R_i - E(R))^2 \cdot P_i}$

$= \sqrt{0.2\times(0.724-0.537)^2 + 0.5\times(0.574-0.537)^2 + 0.3\times(0.349-0.537)^2}$

$= \sqrt{0.006994 + 0.000685 + 0.010603} = 0.1352$

Q 旅游公司的每股盈余(EPS)期望值 ＝ 0.537 元/股,每股盈余的标准差为 13.52%,总体经营情况还是不错的。

(三)风险对策

1.规避风险

当风险所造成的损失不能由该项目可能获得的利润予以抵消时,避免风险是最可行的简单方法。

2.减少风险

一是控制风险因素,减少风险的发生;二是控制风险发生的频率和降低风险损害程度。

3.转移风险

企业以一定代价,采取某种方式,将风险损失转嫁给他人承担,以避免可能给企业带来的灾难性损失。

4.接受风险

接受风险包括风险自担和风险自保两种。风险自担,是指风险损失发生时,直接将损失摊入成本或费用,或冲减利润;风险自保,是指企业预留一笔风险金或随着生产经营的进行,有计划地计提资产减值准备等。

(四)风险偏好

根据人们的效用函数的不同,可以按照其对风险的偏好分为风险回避者、风险追求者和风险中立者。

1. 风险回避者

风险回避者选择资产的态度是当预期收益率相同时,偏好于具有低风险的资产;对于具有同样风险的资产,则钟情于具有高预期收益率的资产。

2. 风险追求者

与风险回避者恰恰相反,风险追求者通常主动追求风险,喜欢收益的动荡胜于喜欢收益的稳定。他们选择资产的原则是当预期收益相同时,选择风险大的,因为这会给他们带来更大的效用。

3. 风险中立者

风险中立者通常既不回避风险,也不主动追求风险。他们选择资产的唯一标准是预期收益的大小,而不管风险状况如何。

三、证券资产组合的风险与收益

(一)证券资产组合的预期收益率

证券资产组合的预期收益率,是组成证券资产组合的各种资产收益率的加权平均数,其权数为各种资产在组合中的价值比例。计算公式是:

$$资产组合的预期收益率\ E(R_p) = \sum_i^n W_i \times E(R_i)$$

式中,$E(R_i)$ 表示第 i 项资产的预期收益率;W_i 表示第 i 项资产在整个组合中所占的价值比例。

(二)证券资产组合风险及其衡量

对于资产组合来说,其系统风险的大小也可以用 β 系数来衡量。β 系数是个股风险相对于市场风险的比率。计算公式为：

$$\beta \text{系数} = \frac{\text{个股风险}}{\text{市场风险}}$$

资产组合的 β 系数是所有单项资产 β 系数的加权平均数。权数为各种资产在资产组合中所占的价值比例。

计算公式为：

$$\beta_p = \sum_{i=1}^{n} W_i \times \beta_i$$

式中，β_p 是资产组合的 β 系数；W_i 为第 i 项资产在组合中所占的价值比重；β_i 表示第 i 项资产的 β 系数。

由于单项资产的 β 系数不尽相同，因此通过替换资产组合中的资产或改变不同资产在组合中的价值比例，可以改变资产组合的风险特性。

例如，A 旅游公司持有 100 万元的 E、D、F 三种股票，比例为 50∶30∶20，β 系数分别为 1、2、0.5。则综合 β 系数为：

$$\beta_{EDF} = 50\% \times 1 + 30\% \times 2 + 20\% \times 0.5 = 1.2$$

若将其中 E 股票全部出售，买进同样金额的 G 股票，G 股票 β 系数为 0.6。则组合 β 系数变为：

$$\beta_{GDF} = 50\% \times 0.6 + 30\% \times 2 + 20\% \times 0.5 = 1$$

可见，若构成组合的个股的 β 系数减小，则组合的综合 β 系数降低，使组合风险减小；反之，若构成组合的个股的 β 系数增加，则组合的综合 β 系数上升，使组合风险增加。

例如，Q 旅游公司持有二级市场上的 A、B、C 三种股票，β 系数为 2.0、1.0、0.5，证券组合中所占比重为 60%、30%、10%。知股票市场平均收益率 14%，国库券利率 10%。求该资产组合的风险收益率。

$$\beta_{\text{组合}} = 60\% \times 2.0 + 30\% \times 1.0 + 10\% \times 0.5 = 1.55$$

$$R_{\text{组合}} = \beta_{\text{组合}} \times (K_M - R_F) = 1.55 \times (14\% - 10\%) = 6.2\%$$

即组合的风险收益率是 6.2%。可见，在其他条件不变的情况下，风险收益取决于组合的 β 系数。β 系数越大，风险收益就越大；反之亦然。投资者可以根据组合投资的 β 系数来选择自己能接受的风险水平。但是，降低风险的同时，报酬率也会降低。

例如，Q 旅游公司拟在现有的 A 证券基础上，从 B、C 两种证券中选择一种风险小的证券与 A 证券组成一个证券组合，资金比例为 6∶4，有关的资料如表 2-5 所示。

表 2-5　A、B、C 三种证券的收益率的预测信息

情况出现的概率	A 证券的可能收益率	B 证券的可能收益率	C 证券的可能收益率
0.5	15%	20%	8%
0.3	10%	10%	14%
0.2	5%	-10%	12%
合计　1.0			

要求回答：

(1)应该选择哪一种证券？

(2)假定资本资产定价模型成立，如果证券市场平均收益率是12%，无风险利率是5%，计算所选择的组合的预期收益率和 β 系数分别是多少。

(1) A 证券的预期收益率 = 0.5×15%+0.3×10%+0.2×5% = 11.5%

　　B 证券的预期收益率 = 0.5×20%+0.3×10%+0.2×(-10%) = 11%

　　C 证券的预期收益率 = 0.5×8%+0.3×14%+0.2×12% = 10.6%

B 证券的标准差 = $\sqrt{(20\%-11\%)^2 \times 0.5 + (10\%-11\%)^2 \times 0.3 + (-10\%-11\%)^2 \times 0.2}$
　　　　　　 = 11.35%

C 证券的标准差 = $\sqrt{(8\%-10.6\%)^2 \times 0.5 + (14\%-10.6\%)^2 \times 0.3 + (12\%-10.6\%)^2 \times 0.2}$
　　　　　　 = 2.69%

B 证券的标准离差率 = 11.35%÷11% = 1.03

C 证券的标准离差率 = 2.69%÷10.6% = 0.25

由于 C 证券的标准差和标准离差率均小于 B 证券的标准差和标准离差率，所以，应该选择 C 证券。

(2) 组合的预期收益率 = 0.6×11.5%+0.4×10.6% = 11.14%

根据资本资产定价模型：11.14% = 5%+β(12%-5%)

解之，得：β = 0.88

四、资本资产定价模型

(一)资本资产定价模型的基本原理

资本资产定价模型听起来令人感到迷惑，事实上，所谓资本资产主要指的是股票，而定价则试图解释资本市场如何决定股票收益率，进而决定股票价格。资本资产定价模型是由经济学家 Hazy Markowitz 和 William F.Sharpe 于 1964 年提出的，后来由于他们在此方面做出的贡献，他们双双获得了 1990 年度的诺贝尔经济学奖。

根据风险与收益的一般关系，某资产的必要收益率是由无风险收益率和该资

产的风险收益率决定的。即：

$$必要收益率 = 无风险收益率 + 风险收益率$$

资本资产定价模型，是分析风险收益率的决定因素和度量方法，核心关系式为：

$$R = R_f + \beta \times (R_m - R_f)$$

式中，R 表示某资产的必要收益率；β 表示该资产的系统风险系数；R_f 表示无风险收益率，通常以短期国债的利率来近似的替代；R_m 表示市场平均收益率，通常用股票价格指数来代替。

公式中的 $(R_m - R_f)$ 称为市场风险溢酬，它是附加在无风险收益率之上的，由于承担了市场平均风险所要求获得的补偿，它反映的是市场作为整体对风险的平均"容忍"程度。对风险的平均容忍程度越低，越厌恶风险，要求的收益率就越高，市场风险溢酬就越大；反之，市场风险溢酬则越小。这是资本资产定价模型的一个主要贡献，它解释了风险收益率的决定因素和度量方法。

可见，某项资产的风险收益率是市场风险溢酬与该资产的 β 系数的乘积。即有：

$$风险收益率 = \beta \times (R_m - R_f)$$

(二)证券市场线(SML)

如果把资本资产定价模型核心关系式中的系统风险系数 (β) 看作自变量(横坐标)，必要收益率 (R) 作为因变量(纵坐标)，无风险利率 (R_f) 和市场风险溢酬 $(R_m - R_f)$ 作为已知系数，那么这个关系式在数学上就是一个直线方程，叫作证券市场线(SML)。

即以下关系式所代表的直线：

$$R = R_f + \beta \times (R_m - R_f)$$

该直线的横坐标是系统风险系数(β)，纵坐标是必要收益率(R)。

证券市场线上每个点的横、纵坐标分别对应着每一项资产（或资产组合）的系统风险系数和必要收益率。因此，证券市场上任意一项资产或资产组合的系统风险系数和必要收益率都可以在证券市场线上找到对应的一点。

(三)证券资产组合的必要收益率

证券资产组合的必要收益率也可用证券市场线来描述：

$$资产组合的必要收益率\ R = R_f + \beta_p \times (R_m - R_f)$$

式中，β_p 是资产组合的系统风险系数。

例如，前述 Q 旅游公司持有的 A、B、C 三种股票，证券组合中所占比重分别为 60%、30%、10%。知股票市场收益率 14%，国库券利率 10%，计算出组合的 β 系数为 1.55，组合风险收益率 6.2%。那么，组合的必要收益率即为：

$$组合的必要收益率 = 10\% + 6.2\% = 16.2\%$$

(四)资本资产定价模型的有效性和局限性

资本资产定价模型(CAPM)和证券市场线(SML)最大的贡献,在于它提供了对风险和收益之间关系的一种实质性的表述,CAPM 和 SML 首次将"高收益伴随着高风险"这样一种直观认识,用这样简单的关系式表达出来。不过,CAPM 仍存在着一些明显的局限,此处不予叙述。

第三节 成本性态

成本性态,又称成本习性,是指成本的变动与业务量之间的依存关系。按照成本性态,通常可以把成本区分为固定成本、变动成本和混合成本三类。

一、固定成本

固定成本(Fixed Cost)是指其总额在一定时期及一定业务量范围内,不直接受业务量变动的影响而保持固定不变的成本。例如,房屋、建筑物的租金、管理人员工资、按直线法计算的固定资产折旧费等。

固定成本按其支出额是否可以在一定期间内改变,分为约束性固定成本和酌量性固定成本。约束性固定成本是指受事前管理决策的影响,管理人员无法在事后改变其数额的固定成本,如固定资产折旧费、保险费等。这类成本具有很大约束性,通常在短期内不会有重大改变。

酌量性固定成本是指通过管理人员的决策行动可改变其数额的固定成本,如广告费、研究开发费、人员培训费等。这类成本的发生及数额的多少,取决于企业不同时期生产经营的实际需要,并随着经营情况的改变而改变。

固定成本的特性,可用图 2-4 表示。

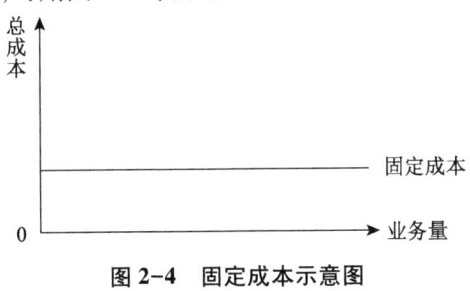

图 2-4 固定成本示意图

二、变动成本

变动成本(Variable Cost)是指在特定的业务量范围内,其总额会随业务量的变动而成正比例变动的成本。例如,直接材料、直接人工中的计件工资等。必须指出,变动成本同业务量之间成正比例变动的关系是有一定范围的,超过一定范围,变动成本同业务量之间的比例关系可能会改变。

变动成本可以区分为两大类:技术性变动成本和酌量性变动成本。

技术性变动成本也称约束性变动成本,是指在其单位成本受客观因素决定、消耗量由技术因素决定的那部分变动成本,是企业管理当局的决策无法改变其支出数额的,并与业务量有明确的技术或实务关系的变动成本。如生产成本中主要受到设计方案影响的、单耗相对稳定的外购零部件成本,在工资水平不变的前提下,流水作业生产岗位上工人的工资和福利费等都属于这类成本。

酌量性变动成本是指通过企业管理当局的决策行动可以改变其支出数额的变动成本。

变动成本的特性,可用图2-5表示。

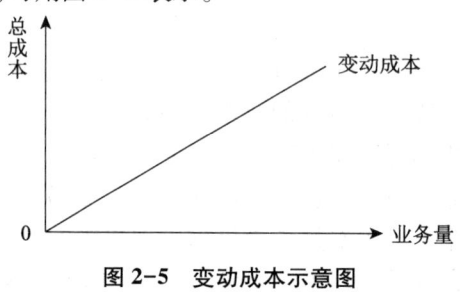

图2-5 变动成本示意图

三、混合成本

(一)混合成本的基本特征

混合成本(Mixed Costs)就是"混合"了固定成本和变动成本两种不同性质的成本。一方面,它们要随业务量的变化而变化;另一方面,它们的变化又不能与业务量的变化保持纯粹的正比例关系。

(二)混合成本的分类

混合成本可进一步细分为半变动成本、半固定成本、递延变动成本和曲线变动成本。

1. 半变动成本(Semi-variable Cost)

半变动成本是指这种成本通常有一个初始量,相当于固定成本,在此基础之上,随着业务量增加而相应增加,又类似变动成本,如电话费、电费等。这种费用一般都有一个初始值,不管是否使用都必须支付一定费用,这部分具有固定成本性质。除此之外,根据用量多少,按比例交纳费用,这部分具有变动成本性质。

半变动成本的特性,可用图2-6表示。

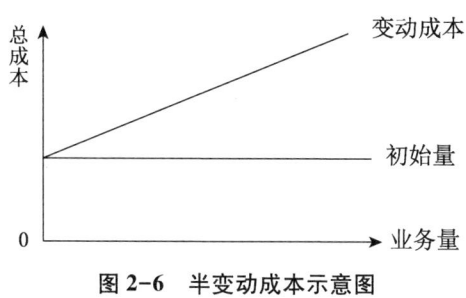

图 2-6　半变动成本示意图

2. 半固定成本(Semi-fixed Cost)

半固定成本是指业务量在一定范围内增长,其成本发生额固定不变,当业务量增长超过一定限度,成本就会跳跃上升到一个新水平,然后在新业务量的一定范围内又保持不变,直至出现新的跳跃。所以,它是逐渐增加的成本,如同阶梯式递增形态,也称阶梯式成本。例如,化验员、检验员的工资,当产量增加超过一定限度,就要增加人员,从而使这些人员工资跳跃增加。半固定成本的特性,可用图 2-7 表示。

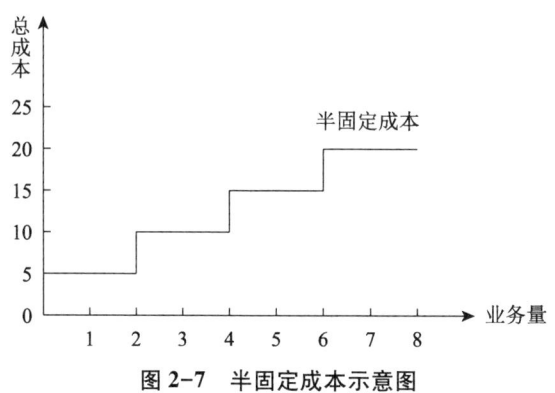

图 2-7　半固定成本示意图

3. 递延变动成本(Deferred Variable Cost)

递延变动成本是指在正常工作时间范围内其发生额固定不变,但当工作时间超过正常工作时间时,其发生额将随业务量的变动而变动的成本。例如,企业对一般职工在正常工作时间内支付的工资是固定不变的,但在加班时需要根据加班时间长短按比例支付加班工资。递延变动成本的特性可用图 2-8 表示。

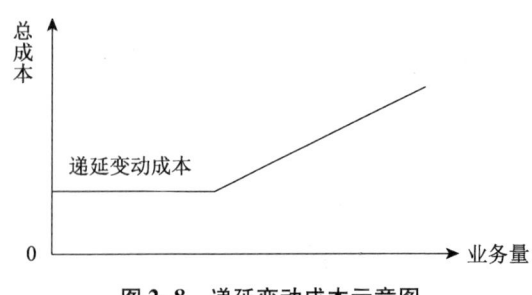

图 2-8　递延变动成本示意图

4. 曲线变动成本(Curve Variable Cost)

曲线变动成本有一个初始量,相当于固定成本,然后在这个初始量基础上,随着业务量的增长而逐渐增加,但其增长幅度呈抛物线上升,类似变动成本。例如,热处理设备,每班需要预热,因预热而发生的耗电成本属于固定成本;预热后进行热处理的耗电成本,随着业务量的增加而呈抛物线上升,这部分类似变动成本。曲线变动成本的特性,可用图 2-9 表示。

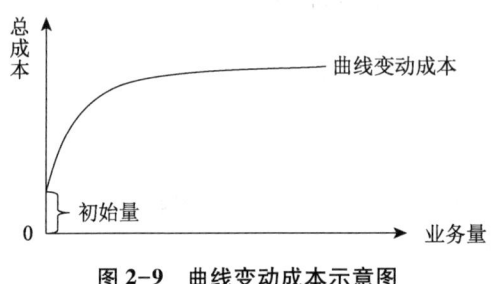

图 2-9　曲线变动成本示意图

从理论上说,成本可分为固定、变动和混合三类。但在成本会计实务上,可利用一些技术方法将混合成本分为变动成本和固定成本两部分。所以,按成本习性分类,从根本上说,应该只有变动成本和固定成本两类。

将成本分为变动成本和固定成本两类,对于旅游企业进行成本的预测、决策和分析,特别是对于控制和寻求降低成本途径具有重要作用。例如,控制和降低单位产品的变动成本,应着重从控制和降低单位业务量的耗费入手;控制和降低固定成本,应从控制并降低管理费用支出的绝对额和提高业务量入手。

四、总成本模型

将混合成本按照一定的方法区分为固定成本和变动成本之后,根据成本性态,企业的总成本公式就可以表示为:

总成本＝固定成本总额＋变动成本总额
　　　＝固定成本总额＋单位变动成本×业务量

思考与练习

一、根据以下资料,计算资金时间价值。

1. 某人将1000元存入银行,3年期,年利率9%,1年复利1次,求3年复利终值。

2. 某人将1000元存入银行,年利率8%,3个月复利1次,求3年复利终值。

3. 年利率10%,1年复利1次,5年后1000元,求复利现值。

4. 年利率6%,半年复利1次,9年后1000元,求复利现值。

5. 存1000元,经过10年,终值为4045元,求年利率。

6. 某大学设置一项每年发2万元的奖学金,年利率12%,每年复利1次,第一次要存入多少钱?

7. 某人以10%的利率借得资金18 000元,投资于一个合作期限为5年的项目,他需要每年至少收回多少资金才是有利可图的?

8. 年名义利率8%,半年复利一次,用公式计算的实际利率是多少?

9. 年名义利率6%,每季复利一次,用公式计算的实际利率是多少?

二、A旅游公司20×3年对Q项目投资120 000元,该项目于20×4年初完工使用,预计20×4—20×7年年末现金流入量分别为50 000元、40 000元、40 000元、30 000元,银行年利率9%。

要求计算:(1)投资额20×3年年末的终值;(2)各年现金流入量20×4年年初的现值。

三、S公司于20×3年年初、20×4年年初对W设备分别投资20 000元,该项目于20×5年初完工使用,预计20×5—20×8年年末现金流入量分别为13 000元,年利率8%。

要求:(1)按年金计算投资额20×4年年末的终值;(2)按年金计算各年现金流入量20×5年年初的现值;(3)分别计算流入量、流出量20×3年年初值,并做出投资决策。

四、思考:预付年金终值与现值的计算有何不同?

五、有人提出要我从今年年底起,每年借给他5000元,共借10年;从第11年起,每年末他还给我10 000元,共还10年。现时市场利率10%。

分析:从经济角度做出决策:我是否应借给他?

六、某人为购买住房,向银行申请总额为30万元的住房抵押贷款,准备在15年内按月分期等额偿还。

分析:若年利率为5.04%,此人按揭贷款的月供额是多少?若还款期为23年呢?如果你即是这个人,你如何做出决策?

七、什么是概率?方差、标准差、标准离差率应如何计算?

八、如何用资本资产定价模型分析项目的市场风险？β 值的含义与一般计算公式是什么？

九、S 旅游公司准备生产 Q 产品。三种可能销售的情况是：较好概率 20%，销量 10 000 台；一般概率 50%，销量 800 台；较差概率 30%，销量 500 台。设产品售价 30 万元/台，单位变动成本 20 万元，企业固定成本总额 1000 万元，资金总额 6 亿元，负债/资本＝20/80。借款利率 6%，企业共有普通股 1 亿股，每股面值 1 元，所得税税率 25%。

要求计算：(1) DOL、DFL、DTL；(2) 每股盈余 EPS 及每股盈余的标准差。

十、Q 旅游公司拟对外投资，有 A、B、C 三家公司可供选择。资料如下：

市场状况	概率	预计报酬率		
		A 公司	B 公司	C 公司
繁荣	0.4	40%	50%	60%
一般	0.4	20%	20%	20%
衰退	0.2	0%	−15%	−30%

要求做出投资决策：Q 旅游公司应如何选择期望报酬率较高而风险较低的公司？

十一、某旅游公司现有 A、B、C 三种股票的证券组合，β 系数分别是 2、1.3、0.8，投资额分别是 60 万元、30 万元、10 万元。设股票的市场平均收益率 10%，无风险利率 5%。设资本资产定价模型成立。

要求：(1) 计算组合的预期收益率；(2) 为降低风险，企业卖出部分 A 股票，买入同等金额的 C 股票，使证券组合的投资额为 10 万元、30 万元、60 万元，其他条件不变。计算：风险收益率和预期收益率。

十二、S 旅游公司共持有 A、B、C、D 四种股票，比例为 50∶30∶10∶10，β 系数分别为 2，0.5，0.7，1.5。现公司拟改变投资组合，抛出 B、C 股票，买进同等金额的 E 股票，知 E 股票的 β 系数为 1。且知各种股票的预期报酬率分别为 22%、10%、12%、18%、14%。

要求：(1) 计算投资组合改变前、改变后的 β 系数；(2) 计算投资组合改变前、改变后的预期报酬率。

十三、某旅游公司现有两个投资项目可供选择，有关资料如下：

市场销售情况	概率	甲项目的收益率	乙项目的收益率
很好	0.2	30%	25%
一般	0.4	15%	10%
很差	0.4	5%	5%

要求:(1)计算甲乙两项目的预期收益率、标准差和标准离差率。

(2)公司决定对每个投资项目要求的收益率都在8%以上,并要求所有项目的标准离差率不得超过1,那么应该选择哪一个项目?

假定关系式:预期收益率$(R) = R_f + b \times V$成立,政府短期债券的收益率是4%,计算所选项目的风险价值系数b。

(3)假设资本资产定价模型成立,证券市场平均收益率为12%,政府短期债券收益率为4%,市场组合的标准差为6%,分别计算两项目的β系数以及它们与市场组合的相关系数。

第三章

旅游企业预算管理

本章重点
- 掌握各种业务预算和财务预算的编制
- 熟悉预算编制的各种方法
- 熟悉预算的执行与考核
- 了解预算的特征、作用、预算体系

第一节 旅游企业预算管理的主要内容

一、旅游企业预算的特征与作用

企业预算是用货币计量的方式,反映企业未来一定预算期的财务状况和经营成果,以及现金收支等价值指标的各种规划。旅游企业财务预算是将企业决策目标所涉及的经济资源进行配置,以计划的形式具体地、系统地反映出来。财务预算在传统上被看成控制支出的工具,但新的观念认为"财务预算是使企业的资源获得最佳生产率和获利率的一种方法"。

(一)预算的特征

预算的特征是:第一,预算与企业的战略或目标保持一致。第二,预算是数量化的并且具有可执行性,这是预算最主要的特征。

(二)预算的作用

1. 预算通过引导和控制经济活动,使企业经营达到预期目标

旅游企业编制预算的目的,是为了贯彻目标管理的原则,指导和控制各项业务的执行。预算是目标的具体化,它不仅能够帮助人们更好地明确整个企业的奋斗目标,而且能够使人们清楚地了解自己部门的任务。预算能够使管理人员未雨绸

缪,在具体行动之前,预先规划安排,控制业务的进行。

2. 预算可以实现企业内部各个部门之间的协调

旅游企业的预算把整个企业各方面的工作严密地组织起来,而且把企业内部有关协作单位的配合关系,也纳入统一的计划之中,使企业内部上下左右协调起来,环环相扣,达到综合平衡。由于旅游企业内部的各部门之间,存在一个局部与全局的关系,各部门为了实现企业总体目标,必须密切配合,相互协调。而预算的编制过程,正是各部门反复协商、反复平衡的过程。通过编制预算,各部门之间加深了理解,使相互的配合更加协调,使整体服务水平和经济效益进一步提高。

3. 预算可以作为业绩考核的标准

旅游企业的预算不能只限于编制,还包括预算的执行过程。在企业的生产经营中,把实际执行结果与预算加以比较,揭示差异,一方面可以考核各部门或有关人员的工作成绩,另一方面也可用来检查预算编制的质量。有些实际脱离预算的差异,并不表示实际工作的好坏,而是预算本身的问题,是预算脱离了实际。因此,预算作为业绩考核的标准,通过分析比较,掌握产生差异的原因,有利于下期预算的编制更加符合企业的实际情况。

二、预算的分类

根据预算内容不同,可以分为业务预算(即经营预算)、专门决策预算、财务预算;从预算指标覆盖的时间长短划分,企业预算分为长期预算和短期预算。

(一)按预算内容分类

1. 业务预算(即经营预算)

旅游企业的业务(经营)预算反映经营过程和成果,包括收入、费用、利润的预算,以及现金流量表及资产负债表预算。经营预算的期限一般为一年,通常还包括更短时间的预算,如分季或分月预算,以便于进行财务控制。

2. 专门决策预算

专门决策预算是旅游企业对其他某一方面的经济活动的预算,如现金预算、信贷预算等。

3. 财务预算

旅游企业的财务预算是对企业一定时期财务方面的预算。主要包括销售与收入预算、成本预算、资金需要量预算、现金收支预算、直接材料预算、结算款项预算、费用预算、预计会计报表等。

(二)按预算指标覆盖的时间长短分类

1. 长期预算

长期预算一般是指旅游企业一年以上的预算,如购置大型设备或扩建、改建、新建厂房等长期投资预算,按年度划分的长期资本收支预算,长期科研经费预算等。通常情况下,短期、长期的划分以1年为界,有时也把2~3年的预算称为中期预算。

2. 短期预算

短期预算一般是指旅游企业按年度进行的预算,或者更短的季度或月度预算,它是对企业一定时期经营、财务等方面的预算。

三、预算体系

一般将旅游企业由业务预算、专门决策预算和财务预算组成的预算体系,称为全面预算体系。

四、预算工作的组织

旅游企业预算工作的组织包括决策层、管理层、执行层和考核层:企业董事会或类似机构应当对企业预算的管理工作负总责;预算委员会或财务管理部门主要拟订预算的目标、政策,制定预算管理的具体措施和办法,审议、平衡预算方案,组织下达预算,协调解决预算编制和执行中的问题,组织审计、考核预算的执行情况,督促企业完成预算目标;财务管理部门具体负责企业预算的跟踪管理,监督预算的执行情况,分析预算与实际执行的差异及原因,提出改进管理的意见与建议;企业内部生产、投资、物资、人力资源、市场营销等职能部门具体负责本部门业务涉及的预算编制、执行、分析等工作,并配合预算委员会或财务管理部门做好企业总预算的综合平衡、协调、分析、控制与考核等工作;旅游企业所属的基层单位是企业预算的基本执行单位。

第二节 预算编制方法与程序

一、预算编制方法

(一)增量预算法与零基预算法

按其出发点的特征不同,编制预算的方法可分为增量预算法和零基预算法两大类。

1. 增量预算法

增量预算法是指以基期成本费用水平为基础,结合预算期业务量水平及有关降低成本的措施,通过调整有关费用项目而编制预算的方法。增量预算法以过去的费用发生水平为基础,主张不需在预算内容上作较大的调整。

2. 零基预算法

零基预算法不考虑以往会计期间所发生的费用项目或费用数额,而是一切以零为出发点,从实际需要逐项审议预算期内各项费用的内容及开支标准是否合理,在综合平衡的基础上编制费用预算。

零基预算法是 1970 年由彼比·派尔(P.A.Phyrr)提出来的。他当时在美国得克萨斯工具公司担任财务预算编制工作,在编制该公司的费用预算时,派尔提出来零基预算的概念。美国前总统卡特在担任佐治亚州州长时,曾在该州极力推广零基预算法。卡特当选总统后,曾指示 1979 年的联邦政府预算要全面采用零基预算法。零基预算法在 20 世纪 70—80 年代的美国十分盛行,在不少公司的预算管理中,发挥了很好的作用。

(二)固定预算法与弹性预算法

编制预算的方法按其业务量基础的数量特征不同,可分为固定预算法和弹性预算法。

1. 固定预算法

固定预算法是指在编制预算时,只根据预算期内正常、可实现的某一固定的业务量水平作为唯一基础来编制预算的方法。

例如,某饭店客房部 20×6 年的营业收入预算是以出租率 80% 为基础的,其营业费用也是以 80% 的出租率为基础进行预算的。但是,由于突发情况的影响,当年的出租率平均仅有 60%,这样,客房部就不能准确地确定当期营业费用应当是多少,评价标准只能凭主观判断加以调节。因此,固定预算法一般用于经济业务比较稳定的部门或业务。

2. 弹性预算法

弹性预算法是在成本性态分析的基础上,依据业务量、成本和利润之间的联动关系,按照预算期内可能的一系列业务量水平编制系列预算的方法。

例如,某宾馆的客房部将收入按出租率 60%、70%、80% 分别进行预算,将成本划分为变动成本和固定成本两部分,并按不同的出租率进行预算。由于旅游业受市场环境变化的影响很大,影响客源的因素很多,因此,旅游业编制弹性预算是十分必要的。

弹性预算的编制程序是:

(1)确定预算期内各种业务发生波动的相关范围。

一般控制在正常业务量的 70%~120%。范围过大会加大预算的工作量,过小又可能找不到相近似的数值进行比较,不便于日常的费用控制。

(2)根据成本和业务量之间的依存关系,将成本划分为固定成本和变动成本。

在编制弹性预算时,运用成本习性原理,分清固定成本和变动成本。

(3)按不同的业务量水平编制预算。

确定在预算中所包含的各个成本项目,运用成本特性模式,按不同的业务量水平编制若干不同档次的收入、成本、利润预算。

弹性预算的基本模式是:

弹性收入预算 = $\sum$(某业务量预计 × 预计单位售价)

弹性变动成本预算 = $\sum$（某业务量预计 × 预计单位变动成本）

弹性总成本预算 = 固定成本预算 + 弹性变动成本预算

弹性利润预算 = 弹性收入预算 - 弹性总成本预算

或　　　　= 预计销售量×预计单位售价 - （固定成本预算 + 预计销售量×单位变动成本）

编制弹性预算时，业务量要结合旅游企业的不同类型、不同特点进行选择。如饭店的客房部用客房出租率、餐饮部和商品部用营业收入、接待团体宾客用次数、接待零散宾客用人天量等。

（三）定期预算法与滚动预算法

编制预算的方法按其预算期的时间特征不同，分为定期预算法和滚动预算法两大类。

1. 定期预算法

定期预算法是指在编制预算时，以不变的会计期间作为预算期的一种编制预算的方法。

2. 滚动预算法

滚动预算法是指在编制预算时，将预算期与会计期间脱离开，随着预算的执行不断地补充预算，逐期向后滚动，使预算期始终保持为一个固定长度的一种预算方法。

（四）概率预算

旅游企业在编制预算过程中，涉及的变量很多，如业务量、价格、成本等，在市场和销售正常的情况下，这些变量的预计可能是一个定值（如收入与成本的关系）。但是，在市场供需、产销变动比较大的情况下，这些变量的数字就难以确定。需要根据客观条件，对有关变量作一些近似的估计，估计它们可能变动的范围，分析它们在该范围内出现的可能性（概率），然后对各变量进行调整，计算期望值，编制预算。这种运用概率所编制的预算，叫作概率预算。

概率预算必须根据不同情况来编制。如果销售量的变动与成本变动并无直接联系，则只要用各自的概率分别计算销售及收入、变动成本、固定成本等的期望值，就可直接计算利润的期望值。

例如，S旅游公司的旅行社业务，20×4年预计国内线路B的单位售价为1000元/人次，预计销售在较差、一般、较好之间的概率分别为0.2、0.5、0.3，对应的销售量分别可为4000人次、5000人次、6000人次，对应的固定成本为20万元、30万元、40万元；变动成本的情况是：控制较差、一般、较好的概率分别为0.3、0.4、0.3，其对应的变动成本分别为410元、400元、390元。据此预算该公司预测的销售波动概率与期望值，如表3-1所示。

表 3-1　S 旅游公司预测的 B 线销售量波动概率与期望值

单位：人次

销售状况	销售量(X_i)	概率(P_i)	$X_i \cdot P_i$
较差	4000	0.2	800
一般	5000	0.5	2500
较好	6000	0.3	1800
销售量期望值	—	—	5100

如果销售量的变动与成本的变动有密切联系，就要用计算联合概率的方法来计算期望值。

例如，S 旅游公司 20×4 年度销售、成本的弹性预算如表 3-2 所示。

表 3-2　S 旅游公司 20×4 年度销售、成本预算资料

销售量		销售单价（元/线）	单位变动成本		固定成本（元）	联合概率 (1)×(2)
数量（人次）	概率(1)		金额（元/线）	概率(2)		
4000	0.2	1000	410	0.3	200 000	0.06
			400	0.4		0.08
			390	0.3		0.06
5000	0.5	1000	410	0.3	300 000	0.15
			400	0.4		0.20
			390	0.3		0.15
6000	0.3	1000	410	0.3	400 000	0.09
			400	0.4		0.12
			390	0.3		0.09

根据表 3-2 中的资料，计算利润期望值如表 3-3 所示。

表 3-3　S 旅游公司 20×4 年度销售、成本、利润期望值

销售量		销售单价（元/线）	单位变动成本		固定成本（万元）	推算利润（万元）	联合概率	利润期望值（万元）
数量（人次）	概率		金额（元/线）	概率				
4000	0.2	1000	410	0.3	20	216	0.06	12.96
			400	0.4		220	0.08	17.60
			390	0.3		224	0.06	13.44
5000	0.5	1000	410	0.3	30	265	0.15	39.75
			400	0.4		270	0.20	54.00
			390	0.3		275	0.15	41.25
6000	0.3	1000	410	0.3	40	314	0.09	28.26
			400	0.4		320	0.12	38.40
			390	0.3		326	0.09	29.34
合计	—	—	—	—	—	—	1.00	275.00

S旅游公司的销售量为4000人次时,单位变动成本为410元,固定成本为200 000元,推算利润为4000×(1000-410)-200 000=216(万元),由于这种情况的可能性(联合概率)为0.2×0.3=0.06,所以利润的期望值为216×0.06=12.96(万元)。以此类推,汇总计算,得到总利润的期望值为275万元。

二、预算的编制程序

旅游企业编制预算,一般应按照"上下结合、分级编制、逐级汇总"的程序进行。

(一)下达目标

企业董事会或经理办公会根据企业发展战略和对预算期经济形势的初步预测,在决策的基础上,提出下一年度企业预算目标,并确定预算编制的政策,由预算委员会下达各预算执行单位。

(二)编制上报

各预算执行单位按照企业预算委员会下达的预算目标和政策,结合自身特点以及预测的执行条件,提出详细的本单位预算方案,上报企业财务管理部门。

(三)审查平衡

财务管理部门对各预算执行单位上报的财务预算方案进行审查、汇总,提出综合平衡的建议。

(四)审议批准

企业预算委员会应当责成有关预算执行单位进一步修订、调整。在讨论、调整的基础上,财务管理部门正式编制企业年度预算草案,提交董事会或经理办公会审议批准。

(五)下达执行

企业财务管理部门对董事会或经理办公会审议批准的年度总预算,一般在次年3月底以前,分解成一系列的指标体系,由预算委员会逐级下达各预算执行单位执行。

第三节 预算编制

一、业务预算的编制

下面,以饭店为例,说明旅游企业业务预算的编制方法。

(一)销售及收入预算

销售及收入预算,是指在销售预测的基础上编制的,用于规划预算期销售活动的一种业务预算。销售预算是整个预算的编制起点。

销售及收入预算的主要内容是销售量、单价和销售收入。销售量是根据市场预测并结合企业经营能力确定的。单价是通过价格决策确定的。销售收入是两者的乘积,在销售预算中计算得出。

销售量预测的方法,可以分为定量预测法和定性预测法。定量预测包括时间序列预测法(算术平均法、移动平均法、指数平滑法)和回归分析法等,定性预测包括专家意见法、德尔菲法等。饭店通常要分客房、餐饮等不同业务种类来预测,并分月份来编制,旅行社要分线路来编制。

1. 客房营业收入预算

客房营业收入受客房数量、出租率和平均房价三个因素的影响。

月份的客房营业收入预算可按以下公式计算:

$$客房预计营业收入 = \sum(客房数 \times 出租率 \times 平均房价 \times 30)$$

可见,在一定经营规模下(客房数一定)、平均房价不变的情况下,客房出租率越高,客房收入越高。出租率是影响旅游饭店营业收入的重要因素。

例如,S饭店是四星级饭店,客房标准间有300个、豪华客房50个,预计20×7年4月标准间出租率达80%、豪华客房出租率70%,平均标准间房价是350元/间·天、豪华客房560元/间·天,则4月预计客房营业收入为:

客房预计营业收入 = (300×80%×350×30) + (50×600×70%×30)
　　　　　　　　 = 2 520 000+630 000 = 3 150 000(元) = 315(万元)

设现销收入为80%,其余20%或在下月收到现金。则:

　　4月可收到现金 = 315×80% = 252(万元)
　　5月可收到现金 = 315×20% = 63(万元)

考虑淡、旺季,将各月营业收入预计全部做出,即可得全年营业收入预计。

例如,S饭店20×7年全年分月客房营业收入预计如表3-4所示。

表3-4　S饭店20×7年分月客房营业收入预计

单位:万元

	分月预算												全年预计
	1月	2月	3月	4月	5月	6月	7月	8月	9月	10月	11月	12月	
营业收入预计	320	280	330	315	350	360	360	360	380	330	320	300	4005
年初应收账款	50												50
1月	256	64											320
2月		224	56										280
3月			264	66									330
4月				252	63								315
5月					280	70							350
6月						288	72						360

续表

	分月预算												全年预计
	1月	2月	3月	4月	5月	6月	7月	8月	9月	10月	11月	12月	
7月							288	72					360
8月								288	72				360
9月									304	76			380
10月										264	66		330
11月											256	64	320
12月												240	240
年末应收账款													60
收现合计	306	288	320	318	343	358	360	360	376	340	322	304	3995

注:每月的现销收入预计为80%,其余20%于下月收到现金。

$$收现合计 = 本年营业收入合计 + 年初应收账款 - 年末应收账款$$
$$= 4005 + 50 - 60 = 3995 (万元)$$

在销售及收入预算表中,所包括预计收现金额的计算,其目的是为编制现金预算提供必要的资料。以 S 饭店的营业收入预算为例,每月的现金收入包括两部分,即上月应收账款在本月收到的货款,以及本月销售中可能收到的款项部分,在本例中,假设每月销售收入中,本月收到现金80%,另外的20%要到下月收到现金,由此形成收现的分月预算。

2. 餐饮营业收入预算

餐饮营业收入,受到客房出租量、入住客人多少、客人消费水平等因素的影响。由于早、中、晚餐的入座率和人均消费额差别较大,应根据不同餐厅、不同就餐时间分别计算,然后进行汇总。

餐饮预计营业收入受餐厅座位数量、周转率、人均消费额三个因素的影响。

月份的餐饮营业收入预算可按以下公式计算:

$$餐饮预计营业收入 = \sum (餐厅座位数 \times 预计周转率 \times 人均消费额 \times 30)$$

例如,S 饭店 20×7 年 4 月餐饮营业收入预算如表 3-5 所示。

表 3-5 S 饭店 20×7 年 4 月餐饮营业收入预计

单位:元

餐饮部门	计算依据	合计营业收入
中餐厅	早餐:250×80%×10×30 = 60 000 午餐:250×80%×20×30 = 120 000 晚餐:250×100%×40×30 = 600 000	780 000

续表

餐饮部门	计算依据	合计营业收入
西餐厅	早餐:100×40%×20×30＝24 000 午餐:100×60%×30×30＝54 000 晚餐:100×80%×40×30＝96 000	174 000
宴会厅	早餐、午餐:无 晚餐:180×90%×50×30＝243 000	243 000
合计		1 197 000

注:各餐厅均包括对外开放营业收入。

对每月的餐饮营业收入做出预计,再假设每月的现销收入预计亦为80%,其余20%于下月收到现金。则S饭店20×7年全年分月的餐饮营业收入如表3-6所示。

表3-6　S饭店20×7年分月餐饮营业收入预计

单位:万元

	分月预算												全年预计
	1月	2月	3月	4月	5月	6月	7月	8月	9月	10月	11月	12月	
营业收入预计	120	100	110	120	120	130	130	120	120	130	120	100	1420
年初应收账款	10												10
1月	96	24											120
2月		80	20										100
3月			88	22									110
4月				96	24								120
5月					96	24							120
6月						104	26						130
7月							104	26					130
8月								96	24				120
9月									96	24			120
10月										104	26		130
11月											96	24	120
12月												80	80
年末应收账款													20
收现合计	106	104	108	118	120	128	130	122	120	128	122	104	1410

注:每月的现销收入预计为80%,其余20%于下月收到现金。

收现合计＝本年营业收入合计＋年初应收账款－年末应收账款
　　　　＝1420＋10－20＝1410(万元)

3. 商品部营业收入预算

饭店商品部的营业收入,也受到客房出租量、入住客人多少、客人消费水平等因素的影响。应根据各大类商品的预计销售量、预计销售价格分别计算,然后进行汇总。

月份的商品营业收入预算可按以下公式计算:

$$商品部预计营业收入 = \sum（某类商品预计销售量 \times 预计销售价格）$$

例如,S饭店商品部分为日用百货、旅游工艺品、食品、医药四个柜组,商品不赊销,预计货款当月可收到100%。经测算,预计20×7年商品部全年分月的商品销售收入如表3-7所示。

表3-7 S饭店商品部20×7年分月商品销售收入预计

单位:万元

柜组	分月预算												全年预计
	1月	2月	3月	4月	5月	6月	7月	8月	9月	10月	11月	12月	
商品销售收入	140	160	160	170	170	170	170	150	160	170	160	140	1920
其中:日用百货	80	90	90	100	100	100	100	90	90	100	90	80	1110
旅游工艺品	20	30	30	30	30	30	30	20	30	30	30	20	330
食品	30	30	30	30	30	30	30	30	30	30	30	30	360
医药	10	10	10	10	10	10	10	10	10	10	10	10	120
收现合计	140	160	160	170	170	170	170	150	160	170	160	140	1920

注:商品销售的现销收入为100%。

4. 其他收入

其他收入包括车船收入,以及洗涤、电话等其他服务收入。可根据具体情况预算。

例如,S饭店预计20×7年全年分月的其他收入如表3-8所示。

表3-8 S饭店20×7年分月其他收入预计

单位:万元

	分月预算												全年预计
	1月	2月	3月	4月	5月	6月	7月	8月	9月	10月	11月	12月	
车船收入	20	20	20	20	20	20	20	20	20	20	20	20	240
洗涤收入	10	10	10	10	10	10	10	10	10	10	10	10	120
其他	10	10	10	10	10	10	10	10	10	10	10	10	120
合计	40	40	40	40	40	40	40	40	40	40	40	40	480

注:其他收入现销收入为100%。

根据各部门预算,做出S饭店20×7年分月销售及营业收入预计如表3-9所示。

表 3-9 S 饭店 20×7 年分月销售及营业收入预计

单位:万元

	分月销售及收入预算												全年预计
	1月	2月	3月	4月	5月	6月	7月	8月	9月	10月	11月	12月	
客房收入	320	280	330	315	350	360	360	360	380	330	320	300	4005
餐饮收入	120	100	110	120	120	130	130	120	120	130	120	100	1420
商品销售收入	140	160	160	170	170	170	170	150	160	170	160	140	1920
其他收入	40	40	40	40	40	40	40	40	40	40	40	40	480
合计	620	580	640	645	680	700	700	670	700	670	640	580	7825

(二)成本及费用预算

旅游企业的成本及费用预算分为两部分:一是营业成本预算,二是费用预算。

1. 营业成本预算

(1)饭店餐饮成本预算。饭店的餐饮成本,主要是指制作菜肴、食品的原材料、调配料及直接销售的饮料的购入成本。餐饮成本预算一般可在营业收入预算的基础上,根据毛利率预计确定。计算公式为:

$$餐饮预计营业成本 = \sum [某餐厅预计营业收入 \times (1-该餐厅毛利率)]$$

毛利率应根据历史资料、饭店星级、市场供求情况确定。

在饭店管理基础较好、标准成本率比较准确的情况下,也可以根据标准成本率来预算餐饮预计的营业成本。计算公式为:

$$餐饮预计营业成本 = \sum (某餐厅预计营业收入 \times 标准成本率)$$

还可以根据饭店餐饮的每一品种或主要品种逐一进行测算。公式为:

$$某一餐饮品种预计营业成本 = 预计耗用主料 + 预计辅料消耗$$

(2)商品销售成本预算。饭店的商品销售成本,主要是指商品的进价成本。商品部商品种类繁多,且毛利率各不相同。如果按综合毛利率来制定成本预算,会使预算与实际相差较大,从而影响到营业成本预算的正确性。因此,应分别计算各类商品的成本率,或者将毛利率相同的商品归为一类进行预计,然后汇总求得饭店商品总的预计营业成本总额。计算公式为:

$$商品部预计营业成本 = \sum [某类商品预计销售额 \times (1-该类商品预计毛利率)]$$

2. 费用预算

旅游企业的费用,主要是指营业费用、管理费用和财务费用。

营业费用是企业在经营中发生的各项费用。营业费用预算要以销售及收入预算为基础,分析收入、利润和费用的关系,力求实现费用的最有效使用。在安排费用预算时,要利用本量利分析方法,在草拟费用预算时,要对过去的营业费用进行分析,考查过去费用支出的必要性和效果。费用预算应和销售预算相配合,应有按种类、按用途、按性质的具体费用数额。

管理费用是企业作好生产经营管理业务所必要的费用。随着企业规模的扩大,一般管理职能日益显得重要,从而其费用也相应增加,在编制管理费用预算时,要分析企业的业务成绩和一般经济状况,务必做到费用合理化。管理费用多属于固定成本,所以,一般是以过去的实际开支为基础,按预算期的可预见变化来调整。重要的是,必须充分考察每种费用是否必要,以便提高费用使用效率。

财务费用一般是指企业因借款而发生的利息,以及银行手续费等。应根据预算年度企业预计借款数额、利率水平,及具体情况进行预算。

费用预算时,可以根据费用开支项目与经营业务量的关系,分为固定费用和变动费用,分别进行预算,再进行汇总,成为总的费用预算。

由于营业费用和管理费用涉及的项目很多,各项目变化的影响因素不同,在编制预算时应予以充分考虑。如国家的有关政策规定,费用列支标准规定,以及经营活动变化对费用需要的变动等,这些变化在费用预算时要予以充分考虑。

(1)客房变动费用的预算。客房变动费用,主要是指水电费、燃料费、洗涤费、物料用品费、修理费、其他费用等。可根据企业有关历史资料和数据,推算出每间客房平均的消耗量,作为定额消耗量标准,从而计算出费用总预算。

分月预算时,计算公式为:

$$客房变动费用预算 = \sum(客房数 \times 出租率 \times 间日变动费用定额 \times 30)$$

物料用品费用预算,可根据单位标准消耗量与预计的客房销售量来计算:

$$物料用品费用预算 = \sum(客房数 \times 出租率 \times 间日标准消耗量 \times 30)$$

(2)餐饮变动费用的预算。餐饮变动费用,主要是指餐饮的原材料消耗、水电消耗、燃料消耗等。其费用预算也可根据消耗定额来确定。计算公式为:

$$餐饮变动费用预算 = \sum(餐饮预计营业量 \times 单位消耗定额)$$

对于水电、燃料等费用,也可根据收入增长率和预计费用降低率来确定。计算公式如下:

水电费用预算=上年水电实际消耗×(1+收入增长)×(1-费用降低率)

燃料费用预算=上年燃料实际消耗×(1+收入增长)×(1-费用降低率)

另外,费用的预算也可以根据上述方法,分费用项目一项一项地进行预算,然后汇总得出企业预算。

例如,S饭店根据营业量等资料,编制营业费用、管理费用、财务费用预算如表3-10、表3-11、表3-12所示。

表 3-10　S 饭店 20×7 年分月营业费用预算

单位:万元

费用项目	分月预算												全年预计
	1月	2月	3月	4月	5月	6月	7月	8月	9月	10月	11月	12月	
人工工资	80	90	90	100	100	100	100	110	110	110	110	110	1210
折旧费	200	200	200	200	200	200	200	200	200	200	200	200	2400
水电消耗	30	30	30	30	30	30	30	30	30	30	30	30	360
洗涤费	10	10	10	10	10	10	10	10	10	10	10	10	120
燃料费	10	10	10	10	10	10	10	10	10	10	10	10	120
其他费用	20	20	20	20	20	20	20	20	20	20	20	20	240
合计	350	360	360	370	370	370	370	380	380	380	380	380	4450

表 3-11　S 饭店 20×7 年分月管理费用预算

单位:万元

费用项目	分月预算												全年预计
	1月	2月	3月	4月	5月	6月	7月	8月	9月	10月	11月	12月	
管理人员工资	20	20	20	20	20	20	20	22	22	24	24	24	256
折旧费	20	30	30	30	30	30	30	30	30	30	30	30	350
低值易耗品	3	3	3	3	3	3	3	3	3	3	3	3	36
差旅费	10	10	10	10	10	10	10	10	10	10	10	10	120
办公费	8	8	8	8	8	8	8	8	8	8	8	8	96
其他费用	10	10	10	10	10	10	10	10	10	10	10	10	120
合计	71	81	81	81	81	81	81	83	83	85	85	85	978

表 3-12　S 饭店 20×7 年分月财务费用预算

单位:万元

费用项目	分月预算												全年预计
	1月	2月	3月	4月	5月	6月	7月	8月	9月	10月	11月	12月	
利息费用			50			40			15			15	120
其他													
合计			50			40			15			15	120

二、专门决策预算的编制

专门决策预算通常是指与旅游企业项目投资决策相关的专门预算,它往往涉及长期建设项目的资金投放与筹集,并经常跨越多个年度。编制专门决策预算的依据是项目财务可行性分析资料以及企业筹资决策资料。

三、财务预算的编制

(一)现金预算

旅游企业的现金预算,是以业务预算和专门决策预算为依据编制的,专门反映预算期内预计现金收入与现金支出,以及为满足理想现金余额而进行筹资或归还借款等的预算。

现金预算主要是规划企业在年度经营中现金的流入、流出以及净现金流量的产生情况,以便更好地调度现金,保证生产经营的需要。

现金预算是企业财务预算的中心,用来反映预算期内企业现金流转状况。这里说的现金,是指企业的库存现金和银行存款等货币资金。编制现金预算的目的在于合理地处理现金收支业务,调度资金,保证企业财务的正常运转。

现金预算由四部分内容组成:

第一,现金收入。指期初现金结存数和预算期内预计发生的现金收入。如现销收入、收回应收款项、应收票据到期兑现和票据贴现等。

第二,现金支出。指预算期内预算发生的现金支出。如采购材料支付货款、支付职工工资、支付水电费、支付营业、管理及财务费用、偿还应付款项、缴纳税金、购买设备和支付利润等。

第三,现金多余和不足。指现金收支相抵后的余额。若收大于支,则现金多余,除了可用于偿还银行借款之外,还可购买用于短期投资的有价证券;若收小于支,则现金不足,需设法筹资。

第四,融资。反映预算期内因资金不足向银行借款,或发放短期商业票据以筹集资金,以及还本付息情况。

现金预算实际上是其他业务预算(如销售及收入预算、成本预算、费用预算等)有关现金收支部分的汇总,以及收支差额平衡措施的具体计划。它的编制,要以其他各项预算为基础,或者说其他预算在编制时要为现金预算做好数据准备。

例如,上述S饭店20×7年的现金预算,根据前述各预算做出,如表3-13所示。

表3-13 S饭店20×7年现金预算

单位:万元

项目	分月预算												全年预计
	1月	2月	3月	4月	5月	6月	7月	8月	9月	10月	11月	12月	
期初现金余额	100	131	200	136	135	254	131	255	131	153	230	272	2128
加:客房收现	306	288	320	318	343	358	360	360	376	340	322	304	3995

续表

项 目	分月预算												全年预计
	1月	2月	3月	4月	5月	6月	7月	8月	9月	10月	11月	12月	
餐饮收现	106	104	108	118	120	128	130	122	120	128	122	104	1 410
商品收现	140	160	160	170	170	170	170	150	160	170	160	140	1920
其他收现	40	40	40	40	40	40	40	40	40	40	40	40	480
收现合计	592	592	628	646	673	696	700	672	696	678	644	588	7805
可供使用现金	692	723	828	782	808	950	831	927	827	831	874	860	9933
减付现支出													
材料、物料支出	210	280	250	280	300	320	320	320	380	330	320	300	3610
工薪支出	100	110	110	120	120	120	120	132	132	134	134	134	1466
付现营业费用	70	70	70	70	70	70	70	70	70	70	70	70	840
付现管理费用	31	31	31	31	31	31	31	31	31	31	31	31	372
付现财务费用			50			40			15			15	120
纳税付现	30	32	36	36	33	38	35	35	36	36	35	33	415
购买设备付现	20		45	10		200		8	10		12	10	315
支付股利付现				100									100
付现支出合计	461	523	592	647	554	819	576	596	674	601	602	593	7238
现金多余或不足	231	200	236	135	254	131	255	331	153	230	272	267	2695
取得短期借款													
归还借款	100		100					200					400
期末现金余额	131	200	136	135	254	131	255	131	153	230	272	267	2295

现金预算以各项营业预算和资本预算为编制基础,反映了各预算期的收入款项和支出款项,在资金不足时筹措资金,资金多余时及时处理现金余额,同时提供现金控制的最低限额,从而发挥现金管理的作用。

(二)预计利润表

预计利润表用来综合反映企业在计划期的预计经营成果,是企业最主要的财务预算表之一。编制预计利润表的依据是各业务预算、专门决策预算和现金预算。

预计利润表是以货币为计量单位,全面、综合地表现旅游企业预算期内经营成果的计划,以及利润分配的预算数。其中,利润各指标应根据各有关财务预算编制而成,而利润分配各指标则根据企业利润分配预计数预算。

例如,S饭店20×7年预计利润及利润分配表,根据前述各财务预算及利润分配预计数编制,如表3-14所示。

表 3-14　S 饭店 20×7 年预计利润及利润分配表

单位:万元

项　目	行　次	金　额
主营业务收入	1	7825
减:主营业务成本	2	1451
主营业务税金及附加	3	586
主营业务利润	5	5789
减:营业费用	6	4450
管理费用	7	978
财务费用	8	120
利润总额	9	240
减:所得税(25%)	10	60
税后净利润	11	180
加:期初未分配利润	12	105
可供分配利润	13	285
提取盈余公积(本期净利润×10%)	14	28.5
分配股利(本期净利润×50%)	16	90
年末未分配利润	18	166.5

这里的"所得税"项目,是在利润规划时估计的,并应列入现金预算,它本来不是根据"利润"和所得税税率计算出来的,因为有诸多纳税调整的事项存在。因此,本例从简设计了所得税,并按利润总额 30% 计算。因为预计的利润表与实际的利润表内容、格式相同,只不过数字是面向预算期的。它是在汇总销售、成本、营业费用、管理费用、财务费用以及营业外收支等预算的基础上加以编制的。通过编制预计利润表,可以了解企业预期的盈利水平。如果预算利润与最初编制方案中的目标利润有较大的不一致,就需要调整部门预算,力争达到利润目标,或者经企业经理办公会并报董事会同意后修改目标利润。

(三)预计资产负债表

预计资产负债表用来反映企业在计划期末预计的财务状况。它的编制需以计划期开始日的资产负债表为基础,然后根据计划期间各项预算的有关资料作必要的调整。

编制预计资产负债表的目的,在于判断预算期财务状况的稳定性和流动性。如果通过预计资产负债表的分析,发现某些财务比率不佳,必须时可修改有关预算,以保证预算的科学性、合理性。

预计资产负债表的"年初数",根据上年期末数填写;其余项目,有些是根据企业原会计报表中的预计期末数填列,有些是依据前面所做的各项预算的数字分析填列。

例如,S饭店20×7年的预计资产负债表如表3-15所示。

表3-15　S饭店20×7年预计资产负债表

单位:万元

资产	年初数	年末数	负债及所有者权益	年初数	年末数
货币资金	100	267	短期借款	100	
短期投资		50	应付账款	500	180
应收账款	60	80	应付工资	20	28
其他应收款	30	35	其他应付款	420	125
原材料、物料用品	360	450	应交税金	28	19
商品	120	150	长期借款	4000	3700
长期投资		1000	实收资本	12 000	12 000
固定资产	23 300	23 615	资本公积	200	153
累计折旧(减)	6200	8950	盈余公积	297	315
无形资产			未分配利润	105	177
资产总额	17 770	16 697	负债及所有者权益	17 770	16 697

第四节　预算执行与考核

一、预算的执行

企业预算一经批复下达,各预算执行单位就必须认真组织实施,将预算指标层层分解,从横向到纵向落实到内部各部门、各单位、各环节和各岗位,形成全方位的预算执行责任体系。

企业应当将预算作为预算期内组织、协调各项经营活动的基本依据,将年度预算细分为月份和季度预算,以分期预算控制确保年度预算目标的实现。

企业应当强化现金流量的预算管理,严格执行销售、生产和成本费用预算,努力完成利润指标,建立预算报告制度,要求各预算执行单位定期报告预算的执行情况,利用财务报表监控预算的执行情况,及时向预算执行单位、企业财务预算委员会以及董事会或经理办公会提供财务预算的执行进度、执行差异及其对企业预算目标的影响等财务信息,促进企业完成预算目标。

二、预算的调整

企业正式下达执行的财务预算,一般不予调整。预算执行单位在执行中由于市场环境、经营条件、政策法规等发生重大变化,致使预算的编制基础不成立,或者将导致预算执行结果产生重大偏差的,可以调整预算。

企业应当建立内部的弹性预算机制,企业调整预算,应当由预算执行单位逐级向企业财务预算委员会提出书面报告,旅游企业财务管理部门应当对预算执行单位的预算调整报告进行审核分析,集中编制企业年度预算调整方案,提交预算委员会以及企业董事会或经理办公会审议批准,然后下达执行。

三、预算的分析与考核

企业应当建立预算分析制度,由预算委员会定期召开财务预算执行分析会议,全面掌握预算的执行情况,研究、解决预算执行中存在的问题,纠正预算的执行偏差。

开展预算执行分析,企业管理部门及各预算执行单位应当充分收集有关财务、业务、市场、技术、政策、法律等方面的有关信息资料,根据不同情况分别采用比率分析、比较分析、因素分析、平衡分析等方法,针对预算的执行偏差,旅游企业财务管理部门及各预算执行单位应当充分、客观地分析产生的原因,提出相应的解决措施或建议,提交董事会或经理办公会研究决定。

企业预算委员会应当定期组织预算审计,纠正预算执行中存在的问题。充分发挥内部审计的监督作用,维护预算管理的严肃性。预算审计可以采用全面审计或者抽样审计。

预算年度终了,预算委员会应当向董事会或者经理办公会报告预算执行情况,并依据预算完成情况和预算审计情况对预算执行单位进行考核。应当结合年度内部经济责任制进行考核,与预算执行单位负责人的奖惩挂钩,并作为企业内部人力资源管理的参考。

 思考与练习

1. 旅游企业财务预算的作用和编制原则有哪些?
2. 销售及收入预算的程序和内容是什么?如何编制?
3. 费用预算的程序和内容是什么?如何编制?
4. 预算利润表和预计资产负债表的程序和内容是什么?如何编制?
5. D饭店本年编制财务预算,预计第一季度各月的销售及收入均为80万元,其中现销收入占50%,赊销次月收现占40%,赊销第3个月收现占10%;企业无其他现金收入。预计第一季度各月的营业成本均为50万元,其中40%为付现支出,60%为赊购支出(次月付款);此外,企业每月还将发生10万元的管理费用(其中,折旧费用为2万元)。

要求:通过对这一案例进行分析,完成该企业第一季度现金收支预算表的编制。

6. 考察一个饭店的财务预算过程,试着自己编制一个简单的饭店财务预算。

第四章

旅游企业筹资管理(上)

本章重点
- 掌握银行借款、发行债券和融资租赁等债务筹资方式
- 掌握吸收直接投资、发行股票和利用留存收益等股权筹资方式
- 掌握企业筹资管理的内容和原则
- 了解企业筹资的动机、分类
- 了解企业资本金制度

第一节 旅游企业筹资管理的主要内容

旅游企业筹资(Raising Money),是指旅游企业为了满足经营活动、投资活动、资本结构管理和其他需要,运用一定的筹资方式,通过一定的筹资渠道,筹措和获取所需资金的一种财务行为。

一、旅游企业筹资的动机

企业筹资最基本的目的,是为企业的经营活动提供资金保障。归纳起来表现为四类筹资动机:创立性筹资动机、支付性筹资动机、扩张性筹资动机和调整性筹资动机。

(一)创立性筹资动机

设立企业必须具有法定的资本金。资本金是指企业在工商行政管理部门登记的注册资金。只有具有足够的资本金,企业才能开张、营业。从理论上说,资本金即企业的注册资金,应当和实收资本数量一致。企业以资本金为基础,可通过借贷筹集更多的资金,满足生产经营的需要。现代企业财务管理中,企业设立时的筹资,在财务管理中占有相当重要的地位。

(二) 支付性筹资动机

支付性筹资动机,是指为了满足经营业务活动的正常波动所形成的支付需要而产生的筹资动机。筹集资金作为旅游企业资金周转运动的起点,决定着企业资金运动的规模和生产经营发展的程度。企业新建时,要按照企业战略所确定的生产经营规模核定长期资本和流动资金的需要量。在企业日常生产经营活动运行期间,需要维持一定数额的资金,以满足营业活动的正常波动需求。这些都需要筹措相应数额的资金,来满足生产经营活动的需要。

(三) 扩张性筹资动机

扩张性筹资动机,是指企业因扩大经营规模或对外投资需要而产生的筹资动机。处于成长期的企业,往往会产生扩张性的筹资动机。

旅游企业生产经营规模的扩大有两种形式:一种是新建旅游点、新建宾馆、增加设备,这是外延式的扩大再生产;另一种是引进技术、改进设备,提高生产能力或接待能力,培训工人,提高劳动生产率,这是内涵式的扩大再生产。不管是外延式的扩大再生产还是内涵式的扩大再生产,都会发生扩张性的筹资动机。同时,企业由于战略发展和资本经营的需要,还会积极开拓有发展前途的投资领域,以联营投资、股权投资和债权投资等形式对外投资。经营规模扩张和对外产权投资,往往会产生大额的资金需求。

(四) 调整性筹资动机

调整性筹资动机,是指旅游企业因调整资本结构而产生的筹资动机。企业产生调整性筹资动机的具体原因,大致有两个:一是优化资本结构,合理利用财务杠杆效应。二是偿还到期债务,债务结构内部调整。

旅游企业在生产经营中,为了降低筹资风险、减少资金成本而对资本与负债间的比例关系进行的调整(资本结构调整)也会产生调整性筹资动机。这种调整也有两种形式:一是调整性偿债筹资,即企业有足够的能力支付到期债务,但为了调整原有资本结构,仍然举债,从而使资本结构更加合理;二是恶化性偿债筹资,即企业现有支付能力已经不足以支付到期债务,而被迫举债还债,这表明企业的财务状况已有所恶化。资本结构的调整,无疑是企业重大的财务决策事项,也是企业筹资管理的重要内容。资本结构调整大都是在企业资本结构不完善(如负债比率过高)时进行的。

二、筹资管理的原则

筹资管理要求解决企业为什么要筹资、需要筹集多少资金、从什么渠道以什么方式筹集,以及如何协调财务风险和资本成本、合理安排资本结构等问题。

(一) 科学预计资金需要量

企业创立时,要按照规划的生产经营规模,核定长期资本需要量和流动资金需要量;企业正常营运时,要根据年度经营计划和资金周转水平,核定维持营业活动的日常资金需求量;企业扩张发展时,要根据生产经营扩张规模或对外投资对大额资金的需求,安排专项的资金。

(二)合理安排筹资渠道、选择筹资方式

一般来说,企业最基本的筹资渠道是直接筹资和间接筹资。直接筹资,是企业直接从社会取得资金;间接筹资,是企业通过银行等金融机构从社会取得资金。

内部筹资主要依靠企业的利润留存积累。

外部筹资主要有两种方式:股权筹资和债务筹资。

(三)降低资本成本、控制财务风险

资本成本是企业筹集和使用资金所付出的代价,包括资金筹集费用和使用费用。

一般来说,债务资金比股权资金的资本成本要低。即使同是债务资金,由于借款、债券和租赁的性质不同,其资本成本也有差异。企业在筹资管理中,要合理利用资本成本较低的资金,努力降低企业的资本成本率。

财务风险,是企业无法如期足额地偿付到期债务的本金和利息的风险。企业筹集资金在降低资本成本的同时,要充分考虑财务风险。

三、筹资方式

筹资方式,是指企业筹集资金所采取的具体形式,一般来说,企业最基本的筹资方式有两种:股权筹资和债权筹资。股权筹资形成企业的股权资金,通过吸收直接投资、公开发行股票等方式取得;债权筹资形成企业的债务资金,通过向银行借款、发行公司债券、利用商业信用等方式取得。至于发行可转换债券等筹集资金的方式,属于兼有股权筹资和债权筹资性质的混合筹资方式。

(一)吸收直接投资

吸收直接投资,是指企业按照"共同投资、共同经营、共担风险、共享收益"的原则,直接吸收国家、法人、个人和外商投入资金的一种筹资方式。吸收直接投资是非股份制企业筹集权益资本的基本方式,采用吸收直接投资的企业,资本不分为等额股份,无须公开发行股票。吸收直接投资实际出资额,注册资本部分形成实收资本;超过注册资本的部分属于资本溢价,形成资本公积。

吸收直接投资的程序,如图4-1所示。

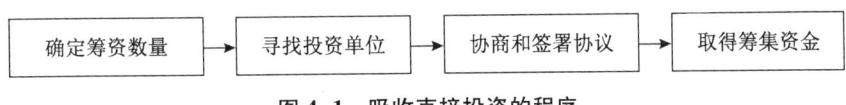

图4-1 吸收直接投资的程序

(二)发行股票

只有股份有限公司才能发行股票。

股票(Stock)是股份公司为筹措股权资本而发行的,表示股东按其持有的股份享有权益和承担义务的可转让凭证,它可以作为买卖对象和抵押品,是资本市场主要的长期融资工具之一。股票作为一种所有权凭证,代表着股东对发行公司净资产的所有权。

(三)发行债券

按我国《公司法》《证券法》等法律法规规定,只有股份有限公司、国有独资公司、由两个以上的国有企业或者两个以上的国有投资主体投资设立的有限责任公司,才有资格发行公司债券。

公司债券是企业依照法定程序发行的、约定在一定期限内还本付息的有价证券。债券是持券人拥有公司债权的书面证书,它代表持券人同发债公司之间的债权债务关系。公司债券主要是相对于国家和金融机构发行的政府债券和金融债券而言的,一般期限超过1年,发行目的通常是为建设大型项目筹集大笔的长期资金。

(四)向金融机构借款

向金融机构借款,是指企业根据借款合同从银行或非银行金融机构取得资金。

银行借款是指企业向银行或其他非银行金融机构借入的、需要还本付息的款项,包括偿还期限超过1年的长期借款和不足1年的短期借款。长期借款用于企业购建固定资产,短期借款满足流动资金周转的需要。

非银行金融机构贷款,如从信托投资公司取得实物或货币形式的信托投资贷款,从财务公司取得的各种中长期贷款,从保险公司取得的贷款等。非银行金融机构的贷款一般较商业银行贷款的期限要长,要求的利率较高,对借款企业的信用要求和担保的选择比较严格。

(五)融资租赁

融资租赁(Financial lease),是指旅游企业与租赁公司签订租赁合同,从租赁公司取得租赁物资产,通过对租赁物的占有、使用取得资金。

融资租赁是由租赁公司按承租单位要求出资购买设备,在较长的合同期内提供给承租单位使用的融资信用业务,它是以融通资金为主要目的的租赁。融资租赁的主要特点是:①出租的设备由承租企业提出要求购买,或者由承租企业直接从制造商或销售商那里选定。②租赁期较长,接近于资产的有效使用期,在租赁期间双方无权取消合同。③由承租企业负责设备的维修、保养。④租赁期满,按事先约定的方法处理设备,包括退还租赁公司,或继续租赁,或企业留购。通常采用企业留购办法,即以很少的"名义价格"(相当于设备残值)买下设备。

融资租赁是一种信用活动。通过融资租赁,出租人与承租人之间形成了一种债权债务关系。但融资租赁又是不同于银行贷款的特殊的信用活动。银行贷款是一种纯粹的货币借贷活动,仅仅能起到融资的作用。融资租赁则是以"融物"的形式达到"融资"目的,融资与融物浑然一体,成为融资与融物相结合的一种信用活动。融资租赁对于出租人来讲,财产所占有的资金不能马上收回,等于向承租人发放了一笔贷款,再通过收取租金的形式收回贷款的本息,从而完成一笔放款业务。对于承租的企业来讲,分期支付的租金等于分期偿还借款的本息。扩大再生产的设备,可以购买,也可以租赁。通过融资租赁,租用企业等于筹集了资金,购买了设备。从这一点讲,融资租赁对资金不充足,又急需某种设备的企业来讲,是筹集资金的一种特殊方式,一条有效的融资渠道。

(六) 商业信用

商业信用,是指企业之间在商品或劳务交易中,由于延期付款或延期交货所形成的借贷信用关系。商业信用是由于业务供销活动而形成的,它是企业短期资金的一种重要的和经常性的来源。

(七) 留存收益

留存收益包括盈余公积和未分配利润。利用留存收益,是旅游企业将当年利润转化为股东对企业追加投资的过程。

留存收益是旅游企业从历年实现的净利润中提取或形成的留存于企业的内部积累,它来源于企业在生产经营活动中所实现的净利润。从性质上看,企业通过合法有效的经营所实现的税后净利润,都属于企业的所有者。

四、资本金制度

资本金制度是国家对企业资本金的筹集、管理以及所有者的责权利等方面所作的法律规范。资本金是企业权益资本的主要部分,是企业长期稳定拥有的基本资金,此外,一定数额的资本金也是企业取得债务资本的必要保证。

(一) 资本金的本质特征

设立企业必须有法定的资本金。资本金,是指企业在工商行政管理部门登记的注册资金,是投资者用以进行企业生产经营、承担民事责任而投入的资金。资本金在不同类型的企业中表现形式有所不同,股份有限公司的资本金被称为股本,股份有限公司以外的一般企业的资本金被称为实收资本。

从性质上看,资本金是投资者创建企业所投入的资本,是原始启动资金。从功能上看,资本金是投资者用以享有权益和承担责任的资金,有限责任公司和股份有限公司以其资本金为限对所负债务承担有限责任。从法律地位来看,资本金要在工商行政管理部门办理注册登记,投资者只能按自己所投入的资本金而不是所投入的实际资本数享有权益和承担责任,已经注册的资本金如果追加或减少,应当依法向公司登记机关办理变更登记。公司减资后的注册资本不得低于法定的最低限额。已经投入企业的资本金,除企业清算、减资、转让回购股权等特殊情况外,投资者不得随意从企业收回。

(二)资本金的筹集

1. 资本金的最低限额

我国《公司法》规定,股份有限公司注册资本的最低限额为人民币500万元;有限责任公司注册资本的最低限额为人民币3万元;一人有限责任公司的注册资本最低限额为人民币10万元(且股东应当一次缴足出资额);国际货运代理有限公司注册资本最低限额为500万元;人力资源有限公司注册资本最低限额为50万元;劳务派遣有限公司注册资本最低限额为200万元;房地产开发有限公司注册资本最低限额为100万元。

2. 资本金的出资方式

我国《公司法》规定,投资者可以用货币出资,也可以用实物、知识产权、土地使用权等可以用货币估价并可以依法转让的非货币财产作价出资;但是,法律、行政法规规定不得作为出资的财产除外。对作为出资的非货币财产应当评估作价,核实财产,不得高估或者低估作价。法律、行政法规对评估作价有规定的,从其规定。货币出资金额不得低于公司注册资本的30%。法律、行政法规对有限责任公司注册资本的最低限额有较高规定的,从其规定。

3. 资本金缴纳的期限

资本金缴纳的期限,通常有三种办法:一是实收资本制,在企业成立时一次筹足资本金总额,实收资本与注册资本数额一致,否则企业不能成立;二是授权资本制,在企业成立时不一定一次筹足资本金总额,只要筹集了第一期资本,企业即可成立,其余部分由董事会在企业成立后进行筹集,企业成立时的实收资本与注册资本可能不相一致;三是折衷资本制,在企业成立时不一定一次筹足资本金总额,类似于授权资本制,但规定了首期出资的数额或比例及最后一期缴清资本的期限。

我国允许两种公司的资本都可以分期缴纳,而不必一次性缴足,但要求全体股东的首次出资额不得低于注册资本的20%,其余部分必须在两年内缴足,其中投资公司可以在5年内缴足。对于一人有限责任公司,股东应当一次足额缴纳公司章程规定的注册资本额。

4. 资本金的评估

企业吸收实物、无形资产等非货币资产筹集资本金的,应按照评估确认的金额或者按合同、协议约定的金额计价。其中,为了避免虚假出资或通过出资转移财产,导致国有资产流失,国有及国有控股企业以非货币资产出资或者接受其他企业的非货币资产出资,需要委托有资格的资产评估机构进行资产评估,并以资产评估机构评估确认的资产价值作为投资作价的基础。经国务院、省政府批准实施的重大经济事项涉及的资产评估项目,分别由本级政府国有资产监管部门或者财政部门负责核准,其余资产评估项目一律实施备案制度。严格来说,其他企业的资本金评估时,并不一定要求必须聘请专业评估机构评估,相关当事人或者聘请的第三方专业中介机构评估后认可的价格也可成为作价依据。不过,聘请第三方专业中介机构来评估相关的非货币资产,能够更好地保证评估作价的真实性和准确性,有效地保护公司及其债权人的利益。

(三) 资本金管理的原则

资本金的管理,首先应当遵循资本保全这一基本原则。实现资本保全的具体要求,可分为资本确定、资本充实和资本维持三部分内容。

1. 资本确定原则

资本确定,是指企业设立时资本金数额的确定。企业设立时,必须明确规定企业的资本总额以及各投资者认缴的数额。如果投资者没有足额认缴资本总额,企业就不能成立。为了强化资本确定的原则,法律规定由工商行政管理机构进行企业注册资本的登记管理。这是保护债权人利益、明晰企业产权的根本需要。根据《公司法》等法律法规的规定,一方面,投资者以认缴的资本为限对公司承担责任;另一方面,投资者以实际缴纳的资本为依据行使表决权和分取红利。

企业获准工商登记(即正式成立)后30日内,应依据验资报告向投资者出具出资证明书等凭证,以此为依据确定投资者的合法权益,界定其应承担的责任。特别是占有国有资本的企业需要按照国家有关规定申请国有资产产权登记,取得企业国有资产产权登记证,但这并不免除企业向投资者出具出资证明书的义务,因为前者仅是国有资产管理的行政手段。

2. 资本充实原则

资本充实,是指资本金的筹集应当及时、足额。企业筹集资本金的数额、方式、期限均要在投资合同或协议中约定,并在企业章程中加以规定,以确保企业能够及时、足额筹得资本金。

企业登记注册的资本金,投资者应在法律法规和财务制度规定的期限内缴足。如果投资者未按规定出资,即为投资者违约,企业和其他投资者可以依法追究其责任,国家有关部门还将按照有关规定对违约者进行处罚。投资者在出资中的违约责任有两种情况:一是个别投资者单方违约,企业和其他投资者可以按企业章程的规定,要求违约方支付延迟出资的利息、赔偿经济损失;二是投资各方均违约或外资企业不按规定出资,则由工商行政管理部门进行处罚。

企业筹集的注册资本,必须进行验资,以保证出资的真实可信。对验资的要求:一是依法委托法定的验资机构;二是验资机构要按照规定出具验资报告;三是验资机构依法承担提供验资虚假或重大遗漏报告的法律责任,因出具的验资证明不实给公司债权人造成损失的,除能够证明自己没有过错的外,在其证明不实的金额范围内承担赔偿责任。

3. 资本维持原则

资本维持,指企业在持续经营期间有义务保持资本金的完整性。企业除由股东大会或投资者会议做出增减资本决议并按法定程序办理者外,不得任意增减资本总额。企业筹集的实收资本,在持续经营期间可以由投资者依照相关法律法规以及企业章程的规定转让或者减少,投资者不得抽逃或者变相抽回出资。除《公司法》等有关法律法规另有规定外,企业不得回购本企业发行的股份。在下列四种情况下,股份公司可以回购本公司股份:减少公司注册资本;与持有本公司股份的其他公司合并;将股份奖励给本公司职工;股东因对股东大会做出的公司合并、分立决议持有异议而要求公司收购其股份。

股份公司依法回购股份,应当符合法定要求和条件,并经股东大会决议。用于将股份奖励给本公司职工而回购本公司股份的,不得超过本公司已发行股份总额的5%;用于收购的资金应当从公司的税后利润中支出;所收购的股份应当在1年内转让给职工。

五、筹资的分类

(一)股权筹资、债务筹资及混合筹资

按企业所取得资金的权益特性不同,企业筹资分为股权筹资、债务筹资及混合筹资三类。混合筹资,兼具股权与债务筹资性质。我国上市公司目前最常见的混合筹资方式是发行可转换债券和发行认股权证。

(二)直接筹资与间接筹资

按是否借助于金融机构为媒介来获取社会资金,企业筹资分为直接筹资和间接筹资两种类型。

直接筹资不需要通过金融机构来筹措资金,是企业直接从社会取得资金的方式。

间接筹资,是企业借助于银行和非银行金融机构而筹集资金。

(三)内部筹资与外部筹资

按资金的来源范围不同,企业筹资分为内部筹资和外部筹资两种类型。

内部筹资是指企业通过利润留存而形成的筹资来源。

外部筹资是指企业向外部筹措资金而形成的筹资来源。

(四)长期筹资与短期筹资

按所筹集资金的使用期限是否超过1年,企业筹资分为长期筹资和短期筹资两种类型。

六、筹资管理的原则

(一)筹措合法

旅游企业的筹资行为和筹资活动必须遵循国家的相关法律法规,依法履行法律法规和投资合同约定的责任,合法合规筹资,依法披露信息,维护各方的合法权益。

(二)规模适当

旅游企业要根据生产经营及其发展的需要,合理预测资金的需要量。筹资规模与资金需要量应当匹配一致。

(三)取得及时

旅游企业筹集资金,要根据资金需求的具体情况,合理安排资金的筹集到位时间,使筹资与用资在时间上相衔接。

(四)来源经济

旅游企业应当在考虑筹资难易程度的基础上,针对不同来源资金的成本,认真选择筹资渠道,并选择经济、可行的筹资方式,力求降低筹资成本。

(五)结构合理

旅游企业筹资要综合考虑股权资金与债务资金的关系、长期资金与短期资金的关系、内部筹资与外部筹资的关系,合理安排资本结构,保持适当偿债能力,防范企业财务危机。

第二节 债务筹资

银行借款、发行债券和融资租赁,是债务筹资的三种基本形式。

一、银行借款

银行借款是指企业向银行或其他非银行金融机构借入的、需要还本付息的款项。

(一)银行借款的种类

1. 按提供贷款的机构,分为政策性银行贷款、商业银行贷款和其他金融机构贷款

(1)政策性银行贷款。是指执行国家政策性贷款业务的银行向企业发放的贷款,通常为长期贷款。如国家开发银行贷款,主要满足企业承建国家重点建设项目的资金需要;中国进出口银行贷款,主要为大型设备的进出口提供的买方信贷或卖方信贷;中国农业发展银行贷款,主要用于确保国家对粮、棉、油等政策性收购资金的供应。

（2）商业银行贷款。是指由各商业银行,如中国工商银行、中国建设银行、中国农业银行、中国银行等,向工商企业提供的贷款,用以满足企业生产经营的资金需要,包括短期贷款和长期贷款。

（3）其他金融机构贷款。如从信托投资公司取得实物或货币形式的信托投资贷款,从财务公司取得的各种中长期贷款,从保险公司取得的贷款等。其他金融机构的贷款一般较商业银行贷款的期限要长,要求的利率较高,对借款企业的信用要求和担保的选择比较严格。

2. 按机构对贷款有无担保要求,分为信用贷款和担保贷款

（1）信用贷款。是指以借款人的信誉或保证人的信用为依据而获得的贷款。企业取得这种贷款,无须以财产作抵押。对于这种贷款,由于风险较高,银行通常要收取较高的利息,往往还附加一定的限制条件。

（2）担保贷款。是指由借款人或第三方依法提供担保而获得的贷款。担保包括保证责任、财产抵押、财产质押。担保贷款包括保证贷款、抵押贷款和质押贷款。

①保证贷款。指按《担保法》规定的保证方式,以第三人作为保证人承诺在借款人不能偿还借款时,按约定承担一定保证责任或连带责任而取得的贷款。

②抵押贷款。指按《担保法》规定的抵押方式,以借款人或第三人的财产作为抵押物而取得的贷款。抵押是指债务人或第三人不转移财产的占有,将该财产作为债权的担保,债务人不履行债务时,债权人有权将该财产折价或者以拍卖、变卖的价款优先受偿。作为贷款担保的抵押品,可以是不动产、机器设备、交通运输工具等实物资产,可以是依法有权处分的土地使用权,也可以是股票、债券等有价证券等,它们必须是能够变现的资产。如果贷款到期借款企业不能或不愿偿还贷款,银行可取消企业对抵押品的赎回权。抵押贷款有利于降低银行贷款的风险,提高贷款的安全性。

③质押贷款。指按《担保法》规定的质押方式,以借款人或第三人的动产或财产权利作为质押物而取得的贷款。质押是指债务人或第三人将其动产或财产权利移交债权人占有,将该动产或财产权利作为债权的担保,债务人不履行债务时,债权人有权以该动产或财产权利折价或者以拍卖、变卖的价款优先受偿。作为贷款担保的质押品,可以是汇票、支票、债券、存款单、提单等信用凭证,可以是依法可以转让的股份、股票等有价证券,也可以是依法可以转让的商标专用权、专利权、著作权中的财产权等。

3. 按企业取得贷款的用途,分为基本建设贷款、专项贷款和流动资金贷款

（1）基本建设贷款。指企业因基本建设或购置固定资产需要资金而向银行申请借入的款项。

（2）专项贷款。指企业因进行固定资产更新改造等专项项目向银行借入的款项。

(3)流动资金贷款。指企业因流动资金不足,经营周转困难而向银行借入款项。

(二)银行借款的程序

银行借款的程序包括:提出申请,银行审批,签订合同,取得借款。

我国金融部门对企业发放贷款的原则是:按计划发放、择优扶植、有物资保证、按期归还。企业申请贷款一般应具备的条件是:

(1)独立核算、自负盈亏、有法人资格。

(2)经营方向和业务范围符合国家产业政策,借款用途属于银行贷款办法规定的范围。

(3)借款企业具有一定的物资和财产保证,担保单位具有相应的经济实力。

(4)具有偿还贷款的能力。

(5)财务管理和经济核算制度健全,资金使用效益及企业经济效益良好。

(6)在银行设有账户,办理结算。

具备上述条件的企业欲取得贷款,先要向银行提出申请,陈述借款原因与金额、用款时间与计划、还款期限与计划。银行根据企业的借款申请,针对企业的财务状况、信用情况、盈利的稳定性、发展前景、借款投资项目的可行性等进行审查。银行审查同意贷款后,再与借款企业进一步协商贷款的具体条件,明确贷款的种类、用途、金额、利率、期限、还款的资金来源及方式、保护性条件、违约责任等,并以借款合同的形式将其法律化。借款合同生效后,企业便可取得借款。

企业偿还借款的方式通常有三种:定期支付利息、到期一次性偿还本金的方式;定期等额还本付息;分批偿还,每批金额不等。

(三)长期借款的保护性条款

由于长期借款的期限长、风险大,按照国际惯例,银行通常对借款企业提出一些有助于保证贷款按时足额偿还的条件。这些条件写进贷款合同中,形成了合同的保护性条款。归纳起来,长期借款的保护性条款大致有如下三类:

1. 例行性保护条款

例行性保护条款作为例行常规,在大多数借款合同中都会出现。例行性保护条款的内容主要包括:①借款企业定期向银行提交财务报表,其目的在于及时掌握企业的财务情况。②不准在正常情况下出售较多资产,以保持企业正常的生产经营能力。③如期缴纳税金和清偿其他到期债务,以防被罚款而造成现金流失。④不准以任何资产作为其他承诺的担保或抵押,以维护资产正常运营。⑤不准贴现应收票据或出售应收账款,以避免或有负债。⑥限制租赁固定资产的规模,其目的在于防止企业负担巨额租金以致削弱其偿债能力,还在于防止企业以租赁固定资产的办法摆脱对其资本支出和负债的约束。

2. 一般性保护条款

一般性保护条款应用于大多数借款合同,但根据具体情况会有不同内容,主要包括:①对借款企业流动资金保持量的规定,其目的在于保持借款企业资金的流动性和偿债能力。②对支付现金股利和再购入股票的限制,其目的在于限制现金外流。③对资本支出规模的限制,其目的在于减小企业日后不得不变卖固定资产以偿还贷款的可能性,仍着眼于保持借款企业资金的流动性。④限制其他长期债务,其目的在于防止其他贷款人取得对企业资产的优先求偿权。

3. 特殊性保护条款

特殊性保护条款是针对某些特殊情况,而在部分借款合同中列明的。其内容主要包括:①贷款专款专用。②不准企业投资于短期内不能收回资金的项目。③限制企业高级职员的薪金和奖金总额。④要求企业主要领导人在合同有效期间担任领导职务。⑤要求企业主要领导人购买人身保险等。

(四)银行借款的筹资特点

1. 筹资速度快

银行借款筹资速度快,只要企业与银行签订合同,很快就可以获得贷款,得到借款所花费的时间较短。

2. 资本成本较低

银行借款利率一般低于债券利率,且由于借款属于直接筹资,筹资费用也较少,且借款利息可以在税前支付,具有免税功能。

3. 筹资弹性较大

借款时企业与银行直接交涉,有关条件可谈判确定;用款期间发生变动,亦可与银行再行协商。而债券筹资所面对的是社会广大投资者,协商改善筹资条件的可能性很小。

4. 限制条款多

银行借款限制性条款比较多,往往制约了企业的生产经营和借款的作用。

5. 筹资数额有限

由于银行长期借款的期限长、风险大,按照国际惯例,银行通常对借款企业提出一些有助于保证贷款按时足额偿还的条件,筹资数额也有限。

二、发行公司债券

公司债券又称企业债券,是企业依照法定程序发行的、约定在一定期限内还本付息的有价证券。企业发行的债券称为企业债券,如是股份制旅游企业发行的债券则称之为公司债券,这主要是相对于国家和金融机构发行的政府债券和金融债券而言的。公司债券一般期限超过1年,其发行目的往往是旅游企业为建设(开发)大型旅游项目等筹集大笔的长期资金。

（一）发行债券的条件

在我国，根据《公司法》的规定，股份有限公司、国有独资公司和由两个以上的国有公司或者两个以上的国有投资主体投资设立的有限责任公司，具有发行债券的资格。

（二）公司债券的种类

1. 按是否记名，分为记名债券和无记名债券

在公司债券上记载持券人姓名或名称的为记名公司债券，反之为无记名公司债券。两种债券在转让上的差别也与记名股票、无记名股票相似。

2. 按是否能够转换成公司股权，分为可转换债券与不可转换债券

若公司债券能转换为本公司股票，为可转换债券；不可转换债券，是指不可以转换为普通股的债券。一般来讲，前种债券的利率要低于后种债券。

3. 按有无特定财产担保，分为担保债券和信用债券

担保债券，是指以一定抵押品作抵押或有担保人作担保而发行的债券。

信用债券，是指仅凭债券发行者的信用发行的、没有抵押品作抵押或担保人作担保的债券。

（三）公司债券发行的程序

公司债券发行的程序包括：作出发债决议、提出发债申请、公告募集办法、委托证券经营机构发售、交付债券、收缴债券款。

1. 做出发行债券的决议

发行公司债券的决议和决定，是由公司最高机构做出的。股份有限公司和有限责任公司发行公司债券，由董事会制订方案，股东大会做出决议。

2. 提出发行债券的申请

公司向社会公众发行债券募集资金，数额大且债权人多，所牵涉的利益范围大，所以必须对公司债券的发行进行审批。

凡欲发行债券的公司，先要向国务院证券管理部门提出申请并提交公司登记证明、公司章程、公司债券募集办法、资产评估报告和验资报告等文件。国务院证券管理部门根据《公司法》的规定和国务院确定的公司债券发行规模等，对公司的申请予以审批。

3. 公告债券募集办法

发行公司债券的申请被批准后，应由发行公司制定公司债券募集办法。办法中应载明的主要事项有：公司名称，债券总额和票面金额，债券利率，还本付息的期限与方式，债券发行的起止日期，公司净资产额，已发行的尚未到期的债券总额，公司债券的承销机构等。

公司制定好募集办法后，应按当时、当地通常合理的方法向社会公告。

4. 委托证券机构发售

公司发出公司债券募集公告后,开始在公告所定的期限内募集借款。

一般来讲,公司债券的发行方式有公司直接向社会发行(私募发行)和由证券经营机构承销发行(公募发行)两种。在我国,根据有关法规,公司发行债券须与证券经营机构签订承销合同由其承销。

由承销机构发售债券时,投资人直接向其付款购买,承销机构代理收取债券款、交付债券。然后,承销机构向发行公司办理债券款的结算。

公司发行的债券上,必须载明公司名称、债券票面金额、利率、偿还期限等事项,并由董事长签名、公司盖章。

5. 交付债券,收缴债券款,登记债券存根簿

承销机构发售债券后,向发行企业交付债券,收缴债券款,登记债券存根簿。

公司对发行的债券还应置备公司债券存根簿予以登记。其意义一方面在于起公示作用,使股东、债权人可以查阅了解,也便于有关机关监督;另一方面也便于公司随时掌握债券的发行情况。公司发行记名债券的,应在公司债券存根簿上记明债券持有人的姓名或名称及住所;债券持有人取得债券的日期及债券编号,债券的总额、票面金额、利率、还本付息的期限和方式;债券的发行日期。公司发行无记名债券的,应在公司债券存根簿上记明债券的总额、利率、偿还期限和方式、发行日期及债券的编号。

(四) 债券的偿还

债券偿还按其实际发生时间与规定的到期日之间的关系。分为提前偿还与到期偿还,后者又包括分批偿还和一次偿还。

1. 提前偿还

提前偿还又称提前赎回或收回,是指在债券尚未到期之前就予以偿还。只有在企业发行债券的契约中明确规定了有关允许提前偿还的条款,企业才可以进行此项操作。提前偿还所支付的价格通常要高于债券的面值,并随到期日的临近而逐渐下降。具有提前偿还条款的债券可使企业融资有较大的弹性。当企业资金有结余时,可提前赎回债券;当预测利率下降时,也可提前赎回债券,而后以较低的利率来发行新债券。

赎回有三种形式:强制性赎回、选择性赎回和通知赎回。

(1)强制性赎回。是指要保证公司拥有一定的现款来减少其固定负债,从而减少利息支付时,能够提前还债。强制性赎回有偿债基金和赎债基金两种形式。偿债基金主要是为分期偿还未到期债券而设。它要求发行人在债券到期前陆续偿还债务,因而缩短了债务的有效期限,同时分散了还本付息的压力,这样,在某种程度上减少了违约的风险。但在市场看好时(如市场价格高于面值),强制性赎回使投资人遭受损失;举债公司要给予补偿,通常的办法是提高赎回价格。赎债基金同样

是举债人为提前偿还债券设立的基金,与偿债基金不同的是,赎债基金是债券持有人强制举债公司收回债券。赎债基金只能从二级市场上购回自己的债券,其主要任务是支持自己的债券在二级市场上的价格。

(2)选择性赎回。是指举债公司有选择债券到期前赎回全部或部分债券的权利。选择性赎回的利息率略高于其他同类债券。

(3)通知赎回。是指举债公司在到期日前准备赎回债券时,要提前一段时间向债券持有人发出赎债通知,告知赎回债券的日期和条件。债券持有人有权将债券在通知赎回日期之前售回举债公司,债券持有人的这种权利称为提前售回优先权。

通知赎回中,债券持有人还有一种提前售回选择权,指债券持有人有权选择在债券到期前某一个或某几个指定日期,按指定价格把债券售回举债公司,这和选择性赎回的选择主体正好相反。

2. 到期偿还

到期偿还,是指当债券到期后还清债券所载明的义务,包括分批偿还和一次偿还两种。

3. 滞后偿还

债券在到期日之后偿还叫滞后偿还。这种偿还条款一般在发行时便订立,主要是给予持有人以延长持有债券的选择权。滞后偿还有转期和转换两种形式。

转期,指将较早到期的债券换成到期日较晚的债券,实际上是将债务的期限延长。常用的方法有两种:一是直接以新债券兑换旧债券;二是用发行新债券得到的资金来赎回旧债券。

转换,通常指股份有限公司发行的债券可以按一定的条件转换成本公司的股票。

(五)发行公司债券的筹资特点

1. 一次筹资数额大

利用发行公司债券筹资,能够筹集大额的资金,满足公司大规模筹资的需要。这是在银行借款、融资租赁等债权筹资方式中,企业选择发行公司债券筹资的主要原因,也能够适应大型公司经营规模的需要。

2. 募集资金的使用限制条件少

与银行借款相比,债券筹资募集资金的使用具有相对的灵活性和自主性。特别是发行债券所筹集的大额资金,能够也主要用于流动性较差的公司长期资产上。从资金使用的性质来看,银行借款一般期限短、额度小,主要用途为增加适量存货、增加小型设备等;反之,期限较长、额度较大,用于公司扩展、增加大型固定资产和基本建设投资的需求多采用发行债券方式。

3. 资本成本负担较高

相对于银行借款筹资,发行债券的利息负担和筹资费用都比较高。而且债券不能像银行借款一样进行债务展期,加上大额的本金和较高的利息,在固定的到期日,将会对公司现金流量产生巨大的财务压力。

4. 有利于提高公司的社会声誉

公司债券的发行主体,有严格的资格限制。发行公司债券,往往是股份有限公司和有实力的有限责任公司所为。通过发行公司债券,一方面筹集了大量资金,另一方面也扩大了公司的社会影响,提高了公司的社会声誉。

三、融资租赁

租赁,是指通过签订资产出让合同的方式,使用资产的一方(承租方)通过支付租金,从出让资产的一方(出租方)取得资产使用权的一种交易行为。在这项交易中,承租方通过得到所需资产的使用权,完成了筹集资金的行为。

(一)租赁的基本特征

1. 所有权与使用权相分离

租赁作为一种信用形式,体现了财产所有权与使用权的分离。租赁公司作为出租人,以收取租金为条件,把机器设备租给承租人(企业)使用,双方通过物的关系构成租赁信用。在整个租赁期内,出租人拥有租物的所有权,承租人拥有租物的使用权。租赁期满后,承租人根据租赁合同,可以有留购、续租、重订租约和退回租赁物品等多种选择。在这点上,租赁信用与分期付款的商业信用有本质的区别,在后者中,所有权发生了转移,只是货款延期交付而已。

2. 融资与融物相结合

租赁是以商品形态与货币形态相结合提供的信用活动,出租人在向企业出租资产的同时,解决了企业的资金需求,具有信用和贸易双重性质。它不同于一般的借钱还钱、借物还物的信用形式,而是借物还钱,并以分期支付租金的方式来体现。租赁的这一特点使银行信贷和财产信贷融合在一起,成为企业融资的一种新形式。

3. 租金分期支付

在租金的偿还方式上,租金与银行信用到期还本付息不一样,采取了分期回流的方式。出租方的资金一次投入,分期收回。对于承租方而言,通过租赁可以提前获得资产的使用价值,分期支付租金便于分期规划未来的现金流出量。

(二)租赁的分类

租赁分为融资租赁和经营租赁。

1. 经营租赁(Operational Lease)

又称服务性租赁,是由租赁公司向承租单位在短期内提供设备,并提供维修、保养、人员培训等服务。经营租赁的特点主要是:①出租的设备一般由租赁公司根据市场需要选定,然后再寻找承租企业。②租赁期较短,短于资产的有效使用期,在合理的限制条件内承租企业可以中途解约。③租赁设备的维修、保养由租赁公司负责。④租赁期满或合同中止以后,出租资产由租赁公司收回。经营租赁比较适用于租用技术过时较快的生产设备。

2. 融资租赁(Financial Lease)

是由租赁公司按承租单位要求出资购买设备,在较长的合同期内提供给承租单位使用的融资信用业务,它是以融通资金为主要目的的租赁。

融资租赁的主要特点是:①出租的设备由承租企业提出要求购买,或者由承租企业直接从制造商或销售商那里选定。②租赁期较长,接近于资产的有效使用期,在租赁期间双方无权取消合同。③由承租企业负责设备的维修、保养。④租赁期满,按事先约定的方法处理设备,包括退还租赁公司,或继续租赁,或企业留购。通常采用企业留购办法,即以很少的"名义价格"(相当于设备残值)买下设备。

融资租赁是一种信用活动。通过融资租赁,出租人与承租人之间形成了一种债权债务关系。但融资租赁又是不同于银行贷款的特殊的信用活动。银行贷款是一种纯粹的货币借贷活动,仅仅能起到融资的作用。融资租赁则是以"融物"的形式达到"融资"目的,融资与融物浑然一体,成为融资与融物相结合的一种信用活动。融资租赁对于出租人来讲,财产所占有的资金不能马上收回,等于向承租人发放了一笔贷款,再通过收取租金的形式收回贷款的本息,从而完成一笔放款业务。对于承租的企业来讲,分期支付的租金等于分期偿还借款的本息。扩大再生产的设备,可以购买,也可以租赁。通过融资租赁,租用企业等于筹集了资金,购买了设备。从这一点讲,融资租赁对资金不充足,又急需某种设备的企业来讲,是筹集资金的一种特殊方式,一条有效的融资渠道。

(三)融资租赁的基本程序与形式

1. 融资租赁的基本程序

(1)选择租赁公司,提出委托申请。当企业决定采用融资租赁方式以获取某项设备时,需要了解各个租赁公司的资信情况、融资条件和租赁费率等,分析比较选定一家作为出租单位。然后,向租赁公司申请办理融资租赁。

(2)签订购货协议。由承租企业和租赁公司中的一方或双方,与选定的设备供应厂商进行购买设备的技术谈判和商务谈判,在此基础上与设备供应厂商签订购货协议。

(3)签订租赁合同。承租企业与租赁公司签订租赁设备的合同,如需要进口设备,还应办理设备进口手续。租赁合同是租赁业务的重要文件,具有法律效力。融资租赁合同的内容可分为一般条款和特殊条款两部分。

(4)交货验收。设备供应厂商将设备发运到指定地点,承租企业要办理验收手续。验收合格后签发交货及验收证书交给租赁公司,作为其支付货款的依据。

(5)定期交付租金。承租企业按租赁合同规定,分期交纳租金,这也就是承租企业对所筹资金的分期还款。

(6)合同期满处理设备。承租企业根据合同约定,对设备续租、退租或留购。

2. 融资租赁的基本形式

(1)直接租赁。直接租赁是融资租赁的主要形式,承租方提出租赁申请时,出租方按照承租方的要求选购,然后再出租给承租方。

(2)售后回租。售后回租是指承租方由于急需资金等各种原因,将自己资产售给出租方,然后以租赁的形式从出租方原封不动地租回资产的使用权。在这种租赁合同中,除资产所有者的名义改变之外,其余情况均无变化。

(3)杠杆租赁。杠杆租赁是指涉及承租人、出租人和资金出借人三方的融资租赁业务。一般来说,当所涉及的资产价值昂贵时,出租方自己只投入部分资金,通常为资产价值的20%~40%,其余资金则通过将该资产抵押担保的方式,向第三方(通常为银行)申请贷款解决。然后租赁公司将购进的设备出租给承租方,用收取的租金偿还贷款,该资产的所有权属于出租方。出租人既是债权人也是债务人,如果出租人到期不能按期偿还借款,资产所有权则转移给资金的出借者。

(四)融资租赁的租金计算

融资租赁每期租金的多少,取决于以下几项因素:

1. 设备原价及预计残值

包括设备买价、运输费、安装调试费、保险费等,以及该设备租赁期满后,出售可得的市价。设备价款一般根据市场行情,由承租人和出租人经协商确定。为防止出租人在价上加码,承租人也可直接与供货商谈判商定购价后,再与出租人谈判。

如果设备是从国外进口的,则设备的购置成本就是设备的到岸价格(即CIF);如果合同是购买价(FOB),即离岸价格,则在货价上加上运费和途中保险费作为购置成本;如果进口合同用的是离岸价加运费价格(CSIF),则在货价上另加途中保险费作为购置成本。

上述设备购置成本如果有些费用是由承租人直接支付的,则应扣除,以免重复。

2. 利息

指租赁公司为承租企业购置设备垫付资金所应支付的利息。一般的租赁业务在签订合同以后的几个月或更长时间才由出租人对外支付租赁财产的货款,而租赁双方一般在签订合同的同时,就将租赁的年利率固定下来。因此,出租者要承担几个月后市场利率上升的风险,签约日与付款日间隔时间越长,这个风险就越大。为了保障出租者的利益,应在其融资成本上加一定的风险利差。如果双方同意,也可以在付款日根据出租人的实际融资成本来确定租赁利率,这样做就可由承租人承担利率风险。

3. 租赁手续费

指租赁公司承办租赁设备所发生的业务费用和必要的利润。租赁手续费包括办公费、差旅费、邮电费、银行费用、工资和税金以及必要的利润。手续费与购进设备成本之比称为手续费率。手续费的收取,目前国内和国际都没有统一的标准,我国当前各租赁公司收取手续费的标准,一般掌握在1%~3%。收取的方式有两种:其一是在签订合同时,承租人一次支付;其二是把手续费计入租金总额中,随租金的收回而收回。如果是前者,则手续费不成为租金的构成要素。

(五)融资租赁的筹资特点

1. 无须大量资金就能迅速获得资产

融资租赁集"融资"与"融物"于一身,融资租赁使企业在资金短缺的情况下引进设备成为可能。特别是针对中小企业、新创企业而言,融资租赁是一条重要的融资途径。有时,大型企业对于大型设备、工具等固定资产,也需要融资租赁解决巨额资金的需要,如商业航空公司的飞机,大多是通过融资租赁取得的。

2. 财务风险小,财务优势明显

融资租赁与购买的一次性支出相比,能够避免一次性支付的负担,而且租金支出是未来的、分期的,企业无须一次筹集大量资金偿还。还款时,租金可以通过项目本身产生的收益来支付,是基于未来的"借鸡生蛋、卖蛋还钱"的筹资方式。

3. 筹资的限制条件较少

融资租赁的限制条件较少,只要企业具备一定条件,就可以通过这种方式获得资金。

4. 能延长资金融通的期限

融资租赁通常为设备而贷款的借款期限比该资产的物理寿命要短得多,而租赁的融资期限却可接近其全部使用寿命期限;并且其金额随设备价款金额而定,无融资额度的限制。

5. 资本成本负担较高

融资租赁的租金通常比举借银行借款或发行债券所负担的利息高得多,租金总额通常要高于设备价值的30%。尽管与借款方式比,融资租赁能够避免到期一次性集中偿还的财务压力,但高额的固定租金也给各期的经营带来了负担。

四、债务筹资的优缺点

(一)债务筹资的优点

1. 筹资速度较快

与股权筹资比,债务筹资不需要经过复杂的审批手续和证券发行程序,如银行借款、融资租赁等,可以迅速地获得资金。

2. 筹资弹性大

发行股票筹资，需要经过严格的审批手续；从企业的角度出发，由于股权不能退还，股权资本在未来将永久性地给企业带来资本成本的负担。利用债务筹资，可以根据企业的经营情况和财务状况，灵活商定债务条件，控制筹资数量，安排取得资金的时间。

3. 资本成本负担较轻

一般来说，债务筹资的资本成本要低于股权筹资。其一是取得资金的手续费用等筹资费用较低；其二是利息、租金等用资费用比股权资本要低；其三是利息等资本成本可以在税前支付。

4. 可以利用财务杠杆

债务筹资不改变公司的控制权，因而股东不会出于控制权稀释原因反对负债。债权人从企业那里只能获得固定的利息或租金，不能参加公司剩余收益的分配。当企业的资本报酬率高于债务利率时，会增加普通股股东的每股收益，提高净资产报酬率，提升企业价值。

5. 稳定公司的控制权

债权人无权参加企业的经营管理，利用债务筹资不会改变和分散股东对公司的控制权。

(二) 债务筹资的缺点

1. 不能形成企业稳定的资本基础

债务资本有固定的到期日，到期需要偿还，只能作为企业的补充性资本来源。再加上取得债务往往需要进行信用评级，没有信用基础的企业和新创企业，往往难以取得足额的债务资本。现有债务资本在企业的资本结构中达到一定比例后，往往由于财务风险升高而不容易再取得新的债务资金。

2. 增加企业的财务风险

债务资本有固定的到期日，有固定的利息负担，抵押、质押等担保方式取得的债务，资本使用上可能会有特别的限制。这些都要求企业必须有一定的偿债能力，要保持资产流动性及其资产报酬水平，作为债务清偿的保障，对企业的财务状况提出更高的要求，否则，债务筹资会使企业利息负担加重，带来财务危机，增加企业的财务风险。

3. 筹资数额有限

债务筹资的数额会受到各种限制和贷款机构资本实力的制约，不能够一次筹集到大笔资金，筹资数额有限。

第三节 股权筹资

吸收直接投资、发行股票和利用留存收益,是股权筹资的三种基本形式。

一、吸收直接投资

吸收直接投资,是指旅游企业直接吸收国家、法人、个人和外商投入资金的一种筹资方式。采用吸收直接投资的企业,资本不分为等额股份,无须公开发行股票。吸收直接投资的实际出资额中,注册资本部分,形成实收资本;超过注册资本的部分,属于资本溢价,形成资本公积。

(一)吸收直接投资的种类

1. 吸收国家投资

国家投资是指有权代表国家投资的政府部门或机构,以国有资产投入公司,这种情况下形成的资本叫国有资本。根据《公司国有资本与公司财务暂行办法》的规定,在公司持续经营期间,公司以盈余公积、资本公积转增实收资本的,国有公司和国有独资公司由公司董事会或经理办公会决定,并报主管财政机关备案;股份有限公司和有限责任公司由董事会决定,并经股东大会审议通过。

吸收国家投资的特点是:①产权归属国家;②资金的运用和处置受国家约束;③在国有公司中采用比较普遍。

2. 吸收法人投资

法人投资是指法人单位以其依法可支配的资产投入公司。吸收法人投资有以下特点:①发生在法人单位之间;②以参与利润分配或控制为目的;③出资方式灵活多样。

3. 合资经营

合资经营旨在吸收外商直接投资,是指旅游企业与其他国家的投资者共同投资,创办中外合资经营企业或者是中外合作经营企业。吸收外商直接投资的特点是:①与外商发生投融资关系;②共同经营、共担风险、共负盈亏、共享利益;③可以以合资经营方式(股权式),也可以以合作经营方式(契约式)合作。

4. 吸收社会公众投资

吸收社会公众投资是指社会个人或本公司职工以个人合法财产投入公司。其特点如下:①参加投资的人员可以与企业无直接关系,也可以有直接关系;②参加人数可以较多,每人的投资额可以较少;③以参与利润分配为目的。

(二)吸收直接投资的出资方式

1. 以货币资产出资

货币资产出资方式,是吸收直接投资中最重要的出资方式。企业的生产经营活动,就是以货币资金支付开始的。我国《公司法》规定,公司全体股东或者发起人的货币资金出资金额不得低于公司注册资本的30%。

2. 以实物资产出资

实物资产出资方式,是指投资者以房屋、建筑物、设备等固定资产和材料、燃料、商品产品等流动资产所进行的投资。实物投资应符合以下条件:①适合企业生产、经营、研发等活动的需要;②技术性能良好;③作价公平合理。

实物出资中实物的作价,可以由出资各方协商确定,也可以聘请专业资产评估机构评估确定。国有及国有控股企业接受其他企业的非货币资产出资,需要委托有资格的资产评估机构进行资产评估。

3. 以土地使用权出资

土地使用权是指土地经营者对依法取得的土地在一定期限内有进行建筑、生产经营或其他活动的权利。土地使用权具有相对的独立性,在土地使用权存续期间,包括土地所有者在内的其他任何人和单位,不能任意收回土地和非法干预使用权人的经营活动。

企业吸收土地使用权投资应符合以下条件:①适合企业科研、生产、经营、研发等活动的需要;②地理、交通条件适宜;③作价公平合理。

4. 以工业产权出资

以工业产权出资,是指投资者以专有技术、商标权、专利权、非专利技术等无形资产出资。投资者以工业产权出资应符合以下条件:①有助于企业研究、开发和生产出新的高科技产品;②有助于企业提高生产效率,改进产品质量;③有助于企业降低生产消耗、能源消耗等各种消耗;④作价公平合理。

以工业产权投资,实际上是把技术转化为资本,使技术的价值固定化,技术具有强烈的时效性,会因其不断老化落后而导致实际价值不断减少甚至完全丧失。因此,吸收工业产权等无形资产出资,对企业来讲风险较大。

国家对无形资产出资方式也有限制:《公司法》规定,股东或者发起人不得以劳务、信用、自然人姓名、商誉、特许经营权或者设定担保的财产等作价出资。对于非货币资产出资,需要满足三个条件:可以用货币估价;可以依法转让;法律不禁止。

《公司法》对无形资产出资的比例要求没有明确限制,但《外资企业法实施细则》另有规定,外资企业的工业产权、专有技术的作价应与国际上通常的作价原则相一致,且作价金额不得超过注册资本的20%。

5. 以特定债权出资

以特定债权出资指投资人以其对公司或第三人的债权向公司出资抵缴股款。

(三)吸收直接投资的程序

1. 确定筹资数量

旅游企业在新建或扩大经营时,要先确定资金的需要量。资金的需要量应根据企业的生产经营规模、客源条件等来核定,确保筹资数量与资金需要量相适应。

2. 寻找投资单位

企业既要广泛了解有关投资者的资信、财力和投资意向,又要通过信息交流和宣传,使出资方了解企业的经营能力、财务状况以及未来预期,以便于公司从中寻找最合适的合作伙伴。

3. 协商和签署投资协议

找到合适的投资伙伴后,双方进行具体协商,确定出资数额、出资方式和出资时间。企业应尽可能吸收货币投资,如果投资方确有先进而适合需要的固定资产和无形资产,亦可采取非货币投资方式。对实物投资、工业产权投资、土地使用权投资等非货币资产,双方应按公平合理的原则协商定价。当出资数额、资产作价确定后,双方须签署投资的协议或合同,以明确双方的权利和责任。

4. 取得所筹集的资金

签署投资协议后,企业应按规定或计划取得资金。如果采取现金投资方式,通常还要编制拨款计划,确定拨款期限、每期数额及划拨方式,有时投资者还要规定拨款的用途,如把拨款区分为固定资产投资拨款、流动资金拨款、专项拨款等。如为实物、工业产权、非专利技术、土地使用权投资,一个重要的问题就是核实财产。

财产数量是否准确,特别是价格有无高估低估的情况,关系到投资各方的经济利益,必须认真处理,必要时可聘请专业资产评估机构来评定,然后办理产权的转移手续取得资产。

(四)吸收直接投资的筹资特点

1. 能够尽快形成生产能力

吸收直接投资不仅可以取得一部分货币资金,而且能够直接获得所需的先进设备和技术,尽快形成生产经营能力。

2. 容易进行信息沟通

吸收直接投资的投资者比较单一,股权没有社会化、分散化,甚至于有的投资者直接担任公司管理层职务,公司与投资者易于沟通。

3. 资本成本较高

相对于股票筹资来说,吸收直接投资的资本成本较高。当企业经营较好,盈利较多时,投资者往往要求将大部分盈余作为红利分配,因为企业向投资者支付的报酬是按其出资数额和企业实现利润的比率来计算的。

4. 公司控制权集中,不利于公司治理

采用吸收直接投资方式筹资,投资者一般都要求获得与投资数额相适应的经营管理权。如果某个投资者的投资额比例较大,则该投资者对企业的经营管理就会有相当大的控制权,容易损害其他投资者的利益。

5. 不易进行产权交易

吸收投入资本由于没有证券为媒介,不利于产权交易,难以进行产权转让。

二、发行股票

股票(Stock)是股份有限公司为筹措股权资本而发行的有价证券,是公司签发的证明股东持有公司股份的凭证。股票作为一种所有权凭证,代表着对发行公司净资产的所有权。

(一)股票的特征与分类

1. 股票的特点

(1)永久性。公司发行股票所筹集的资金属于公司的长期自有资金,没有期限,不须归还。换言之,股东在购买股票之后,一般情况下不能要求发行企业退还股金。

(2)流通性。股票作为一种有价证券,在资本市场上可以自由转让、买卖和流通,也可以继承、赠送或作为抵押品。股票,特别是上市公司发行的股票具有很强的变现能力,流动性很强。

(3)风险性。由于股票的永久性,股东成了企业风险的主要承担者。风险的表现形式有:股票价格的波动性、红利的不确定性、破产清算时股东处于剩余财产分配的最后顺序等。

(4)参与性。股东作为股份公司的所有者,拥有参与企业管理的权利,包括重大决策权、经营者选择权、财务监控权、公司经营的建议和质询权等。此外,股东还有承担有限责任、遵守公司章程等义务。

2. 股东的权利

(1)公司管理权。普通股股东的管理权主要体现为在董事会选举中有选举权和被选举权,通过选出的董事会代表所有股东对企业进行控制和管理。具体来说,普通股股东的管理权主要包括投票权、查账权、阻止越权经营的权利,并有权对修改公司章程、改变公司资本结构、批准出售公司某些资产、吸收或兼并其他公司等重大问题进行投票表决。普通股股东有对公司账目和股东大会决议的审查权和对公司事务的质询权(阻止越权经营)。

(2)收益分享权。分享盈余也是普通股股东的一项基本权利。盈余的分配方案由股东大会决定,每个会计年度由董事会根据企业的盈利数额和财务状况来决定分发股利的多少并经股东大会批准通过。

(3)股份转让权。即股东有权出售或转让股票。股东持有的股份可以自由转让,但必须符合《公司法》、其他法规和公司章程规定的条件和程序。在公司股票上市后,股东可以在证券市场上自由转让或出售。

(4)优先认股权。即普通股股东拥有优先于其他投资者购买公司增发新股票的权利。

当公司增发普通股票时,现有股东有权按持有公司股票的比例,优先认购新股票。主要是为了保证现有股东在公司股份中原来所占的百分比,保证他们的控制权。

(5)剩余财产要求权。即当公司解散、清算时,普通股股东对剩余财产有要求权。但是,公司破产清算时,财产的变价收入,首先要用来清偿债务,然后支付优先股股东,最后才能分配给普通股股东。所以,在破产清算时,如果资不抵债,普通股股东实际上就分不到剩余财产。

3. 股票的种类

(1)按股东权利和义务,分为普通股股票和优先股股票。

普通股股票简称普通股,是公司发行的代表着股东享有平等的权利、义务,不加特别限制的,股利不固定的股票。普通股是最基本的股票,股份有限公司通常情况只发行普通股。

优先股股票简称优先股,是公司发行的相对于普通股具有一定优先权的股票。其优先权利主要表现在股利分配优先权和分取剩余财产优先权上。优先股股东在股东大会上无表决权,在参与公司经营管理上受到一定限制,仅对涉及优先股权利的问题有表决权。

(2)按票面是否记名,分为记名股票和无记名股票。

记名股票是在股票票面上记载有股东姓名或将名称记入公司股东名册的股票,无记名股票不登记股东名称,公司只记载股票数量、编号及发行日期。

我国《公司法》规定,公司向发起人、国家授权投资机构、法人发行的股票,为记名股票;向社会公众发行的股票,可以为记名股票,也可以为无记名股票。

(3)按发行对象和上市地点,分为A股、B股、H股、N股和S股等。

A股即人民币普通股票,由我国境内公司发行,境内上市交易,它以人民币标明面值,以人民币认购和交易。B股即人民币特种股票,由我国境内公司发行,境内上市交易,它以人民币标明面值,以外币认购和交易。H股是注册地在中国内地、上市在中国香港的股票,依此类推,在纽约和新加坡上市的股票,就分别称为N股和S股。

(二)股份有限公司的设立、股票发行与上市

1. 股份有限公司的设立

设立股份有限公司,应当有2人以上200人以下为发起人,其中须有半数以上的发起人在中国境内有住所。股份有限公司的设立,可以采取发起设立或者募集设立的方式。

发起设立,是指由发起人认购公司应发行的全部股份而设立公司。募集设立,是指由发起人认购公司应发行股份的一部分,其余股份向社会公开募集或者向特定对象募集而设立公司。

以发起设立方式设立股份有限公司的,公司全体发起人的首次出资额不得低于注册资本的20%,其余部分由发起人自公司成立之日起2年内缴足(投资公司可以在5年内缴足)。

以募集设立方式设立股份有限公司的,发起人认购的股份不得少于公司股份总数的35%;法律、行政法规另有规定的,从其规定。

股份有限公司的发起人应当承担下列责任:①公司不能成立时,发起人对设立行为所产生的债务和费用负连带责任;②公司不能成立时,发起人对认股人已缴纳的股款,负返还股款并加算银行同期存款利息的连带责任;③在公司设立过程中,由于发起人的过失致使公司利益受到损害的,应当对公司承担赔偿责任。

2. 股份有限公司首次发行股票的一般程序

(1)发起人认足股份,交付股资。以发起方式设立的公司,发起人认购公司的全部股份;以募集方式设立的公司,发起人认购的股份不得少于公司股份总数的35%。发起人可以用货币出资,也可以非货币资产作价出资。在发起设立方式下,发起人缴付全部股资后,应选举董事会、监事会,由董事会办理公司设立的登记事项;在募集设立方式下,发起人认足其应认购的股份并缴付股资后,其余部分向社会公开募集。

(2)提出公开募集股份的申请。以募集方式设立的公司,发起人向社会公开募集股份时,必须向国务院证券监督管理部门递交募股申请,并报送批准设立公司的相关文件,包括公司章程、招股说明书等。

(3)公告招股说明书,签订承销协议。公开募集股份申请经国家批准后,应公告招股说明书。招股说明书应包括公司的章程、发起人认购的股份数、本次每股票面价值和发行价格、募集资金的用途等。同时,与证券公司等证券承销机构签订承销协议。

(4)招认股份,缴纳股款。发行股票的公司或其承销机构一般用广告或书面通知的办法招募股份。认股者一旦填写了认股书,就要承担认股书中约定的缴纳股款义务。如果认股者的总股数超过发起人拟招募的总股数,可以采取抽签的方式确定哪些认股者有权认股。认股者应在规定的期限内向代收股款的银行缴纳股款,同时交付认股书。股款收足后,发起人应委托法定的机构验资,出具验资证明。

(5)召开创立大会,选举董事会、监事会。发行股份的股款募足后,发起人应在规定期限内(法定30天)主持召开创立大会。创立大会由发起人、认股人组成,应有代表股份总数半数以上的认股人出席方可举行。创立大会通过公司章程,选举董事会和监事会成员,并有权对公司的设立费用进行审核,对发起人用于抵作股款的财产作价进行审核。

(6)办理公司设立登记,交割股票。经创立大会选举的董事会,应在创立大会结束后30天内,办理申请公司设立的登记事项。登记成立后,即向股东正式交付股票,公司登记成立之前不得向股东交割股票。

3. 股票的上市交易

股票上市交易,指股份有限公司公开发行的股票经批准在证券交易所挂牌交易。经批准在交易所上市的股票称为上市股票。

(1)股票上市的目的。股票上市对公司有利的方面,主要包括:①便于筹措新资金。证券市场是资本商品的买卖市场,证券市场上有众多的资金供应者。同时,股票上市经过了政府机构的审查批准并接受严格的管理,执行股票上市和信息披露的规定,容易吸引社会资本投资者。公司上市后,还可以通过增发、配股、发行可转换债券等方式进行再融资。②促进股权流通和转让。股票上市后便于投资者购买,提高了股权的流动性和股票的变现力,便于投资者认购和交易。③促进股权分散化。上市公司拥有众多的股东,加之上市股票的流通性强,能够避免公司的股权集中,分散公司的控制权,有利于公司治理结构的完善。④有利于提高公司知名度,吸引更多顾客。⑤便于确定公司价值。股票上市后,公司股价有市价可循,便于确定公司的价值。对于上市公司来说,即时的股票交易行情,就是对公司价值的市场评价。同时,市场行情也能够为公司收购兼并等资本运作提供询价基础。

(2)股票上市的条件。在我国,设立股份有限公司申请公开发行股票,按照《股票发行与交易管理暂行条例》,应当符合下列条件:①生产经营符合国家产业政策。②发行的普通股限于一种,同股同权,同股同利。③发起人认购的股本数额不少于公司拟发行的股本总额的35%。④向社会公众发行部分不得低于公司总股本总额的25%。其中,公司职工认购的股本数额不得超过拟向社会公众发行的股本总额的10%;公司拟发行股本总额超过人民币4亿元的,证监会按照规定可以酌情降低向社会公众发行的部分的比例,但是最低不少于公司拟发行股本总额的15%。⑤发起人在近3年内没有重大违法行为。⑥其他条件。

4. 股票上市的暂停、终止与特别处理

当上市公司出现经营情况恶化、存在重大违法违规行为或其他原因导致不符合上市条件时,就可能被暂停或终止上市。

当上市公司出现经营情况恶化、存在重大违法违规行为或其他原因导致不符合上市条件时,就可能被暂停或终止上市。

根据《证券法》,上市公司有下列情形之一的,由证券交易所决定暂停其股票上市交易:①公司股本总额、股权分布等发生变化不再具备上市条件;②公司不按照规定公开其财务状况,或者对财务会计报告作虚假记载,可能误导投资者;③公司有重大违法行为;④公司最近三年连续亏损;⑤证券交易所上市规则规定的其他情形。

根据《证券法》,上市公司有下列情形之一的,由证券交易所决定终止其股票上市交易:①公司股本总额、股权分布等发生变化不再具备上市条件,在证券交易所规定的期限内仍不能达到上市条件;②公司不按照规定公开其财务状况,或者对财务会计报告作虚假记载,且拒绝纠正;③公司最近三年连续亏损,在其后一个年度内未能恢复盈利;④公司解散或者被宣告破产;⑤证券交易所上市规则规定的其他情形。

上市公司出现财务状况异常或其他状况异常的,其股票交易将被交易所"特别处理"(Special Treatment,ST)。"财务状况异常"一般是指:①最近两个会计年度的审计结果显示的净利润为负值;②最近一个会计年度的审计结果显示其股东权益低于注册资本;③最近一个会计年度经审计的股东权益扣除注册会计师和有关部门不予确认的部分后,低于注册资本;④注册会计师对最近一个会计年度的财产报告出具无法表示意见或否定意见的审计报告;⑤最近一份经审计的财务报告对上年度利润进行调整,导致连续两个会计年度亏损;⑥经交易所或中国证监会认定为财务状况异常的。"其他状况异常"是指自然灾害、重大事故等导致生产经营活动基本中止,公司涉及的可能赔偿金额超过公司净资产的诉讼等情况。

在上市公司的股票交易被实行特别处理期间,其股票交易遵循下列规则:①股票报价日涨跌幅限制为5%;②股票名称改为原股票名前加"ST";③上市公司的中期报告必须经过审计。

(三)上市公司的股票发行

上市的股份有限公司在证券市场上发行股票,包括公开发行和非公开发行两种类型。公开发行股票又分为首次上市公开发行股票和上市公开发行股票,非公开发行即向特定投资者发行,也叫定向发行。

1. 公开间接发行

首次上市公开发行股票(Initial Public Offering,IPO),是指股份有限公司对社会公开发行股票并上市流通和交易。实施IPO的公司,应当符合中国证监会颁布的《首次公开发行股票并上市管理办法》规定的相关条件,并经中国证监会核准。

实施IPO的基本程序是:①公司董事会应当依法就本次股票发行的具体方案、本次募集资金使用的可行性及其他事项作出决议,并提请股东大会批准;②公司股东大会就本次发行股票做出的决议;③由保荐人保荐并向证监会申报;④证监会受理,并审批核准;⑤自证监会核准发行之日起,公司应在6个月内公开发行股票;超过6个月未发行的,核准失效,须经证监会重新核准后方可发行。

上市公开发行股票,是指股份有限公司已经上市后,通过证券交易所在证券市场上对社会公开发行股票。上市公司公开发行股票,包括增发和配股两种方式。其中,增发是指增资发行,即上市公司向社会公众发售股票的再融资方式,而配股是指上市公司向原有股东配售发行股票的再融资方式。增发和配股也应符合证监会规定的条件,并经过证监会的核准。

2. 非公开直接发行

上市公司非公开发行股票,是指上市公司采用非公开方式,向特定对象发行股票的行为,也叫定向募集增发。其目的往往是为了引入该机构的特定能力,如管理、渠道等。定向增发的对象可以是老股东,也可以是新投资者。总之,定向增发完成之后,公司的股权结构往往会发生较大变化,甚至发生控股权变更的情况。

在公司设立时,上市公开发行股票与非上市不公开发行股票相比较,上市公开发行股票方式的发行范围广,发行对象多,易于足额筹集资本,同时还有利于提高公司的知名度。但公开发行方式审批手续复杂严格,发行成本高。在公司设立后再融资时,上市公司定向增发和非上市公司定向增发相比较,上市公司定向增发优势在于:①有利于引入战略投资者和机构投资者;②有利于利用上市公司的市场化估值溢价,将母公司资产通过资本市场放大,从而提升母公司的资产价值;③定向增发是一种主要的并购手段,特别是资产并购型定向增发,有利于集团企业整体上市,并同时减轻并购的现金流压力。

(四)引入战略投资者

战略投资者是指与发行人具有合作关系或有合作意向和潜力,与发行公司业务联系紧密且欲长期持有发行公司股票的法人。

1. 战略投资者的概念与要求

我国在新股发行中引入战略投资者,允许战略投资者在公司发行新股中参与配售。

战略投资者,一般是指与发行人(公司)具有合作关系或有合作意向和潜力,与发行公司业务联系紧密且欲长期持有发行公司股票的法人。从国外风险投资机构对战略投资者的定义来看,一般认为战略投资者是能够通过帮助公司融资,提供营销与销售支持的业务,或通过个人关系增加投资价值的公司或个人投资者。

一般来说,作为战略投资者的基本要求是:①要与公司的经营业务联系紧密;②要出于长期投资目的而较长时期地持有股票;③要具有相当的资金实力,且持股数量较多。

2. 引入战略投资者的作用

战略投资者具有资金、技术、管理、市场、人才等方面的优势,能够增强企业的核心竞争力和创新能力。上市公司引入战略投资者,使其能够和上市公司之间形成紧密的、伙伴式的合作关系,并由此增强公司经营实力,提高公司管理水平,改善公司治理结构。因此,对战略投资者的基本资质条件要求是:拥有比较雄厚的资金、核心的技术、先进的管理等,同时要有较好的实业基础和较强的投融资能力。总体来说,引入战略投资者对上市公司的作用是:

(1)提升公司形象,提高资本市场认同度。战略投资者往往都是实力雄厚的境内外大公司、大集团,甚至是国际、国内500强,他们对公司股票的认购,是对公司潜在未来价值的认可和期望。

（2）优化股权结构,健全公司法人治理。战略投资者在公司占一定股权份额并长期持股,能够分散公司控制权,战略投资者参与公司管理,能够改善公司治理结构。战略投资者带来的不仅是资金和技术,更重要的是能带来先进的管理水平和优秀的管理团队。

（3）提高公司资源整合能力,增强公司的核心竞争力。战略投资者往往都有较好的实业基础,能够带来先进的工艺技术和广阔的产品营销市场,并致力于长期投资合作,能够促进公司产品结构和产业结构的调整升级,有助于形成产业集群,整合公司的经营资源。

（4）达到阶段性的融资目标,加快实现公司上市融资的进程。战略投资者具有较强的资金实力,并与发行人签订有关配售协议,长期持有发行人股票,能够给新上市的公司提供长期稳定的资本,帮助上市公司用较低的成本融得较多的资金,提高了公司的融资效率。

从我国上市公司的实际情况看,引入战略投资者还处于募集资金最大化的实用原则阶段。谁的申购价格高,谁就能够成为战略投资者,管理型、技术型的战略投资者还较少见。目前我国资本市场中的战略投资者,一般是追逐持股价差、有较大承受能力的股票持有者,大型证券投资机构居多。

（五）发行普通股股票的筹资特点

1. 两权分离,有利于公司自主经营管理

发行普通股,所有权与经营权相分离,分散公司控制权,有利于公司自主管理、自主经营。普通股筹资的股东众多,公司的日常经营管理事务主要由公司的董事会和经理层负责。

2. 没有固定的股息负担,资本成本较低

公司有盈利,并认为适于分配时才分派股利;公司盈利较少,或者虽有盈利但现金短缺或有更好的投资机会,也可以少支付或不支付股利。相对于吸收直接投资来说,企业普通股筹资的资本成本较低。

3. 能增强公司的社会声誉,促进股权流通和转让

普通股筹资使得股东大众化,由此给公司带来了广泛的社会影响。特别是上市公司,其股票的流通性强,有利于市场确认公司的价值。

4. 不易及时形成生产能力

普通股筹资吸收的一般都是货币资金,不易及时形成生产能力,还需要通过购置和建造形成生产经营能力。

三、留存收益

留存收益是留存于企业内部、未对外分配的利润。留存收益的筹资途径包括

提取盈余公积金、未分配利润。留存收益的筹资特点包括：

1. 不发生筹资费用

留存收益筹资是从企业税后利润中提取或留待以后年度进行分配的结存利润，不需要筹资费用。因此，筹资成本低。

2. 维持公司的控制权分布

留存收益筹资是企业内部形成的，由此增加的权益资本不会改变公司的股权结构，不会稀释原有股东的控制权。

3. 筹资数额有限

留存收益的最大数额是企业本期的净利润和以前年度未分配利润之和，不像外部筹资一次性可以筹集大量资金。如果企业发生亏损，那么当年就没有利润留存。另外，股东和投资者从自身期望出发，往往希望企业每年发放一定的利润，保持一定的利润分配比例。

四、股权筹资的优缺点

(一) 股权筹资的优点

1. 股权筹资是企业稳定的资本基础

股权资本没有固定的到期日，无须偿还，是企业的永久性资本，除非企业清算时才有可能予以偿还。这对于保障企业对资本的最低需求，促进企业长期持续稳定经营具有重要意义。

2. 股权筹资是企业良好的信誉基础

股权资本作为企业最基本的资本，代表了公司的资本实力，是企业与其他单位组织开展经营业务，进行业务活动的信誉基础。同时，股权资本也是其他方式筹资的基础，尤其可为债务筹资，包括银行借款、发行公司债券等提供信用保障。

3. 有助于降低企业的财务风险

股权资本不用在企业正常营运期内偿还，不存在还本付息的财务风险。相对于债务资本而言，股权资本筹资限制少，资本使用上也无特别限制。另外，企业可以根据其经营状况和业绩的好坏，决定向投资者支付报酬的多少，资本成本负担比较灵活，有助于降低企业的财务风险。

(二) 股权筹资的缺点

1. 资本成本负担较重

尽管股权资本的资本成本负担比较灵活，但一般而言，股权筹资的资本成本要高于债务筹资。这主要是由于投资者投资于股权特别是投资于股票的风险较高，投资者或股东相应要求得到较高的报酬率。企业长期不派发利润和股利，将会影响企业的市场价值。从企业成本开支的角度来看，股利、红利从税后利润中支付，而使用债务资本的资本成本允许税前扣除。此外，普通股的发行、上市等方面的费用也十分庞大。

2. 容易分散公司的控制权

利用股权筹资,由于引进了新的投资者或出售了新的股票,必然会导致企业控制权结构的改变,分散了企业的控制权。控制权的频繁迭变,势必要影响企业管理层的人事变动和决策效率,影响企业的正常经营。

3. 信息沟通与披露成本较高

投资者或股东作为企业的所有者,有了解企业经营业务、财务状况、经营成果等的权利。企业需要通过各种渠道和方式加强与投资者的关系管理,保障投资者的权益。特别是上市公司,其股东众多而分散,只能通过公司的公开信息披露了解公司状况,这就需要公司花更多的精力,有些还需要设置专门的部门,用于公司的信息披露和投资者关系管理。

 思考与练习

1. 试比较掌握银行借款、发行债券和融资租赁等债务筹资方式的优缺点。
2. 企业筹资管理的内容和原则是什么?
3. 吸收直接投资、发行股票和利用留存收益等股权筹资方式应如何进行?
4. 企业筹资的动机是什么? 企业筹资如何进行分类?
5. 什么是企业的资本金? 我国规定的资本金制度的主要内容是什么?

第五章

旅游企业筹资管理(下)

本章重点
- 掌握资金需要量预测的方法
- 掌握资本成本的计算
- 掌握财务杠杆、经营杠杆和总杠杆
- 熟悉可转换债券、认股权证
- 了解资本结构管理

第一节 混合筹资

混合型资金,是指企业取得的某些兼有股权资本特征和债务资本特征的资金。常见的混合筹资方式主要有发行可转换债券、发行认股权证等。

一、可转换债券

可转换债券是一种混合型证券,是公司普通债券与证券期权的组合体。可转换债券的持有人在一定期限内,可以按照事先规定的价格或者转换比例,自由地选择是否将其转换为公司普通股。

(一)可转换债券的基本性质

1. 证券期权性

可转换债券给予了债券持有者未来的选择权,在事先约定的期限内,投资者可以选择将债券转换为普通股票,也可以放弃转换权利,持有至债券到期还本付息。由于可转换债券持有人具有在未来按一定的价格购买股票的权利,因此可转换债券实质上是一种未来的买入期权。

2. 资本转换性

可转换债券在正常持有期,属于债权性质;转换成股票后,属于股权性质。在债券的转换期间,持有人没有将其转换为股票,发行企业到期必须无条件地支付本金和利息。转换成股票后,债券持有人成为企业的股权投资者。资本双重性的转换,取决于投资者是否行权。

3. 能够赎回与回售

可转换债券一般都会有赎回条款,发债公司在可转换债券转换前,可以按一定条件赎回债券。通常,公司股票价格在一段时期内连续高于转股价格达到某一幅度时,公司会按事先约定的价格买回未转股的可转换公司债券。同样,可转换债券一般也会有回售条款,公司股票价格在一段时期内连续低于转股价格达到某一幅度时,债券持有人可按事先约定的价格将所持债券回卖给发行公司。

(二)可转换债券的基本要素

1. 标的股票

可转换债券对股票的可转换性,实际上是一种股票期权或股票选择权,它的标的物就是可转换成的公司股票。可转换债券的标的股票一般是其发行公司自己的股票,但也有其他公司的股票,如可转换债券发行公司的上市子公司的股票。

2. 票面利率

可转换债券的票面利率一般会低于普通债券的票面利率。有时甚至会低于同期银行存款利率。因为可转换债券的投资收益中,除了债券的利息收益外,还附加了股票买入期权的收益。

3. 转换价格

转换价格是指可转换债券在转换期间据以转换成普通股的折算价格,即将可转换债券转换成普通股的每股普通股的价格。

可转换公司债发行之时,明确了以怎样的价格转换为普通股,这一规定的价格,就是可转换债券的转换价格(也称转股价格),即转换发生时投资者为取得普通股每股所支付的实际价格。在债券发售时,所确定的转换价格一般比发售日股票市场调整一定比例,如高出10%~30%。按照我国《可转换公司债券管理暂行办法》的规定,上市公司发行可转换债券的,以前1个月股票的平均价格为基准,上浮一定幅度作为转换价格。

例如,A旅游上市公司拟发行5年期可转换债券(面值1000元),发行前1个月其股票平均价格经测算为每股40元,预计公司股价未来将明显上升,故确定可转换债券的转换价格比前1个月的股价上浮25%。

A旅游公司可转换债券的转换价格 = 40×(1+25%) = 50(元)

本例中讲的是以某一固定的价格(50元)将可转换债券转换为普通股,还有的可转换价格是变动的。如果上例中的可转换债券发行公司规定:债券发行后的第2年至第3年内,可按照每股50元的转换价格将债券转换为普通股股票[即每张债券可转换为(1000÷50)20股普通股股票];债券发行后的第3年至第4年内,可按照每股60元的价格将债券转换为普通股股票[即每张债券可转换为(1000÷60)16.67股普通股股票];债券发行后的第4年至第5年内,可按照每股70元的转换价格将债券转换为普通股股票[即每张债券可转换为(1000÷70)14.29股普通股股票]。因为转换价格越高,债券能够转换成的普通股股数越少,所以这种逐期提高可转换价格的目的,就在于促使可转换债券的持有者尽早地进行转换。

4. 转换比率

转换比率是指每一份可转换债券在既定的转换价格下能转换为普通股股票的数量。在债券面值和转换价格确定的前提下,转换比率为债券面值与转换价格之商。

$$转换比率 = 债券面值 \div 转换价格$$

如上例中的A旅游公司第2年至第3年内每张债券可转换为20股普通股,第3年至第4年内每张债券可转换为16.67股普通股,第4年至第5年内每张债券可转换为14.29股普通股,就是转换债券的转换比率。

5. 转换期

转换期是指可转换债券持有人能够行使转换权的有效日期。可转换债券的转换期可以与债券的期限相同,也可以短于债券的期限。

转换期间的设定通常有四种情形:债券发行日至到期日;发行日至到期前;发行后某日至到期日;发行后某日至到期前。至于选择哪种,要看公司的资本使用状况、项目情况、投资者要求等。由于转换价格高于公司发债时股价,投资者一般不会在发行后立即行使转换权。

6. 赎回条款

赎回条款是指发债公司按事先约定的价格买回未转股债券的条件规定,赎回一般发生在公司股票价格在一段时期内连续高于转股价格达到某一幅度时。赎回条款通常包括:不可赎回期与赎回期,赎回价格(一般高于可转换债券的面值),赎回条件(分为无条件赎回和有条件赎回)等。

(1)不可赎回期。不可赎回期是可转换债券从发行时开始,不能被赎回的那段期间。例如,某债券的有关条款规定,该债券自发行日起2年之内不能由发行公司赎回。则债券发行日后的前2年就是不可赎回期。设立不可赎回期的目的,在于保护债券持有人的利益,防止发行企业滥用赎回权,强制债券持有人过早转换债券。不过并不是每种可转换债券都设有不可赎回条款。

(2)赎回期。赎回期是可转换债券的发行公司可以赎回债券的期间。赎回期安排在不可赎回期之后,不可赎回期结束之后,即进入可转换债券的赎回期。

(3)赎回价格。赎回价格是事前规定的发行公司赎回债券的出价。赎回价格一般高于可转换债券的面值,两者之差为赎回溢价。赎回溢价随债券到期日的临近而减少。

例如，一种20×3年1月1日发行，面值100元，期限5年，不可赎回期为3年，赎回期为2年的可赎回债券，规定到期前1年（即20×6年）的赎回价格为110元，到期年度（即20×7年年内）的赎回价格为105元。

（4）赎回条件。赎回条件是对可转换债券发行公司赎回债券的情况要求，即需要在什么样的情况下才能赎回债券。赎回条件分为无条件赎回和有条件赎回。无条件赎回是在赎回期内发行公司可随时按照赎回价格赎回债券。有条件赎回是对赎回债券有一些条件限制，只有在满足了这些条件之后才能由发行公司赎回债券。

发行公司在赎回债券之前，要向债券持有人发出通知，要求他们在将债券转换为普通股与卖给发行公司（即发行公司赎回）之间做出选择。一般而言，债券持有人会将债券转换为普通股。可见，设置赎回条款是为了促使债券持有人转换股份，因此又被称为加速条款；同时也能使发行公司避免市场利率下降后，继续向债券持有人支付较高的债券票面利率而蒙受损失；或限制债券持有人过分享受公司收益大幅度上升所带来的回报。

7. 回售条款

回售条款是指债券持有人有权按照事前约定的价格将债券卖回给发债公司的条件规定。回售一般发生在公司股票价格在一段时期内连续低于转股价格达到某一幅度时。回售对于投资者而言实际上是一种卖权，有利于降低投资者的持券风险。与赎回一样，回售条款也有回售时间、回售价格和回售条件等规定。

8. 强制性转换调整条款

强制性转换调整条款是指在某些条件具备之后，债券持有人必须将可转换债券转换为股票，无权要求偿还债权本金的规定。可转换债券发行之后，其股票价格可能出现巨大波动。如果股价长期表现不佳，又未设计回售条款，投资者就不会转股。公司可设置强制性转换调整条款，保证可转换债券顺利地转换成股票，预防投资者到期集中挤兑引发公司破产的悲剧。

（三）可转换债券的发行条件

（1）最近3年连续盈利，且最近3年净资产收益率平均在10%以上；

（2）可转换债券发行后，公司资产负债率不高于70%；

（3）累计债券余额不超过公司净资产额的40%；

（4）上市公司发行可转换债券，还应当符合关于公开发行股票的条件。

（四）可转换债券筹资的特点

1. 筹资灵活性大

可转换债券将传统的债务筹资和股票筹资结合起来，具有灵活性。债券发行企业先以债务方式取得资金，到了债券转换期，如果股票市价较高，债券持有人将会按约定的价格转换为股票，避免了企业还本付息之负担。如果公司股票长期低迷，投资者不愿意将债券转换为股票，企业即时还本付息清偿债务，也能避免未来长期的股权资本成本负担。

2. 资本成本较低

可转换债券的利率低于同一条件下普通债券的利率,降低了公司的筹资成本;此外,在可转换债券转换成普通股票时,公司无须支付筹资费用,节约了股票的筹资成本。

3. 筹资效率高

可转换债券在发行时,规定的转换价格往往高于当时公司的股票价格。公司以固定价格向投资人销售股票,只要股价不出现剧烈波动,可转换债券都转换成股票,那么公司就相当于提前发行股票,筹集权益性资金,筹资效率高。

4. 存在一定的财务压力

如果公司股票在转换期内处于低位,债券的持有人到期不会转换成股票,会造成公司在债券到期时兑付的资金压力。如果可转换债券发行后,公司股价并没有大幅度上涨,这就不能促使债券持有人将债券转换成普通股。同时由于发行该批可转换债券而使负债比率提高,也使得一般投资者对购买普通股产生观望或信心不足的心理,给未来筹措权益资金的行动带来相当的难度,财务压力加大。

二、认股权证

认股权证是一种由上市公司发行的证明文件,持有人有权在一定时间内以约定价格认购该公司发行的一定数量的股票。广义的权证(Warrant),是一种持有人有权于某一特定期间或到期日,按约定的价格,认购或沽出一定数量的标的资产的期权。按买或卖的不同权利,权证可分为认购权证和认沽权证,又称为看涨权证和看跌权证。本章仅介绍认购权证(即认股权证)。

(一)认股权证的基本性质

1. 证券的期权性

认股权证本质上是一种股票期权,属于衍生金融工具,具有实现融资和股票期权激励的双重功能。但认股权证本身是一种认购普通股的期权,它没有普通股的红利收入,也没有普通股相应的投票权。

2. 认股权证是一种投资工具

投资者可以通过购买认股权证获得市场价与认购价之间的股票差价收益,因此它是一种具有内在价值的投资工具。

(二)认股权证的筹资特点

1. 认股权证是一种融资促进工具

认股权证是一种融资促进工具,它能促使公司在规定的期限内完成股票发行计划,顺利实现融资。

2. 有助于改善上市公司的治理结构

采用认股权证进行融资,融资的实现是缓期分批的,上市公司及其大股东的利益和投资者是否在到期之前执行认股权证密切相关,因此,在认股权证有效期间,上市公司管理层及其大股东任何有损公司价值的行为,都可能降低上市公司的股价,从而降低投资者执行认股权证的可能性,这将损害上市公司管理层及其大股东的利益。因此,认股权证将有效约束上市公司的败德行为,并激励他们更加努力地提升上市公司的市场价值。

3. 有利于推进上市公司的股权激励机制

认股权证是常用的员工激励工具,通过给予管理者和重要员工一定的认股权证,可以把管理者和员工的利益与企业价值成长紧密联系在一起,建立一个管理者与员工通过提升企业价值再实现自身财富增值的利益驱动机制。

例如,A旅游公司在上海证券交易所上市。20×6年,公司为了调整产品结构,拟投资3.8亿元引进一个旅游度假村项目,A旅游公司制定了发行分离可转换债券的融资计划,计划第一期融资2亿元、第二期融资1.8亿元。

经证监会批准,A旅游公司于20×6年2月1日按面值发行了200万张、每张面值为100元的分离交易可转换债券,合计2亿元,期限5年,票面利率1%(如果单独按面值发行一般公司债券,利率需要设定6%),按年付息。同时,每张债券的认购人获得公司派发的10份认股权证,权证总量3800万份,该认股权证为欧式认股权证,行权比例为2∶1(即2份认股权证可认购1股A股股票),行权价格为10元/股。认股权证存续期为24个月(即20×6年2月1日至20×8年1月31日),行权期为认股权证存续期最后五个交易日(行权期间权证停止交易)。假定债券和认股权证发行当日即上市。

20×6年年末,A公司股票总数为3亿股(当年未增资扩股),当年实现净利润9000万元。假定A旅游公司20×7年上半年实现基本每股收益0.35元,上半年公司股价一直维持在每股10元左右。预计认股权证行权期截止前夕,每股认股权证价格将为1.2元(公司市盈率维持在15倍的水平)。

根据上述资料,计算分析如下:

(1)发行分离交易的可转换公司债券后,20×6年可节约的利息支出为:

$$节约利息 = 2 \times (6\% - 1\%) \times 11 \div 12 = 0.092(亿元) = 920(万元)$$

(2)20×6年公司基本每股收益为 = 9000 ÷ 30 000 = 0.30(元/股)

(3)为实现第二次融资,必须促使权证持有人行权,为此,公司股价应当达到的水平为:

$$股价 = 10 + 1.2 \times 2 = 12.4(元)$$

20×7年基本每股收益应达到的水平 = 12.4 ÷ 15 = 0.83(元/股)

第二节 资金需要量预测

资金的需要量是筹资的数量依据,应当科学合理地进行预测。筹资数量预测的基本目的,是保证筹集的资金既能满足生产经营的需要,又不会产生资金多余而闲置。

一、因素分析法

因素分析法又称分析调整法,是以有关项目基期年度的平均资金需要量为基础,根据预测年度的生产经营任务和资金周转加速的要求,进行分析调整,来预测资金需要量的一种方法。因素分析法的计算公式如下:

资金需要量=(基期资金平均占用-不合理资金占用)×(1+预测期销售增长率)
×(1-预测期资金周转速度增长率)

例如,A旅游公司上年度资金平均占用额为6600万元,经分析,其中不合理部分为600万元,预计本年度销售收入增长5%,资金周转加速2%。则:

预测A公司本年度资金需要量=(6600-600)×(1+5%)×(1-2%)
=6174(万元)

二、销售百分比法

(一)基本原理

销售百分比法,将反映生产经营规模的销售因素与反映资金占用的资产因素连接起来,根据销售与资产之间的数量比例关系,来预计企业的外部筹资需要量。销售百分比法首先假设某些资产与销售额之间存在稳定的百分比关系,根据销售与资产的比例关系预计资产额,根据资产额预计相应的负债和所有者权益,进而确定筹资需求量。

(二)基本步骤

1. 确定随销售额而变动的资产和负债项目

随着销售额的变化,经营性资产项目将占用更多的资金。同时,随着经营性资产的增加,相应的经营性短期债务也会增加。

资产是资金使用的结果,随着销售额的变动,经营性资产项目将占用更多的资金。同时,随着经营性资产的增加,相应的经营性短期债务也会增加,如存货增加会导致应付账款增加,此类债务称为"自动性债务"或称"敏感项目"(Sensitive Items)。这些短期债务可以为企业提供暂时性资金。经营性资产与经营性负债的差额通常与销售额保持稳定的比例关系。一般情况下,经营性资产项目包括库存现金、应收账款、存货等项目;而经营性负债项目包括应付票据、应付账款等项目,不包括短期借款、短期融资券、长期负债等筹资性负债。

2. 确定经营性资产与经营性负债有关项目与销售额的比例关系

如果企业资金周转的营运效率保持不变,经营性资产与经营性负债将会随销售额的变动而呈正比例变动,保持稳定的百分比关系。企业应当根据历史资料和同业情况,剔除不合理的资金占用,寻找与销售额的稳定百分比关系。

3. 确定需要增加的融资数量

预计由于销售增长而需要的资金需求增长额,扣除利润留存后,即为所需要的外部融资额。公式如下:

外部融资需求量 = 资产的增加 − 敏感性负债的增加 − 预计的收益留存

= 敏感性资产增加 + 非敏感性资产增加

− 敏感性负债增加 − 预计收益留存

$$外部融资需求量 = \frac{A}{S_1} \cdot \Delta S - \frac{B}{S_1} \cdot \Delta S - P \cdot E \cdot S_2$$

式中:A 为随销售而变化的敏感性资产;B 为随销售而变化的敏感性负债;S_1 为基期销售额;S_2 为预测期销售额;ΔS 为销售变动额;P 为销售净利率;E 为利润留存率;$\frac{A}{S_1}$ 为敏感资产与销售额的关系百分比;$\frac{B}{S_1}$ 为敏感负债与销售额的关系百分比。

例如,A 旅游公司 20×6 年 12 月 31 日的简要资产负债表如表 5-1 所示。假定 A 公司 20×6 年销售额为 10 000 万元,销售净利率为 10%,利润留存率为 40%。20×7 年销售额预计增长 20%,公司有足够接待能力,无须追加固定资产投资。

表 5-1 A 旅游公司资产负债表(20×6 年 12 月 31 日)

资产	金额(万元)	与销售关系(%)	负债与权益	金额(万元)	与销售关系(%)
货币资金	50 000	5	短期借款	250 000	N
应收账款	150 000	15	应付账款	100 000	10
存货	300 000	30	预收账款	50 000	5
固定资产	300 000	N	应付债券	100 000	N
			实收资本	200 000	N
			留存收益	100 000	N
合计	800 000	50	合计	800 000	15

注:N 为不变动,指该项目不随销售的变化而变化。

运用销售百分比法确定 A 公司 20×7 年资金需要量。步骤如下:

第一,确定有关项目及其与销售额的关系百分比。

以 A 旅游公司表中数据确定:资产总额中,50% 随着销售收入的增加而增加,需要增加资金;负债与所有者权益项目中,有15%的负债是随着销售收入的增加而增加的,它们可以抵充一部分(15%)资金来源。而固定资产、实收资本等项目与销售关系不大。

第二,确定需要增加的资金量。

从表中可以看出,销售收入每增加100元,必须增加50元的资金占用,但同时自动增加15元的资金来源,两者差额还有35%的资金需求。因此,每增加100元的销售收入,公司必须取得35元的资金来源,销售额从100 000万元增加到120 000万元,增加了20 000万元,按照35%的比率可预测将增加7000万元的资金需求。

第三,确定外部融资需求的数量。

A旅游公司20×7年的预计净利润为(120 000×10%)12 000万元,利润留存率为40%,则将有4800万元利润留存下来,抵充一部分资金来源,另外,还有(7000-4800)2200万元的资金必须从外部筹集。

根据A旅游公司的资料,对外融资的需求量为:

外部融资需求量=50%×20 000-15%×20 000-40%×12 000=2200(万元)

销售百分比法的优点,是能为筹资管理提供短期预计的财务报表,以适应外部筹资的需要,且易于使用。但在有关因素发生变动的情况下,必须相应地调整原有的销售百分比。

三、资金习性预测法

资金习性预测法,是指根据资金习性预测未来资金需要量的一种方法。所谓资金习性,是指资金的变动同产销量变动之间的依存关系。按照资金同产销量之间的依存关系,可以把资金区分为不变资金、变动资金和半变动资金。

不变资金是指在一定的产销量范围内,不受产销量变动的影响而保持固定不变的那部分资金。也就是说,产销量在一定范围内变动,这部分资金保持不变。这部分资金包括:为维持营业而占用的最低数额的现金,原材料的保险储备,必要的成品储备,厂房、机器设备等固定资产占用的资金。

变动资金是指随产销量的变动而同比例变动的那部分资金。它一般包括直接构成产品实体的原材料、外购件等占用的资金。另外,在最低储备以外的现金、存货、应收账款等也具有变动资金的性质。

半变动资金是指虽然受产销量变化的影响,但不成同比例变动的资金,如一些辅助材料上占用的资金。半变动资金可采用一定的方法划分为不变资金和变动资金两部分。

利用资金习性法预测资金需要量的方法如下:

(一)根据资金占用总额与产销量的关系预测

这种方式是根据历史上企业资金占用总额与产销量之间的关系,把资金分为不变和变动两部分，然后结合预计的销售量来预测资金需要量。

设产销量为自变量 x，资金占用为因变量 y，它们之间的关系可用下式表示：

$$y = a + bx$$

式中：y 表示资本需要量；a 为不变资金；b 为单位产销量所需变动资金；x 为产销量。可见，只要求出 a 和 b，并确定预测期的产销量，就可以用上述公式测算资金需求。a 和 b 可用回归直线方程求出。

回归直线方程是假设有 n 期业务量与资金需求量资料，以合计数（$\sum$）形式表达公式 $y = a + bx$ 的每一项，得：$\sum y = na + b \sum x$

将上式每一项乘以 x，得：$\sum xy = a \sum x + b \sum x^2$

把上述两个方程式联列成方程组，求出 a、b 值。可得：

$$a = \frac{\sum x^2 \sum y - \sum x \sum xy}{n \sum x^2 - (\sum x)^2}, \quad b = \frac{n \sum xy - \sum x \sum y}{n \sum x^2 - (\sum x)^2}$$

a 和 b 的值确定后，就可以根据 a 和 b 的值，预测任何业务量下的筹资需求量。

例如，A 旅游公司历年业务量和资金变化情况如表 5-2 所示。20×6 年预计业务量为 1800 千单位，需要预计 20×6 年的资金需要量。

表 5-2　A 旅游公司业务量与资金变化情况表

年份	业务量 x（千单位）	资金需求量 y（万元）
20×1	1000	4000
20×2	1100	4100
20×3	1200	4150
20×4	1200	4150
20×5	1400	4500

根据表 5-2 整理出表 5-3。

表 5-3　资金需要量预测表（按总额预测）

年份	业务量 x_i（千单位）	资金 y（万元）	x_i^2	$x_i y_i$
20×1	1000	4000	1 000 000	4 000 000
20×2	1100	4100	1 210 000	4 510 000
20×3	1200	4150	1 440 000	4 980 000
20×4	1200	4150	1 440 000	4 980 000
20×5	1400	4500	1 960 000	6 300 000
合计 $n=5$	$\sum x_i = 5900$	$\sum y_i = 20\,900$	$\sum x_i^2 = 7\,050\,000$	$\sum x_i y_i = 24\,770\,000$

计算 a、b 值如下：

$$a = \frac{7\,050\,000 \times 20\,900 - 5900 \times 24\,770\,000}{5 \times 7\,050\,000 - (5900)^2} = 2731.82$$

$$b = \frac{5 \times 24\,770\,000 - 5900 \times 20\,900}{5 \times 7\,050\,000 - (5900)^2} = 1.227$$

已知该企业 20×6 年业务量 1800 单位，将其代入直线方程 $y = a + bx$：

$$y = a + bx = 2731.82 + 1.227 \times 1800 = 4940.42(万元)$$

即 A 旅游公司 20×6 年业务量 1800 千单位时，预计筹资总需求量为 4940.42 万元。

（二）采用逐项分析法预测

这种方式是根据各资金占用项目和资金来源项目同产销量之间的关系，把各项目的资金都分成变动和不变两部分，然后汇总在一起，求出企业变动资金总额和不变资金总额，进而来预测资金需求量。

例如，B 公司 20×1—20×6 年现金占用与销售额之间的关系如表 5-4 所示。

表 5-4 现金占用与销售额变化情况表

单位：万元

年份	20×1	20×2	20×3	20×4	20×5	20×6
现金占用 x	11 000	11 500	16 000	16 000	12 000	18 000
销售收入 y	160 000	180 000	210 000	210 000	190 000	280 000

根据以上资料，采用适当的方法来计算不变资金和变动资金的数额。

如采用高低点法求 a 和 b 的值：

$$b = \frac{高点收入期资金占用 - 最低点收入期资金占用}{最高点销售收入 - 最低点销售收入}$$

$$= \frac{18\,000 - 11\,000}{280\,000 - 160\,000} = 0.058$$

将 $b = 0.058$ 代入 20×6 年数据，由 $y = a + bx$，得：

$$a = y - bx = 280\,000 - 0.058 \times 18\,000 = 278\,956(万元)$$

存货、应收账款、流动负债、固定资产等也可根据历史资料做这样的划分，然后区分不变资金与变动资金，汇总列于表中，再根据 $y = a + bx$ 进行预测。

例如，C 公司根据以前年度预计的不变资金与变动资金，如表 5-5 所示。

表 5-5 资金需要量预测表（分项预测）

单位：万元

项 目	年度不变资金（a）	每一元销售收入所需变动资金（b）
流动资产		
货币资金	27 956	0.058

续表

项　目	年度不变资金(a)	每一元销售收入所需变动资金(b)
应收账款	60 000	0.200
存货	50 440	0.172
小计	138 396	0.430
减:流动负债		
应付账款及应付费用	30 000	0.100
净资金占用	108 396	0.330
固定资产		
宾馆、设备	82 000	
所需资金合计	190 396	0.330

根据表5-5的资料,得出资本总量 y 的预测模型为:

$$y = 190\ 396 + 0.33x$$

设C公司20×7年的预计销售额为100 000万元,则有:

20×7年的资金需要量 = 190 396 + 0.33×100 000 = 223 396(万元)

进行资金习性分析,把资金划分为变动资金和不变资金两部分,从数量上掌握了资金同销售量之间的规律性,对准确地预测资金需要量有很大帮助。实际上,销售百分比法是资金习性分析法的具体应用,实践中运用的比较多。

运用线性回归法必须注意以下几个问题:①资金需要量与营业业务量之间线性关系的假定应符合实际情况;②确定 a、b 数值,应利用连续若干年的历史资料来计算(一般要有3年以上的资料);③应考虑价格等因素的变动情况(可给价格发生变化年份的所需资金乘一个系数)。

第三节　资本成本与资本结构

旅游企业的筹资管理,选择筹资方式的同时,还要合理安排资本结构。资本成本是资本结构优化的标准,资本成本的固定性特性,带来了杠杆效应。

一、资本成本

资本成本(Cost of Capital)是指企业为筹集和使用资本而付出的代价,包括筹资费用和占用费用。

广义资本是指旅游企业为购置生产经营所筹措的全部资金,它体现在企业资产负债表右栏的各个项目上。狭义的资本成本仅指筹借和使用长期资金(包括自有和借入的长期资金）的成本,由于长期资金也常被称为资本,因此,称为资本成本。旅游企业估算资本成本的目的,主要是进行长期资本筹资决策、编制资本预算以及对长期投资项目作财务评价等。长期资本的成本,包括长期负债、优先股、普通股、保留盈余的资本成本等。

（一）资本成本的作用

1. 资本成本是比较筹资方式、选择筹资方案的依据

筹资决策的核心是确定资本结构。最优资本结构是使股票价格最大化的资本结构。由于预测资本结构变化对平均资本成本的影响,比预测其对股票价格的影响要容易。因此,加权平均资本成本可以指导资本结构决策,是企业比较筹资方式、选择筹资方案的依据。

2. 资本成本是衡量资本结构是否合理的重要依据

企业的资本成本是构成企业资本结构中各种资金来源成本的组合,即各要素成本的加权平均值。因此,合理的资本结构,资金成本低;不合理的资本结构,资金成本高。资本成本是衡量资本结构是否合理的重要依据。

3. 资本成本是评价投资项目可行性的主要标准

当投资项目与公司现有业务相同时,资本成本是合适的折现率。当然,在确定一个项目风险恰好等于现有资产平均风险时,需要谨慎的判断。根据项目风险与公司风险的差别,适当调增或调减折现率可以估计项目的资本成本,评价项目最普遍的方法是净现值法和内含报酬率法。采用净现值法的时候,项目资本成本是计算净现值的折现率;采用内含报酬率法时,项目资本成本是其"取舍率"或最低报酬率。因此,项目资本成本是项目投资评价的基准。

4. 资本成本是评价企业整体业绩的重要依据

日渐兴起的以价值为基础的业绩评价,其核心指标是经济增加值。计算经济增加值需要使用公司资本成本。公司资本成本与资本市场相关,所以经济增加值可以把业绩评价和资本市场联系在一起,资本成本成为评价企业整体业绩的重要依据。

（二）影响资本成本的因素

在市场经济环境中,多方面的综合作用决定着企业资本成本的高低,这些因素发生变化时,就需要调整资本成本。

1. 总体经济环境

总体经济环境是企业的外部因素。这些因素包括:

（1）利率。市场利率上升,公司的债务成本会上升。根据资本资产定价模型,利率上升也会引起普通股和优先股的成本上升。资本成本上升,投资的价值会降低,抑制公司的投资。利率下降,公司的资本成本也会下降,从而刺激公司投资。

（2）市场风险溢价。市场风险溢价由资本市场上的供求双方决定,个别公司无

法控制。根据资本资产定价模型,市场风险溢价会影响股权成本。股权成本上升时,各公司会增加债务筹资,并推动债务成本上升。

(3)税率。税率变化直接影响会后债务成本以及公司加权平均资本成本。此外,资本性收益的税务政策变化,会影响人们对于权益投资和债务投资的选择,并间接影响公司则最佳资本结构。

2. 资本市场条件

资本市场条件也是影响企业资本成本的重要因素之一。资本市场条件好,企业可以融到更多的资金,资金成本也会相对较低;否则,资本市场条件差,企业不容易融到资金,资金成本也会相对较高。

3. 企业经营状况和融资状况

企业改变资本结构时,资本成本也会随之改变。增加债务比重,会使平均资本成本趋于降低,同时会加大公司的财务风险。财务风险的提高,又会引起债务成本和权益成本上升。因此,公司应适度负债,寻求资本成本最小化的资本结构。

4. 企业对筹资规模和时限的需求

企业资金需求多,筹资规模大、时限长,资本成本相对会较高;反之,企业资金需求较少,筹资规模小、时限短,资本成本相对会较低。

(三)个别资本成本的计算

资本成本的计算,要视资金来源不同而异。如果资金是借入的,资本成本是借款利率(相对数)或利息额(绝对数);如果资金是投资者自有的,资本成本需要按投资者希望获得的报酬来确定,一般为预期的投资报酬率(相对数)或报酬额(绝对数)。

1. 资本成本率计算的基本模式

(1)一般模式。为了便于分析比较,资本成本通常用不考虑货币时间价值的一般通用模型计算。计算时,将初期的筹资费用作为筹资额的一项扣除,扣除筹资费用后的筹资额称为筹资净额,通用的计算公式是:

$$资本成本率 = \frac{资金占用费}{筹资总额 - 筹资费用} = \frac{年资金占用费}{筹资总额 \times (1 - 筹资费用率)}$$

即:

$$K = \frac{D}{P - F} = \frac{D}{P \cdot (1 - f)}$$

式中,K 为资本成本率;D 为资金占用费;P 是筹资总额;F 为筹资费用;f 为筹资费用率。

(2)贴现模式。对于金额大、时间超过一年的长期资本,更为准确一些的资本成本计算方式是采用贴现模式,即将债务未来还本付息或股权未来股利分红的贴现值与目前筹资净额相等时的贴现率作为资本成本率。

即由:筹资净额现值-未来资本清偿额现金流量现值=0,可知:

第五章 旅游企业筹资管理(下)

$$资本成本率 = 所采用的折现率$$

$$K = i$$

式中,K 为资本成本率;i 是所采用的折现率。

即在预测分析中,资本成本作为"贴现率"(Discounting Rate),用以计算分析各投资方案的现金流量现值、净现值和现值指数,比较不同的投资方案。

资本成本是一项"财务标准"(Financial Standard),它对企业筹资、投资,乃至经营管理都有重要意义。

例如,某旅游公司拟与外商合营举办合资旅游企业,如果中方合作者不投资举办合资企业,其资本在原来的企业中经营,每年可以获得 12% 的盈利,则这个新合资企业投资的机会成本就是 12%,因此,新合资企业的资金利润率必须大于 12% 这个"最低收益率"(Minimum Return Rate),中方企业合作者才有投资价值。

2. 银行借款的资本成本率

银行借款资本成本(Cost of Debt)主要是指取得借款支付的利息,银行借款资本成本包括借款利息和借款手续费。利息费用税前支付,可以起抵税作用。一般计算税后资本成本率,税后资本成本率与权益资本成本率具有可比性。计算公式为:

$$银行借款资本成本率 = \frac{年利率 \times (1 - 所得税税率)}{1 - 手续费率} \times 100\%$$

$$K_b = \frac{i(1-T)}{1-f} \times 100\%$$

式中,K_b 为银行借款资本成本率;i 为银行借款年利率;f 为筹资费用率;T 为所得税税率。

例如,A 旅游公司取得银行 5 年期借款 1000 万元,年利息率 8%,每年付息一次,到期一次还本,借款的费用率 0.2%,企业所得税税率 25%。A 公司这项长期借款的资本成本率如下:

$$K_b = \frac{8\% \times (1 - 25\%)}{1 - 0.2\%} \times 100\% = 6.012\%$$

对于长期借款,考虑货币时间价值问题,也可以用贴现模式计算资本成本率。

3. 公司债券的资本成本率

债券资本成本包括债券利息和发行费用。债券可以溢价发行,也可以折价发行。债券的资本成本率按一般模式计算。

$$债券资本成本率 = \frac{年利息 \times (1 - 所得税税率)}{债券筹资总额 \times (1 - 手续费率)} \times 100\%$$

$$K_b = \frac{I \cdot (1-T)}{L \cdot (1-f)} \times 100\%$$

式中，L 为公司债券筹资总额；I 为公司债券的年利息额；其他同上。

例如，S 旅游公司以 1100 元的价格溢价发行面值为 1000 元、期限 5 年、票面利率为 6% 的公司债券一批。每年付息一次，到期一次还本，发行费用率 3%，所得税税率 25%，该项公司债券的资本成本率计算如下：

$$K_b = \frac{1000 \times 6\% \times (1-25\%)}{1100 \times (1-3\%)} \times 100\% = \frac{45}{1067} \times 100\% = 4.22\%$$

对于公司债券，考虑货币时间价值问题，还可以用贴现模式计算资本成本率。

4. 融资租赁的资本成本率

融资租赁各期的租金中，包含有本金每期的偿还和各期手续费，其资本成本率只能按贴现模式计算。

例如，D 旅游公司租入了一项设备，该设备价值 600 万元，租期 5 年，租赁期满预计残值 5 万元，归租赁公司所有。年利率 10%，每年租金 130 万元，则可计算该融资资本成本为：

$$600 - 5 \times (P/F, K_b, 5) = 130 \times (P/A, K_b, 5)$$

按插值法计算，得 $K_b \approx 10\%$。

债务的形式具有多样性，例如浮动利率债券、利息和本金偿还时间不固定的债务、可转换债券和附带认股权的债务等，使债务成本的估计较为复杂。

在估计债务成本时，还要注意区分债务的历史成本和未来成本。一般来说，作为投资决策和企业价值评估依据的资本成本，分析的是未来借入新债务的成本。现有债务的历史成本主要用于过去业绩的分析，对于未来的决策是不相关的沉没成本。

5. 优先股的资本成本率

优先股资本成本（Cost of Preferred Stock）是企业所发行的优先股股票的成本。优先股要支付筹资费用，股息也要定期支付。但与债券利息不同，股息是以税后净利支付的，也没有固定的到期日。计算公式为：

$$\text{优先股资本成本率} = \frac{\text{优先股总额年股息额}}{\text{优先股筹资总额} \times (1-\text{筹资费率})}$$

$$K_s = \frac{D}{P_0 \cdot (1-f)}$$

式中，D 为优先股年股息额；P_0 是按发行价格计算的优先股筹资总额；f 为筹资费率。

例如，S 旅游公司拟发行一部分优先股股票，股票面值 130 万元，按溢价计算为 150 万元，筹资费率为 4%，年股息率为 15%，则优先股资本成本率为：

$$\text{优先股资本成本率} = \frac{130 \times 15\%}{150 \times (1-4\%)} = 13.54\%$$

当企业资产不足以抵债时,优先股股票持有人的索赔权,次于债券持有人,而先于普通股股票持有人。这使优先股股息率一般要高于债券利率,发行优先股股票筹资费也较高,而且优先股股息是从税后利润支付的,并不会减少企业应交的所得税。所以,优先股成本率明显地高于债券成本率。但是,优先股股票筹集的资金属于企业自有资金,企业可长期占用,不能退股,因此在一定条件下,企业乐于采用这种能增加企业产权的筹资方式。

6. 普通股的资本成本率

普通股资本成本(Cost of Common Stock)主要是指向股东支付的各期股利。由于各期股利并不一定固定,因此普通股的资本成本只能按贴现模式计算,并假定各期股利的变化具有一定的规律性。如果是上市公司的普通股,其资本成本还可以根据该公司股票收益率与市场收益率的相关性,按资本资产定价模型法估计。

(1)股利增长模型法。股利增长模型法是假定资本市场有效,股票市场价格与价值相等。普通股股东要求的收益率较高,且通常要求逐年增长。一般公式为:

$$普通股资本成本率 = \frac{股利 \times (1 + 股利增长率)}{普通股筹资总额 \times (1 - 手续费率)} + 股利增长率$$

如果设股票本期支付的股利为 D_0,未来各期股利按 g 速度增长,当前股票市场价格为 P_0,f 为筹资费率,则普通股资本成本率 K_s 为:

$$K_s = \frac{D_0 \cdot (1+g)}{P_0 \cdot (1-f)} + g = \frac{D_1}{P_0 \cdot (1-f)} + g$$

例如,Q 旅游公司普通股市价 20 元,筹资费用率 2%,本年发放现金股利每股 0.5 元,预计股利年增长率为 10%。资金成本率为:

$$K_s = \frac{0.5 \times (1+10\%)}{20 \times (1-2\%)} + 10\% = \frac{0.55}{19.6} + 10\% = 12.81\%$$

例如,D 旅游公司普通股每股发行价为 100 元,筹资费用率为 5%,预计下期每股股利 12 元,以后每年的股利增长率为 2%,该公司的普通股资本成本率为:

$$K = \frac{12}{100 \times (1-5\%)} + 2\% = 14.63\%$$

(2)资本资产定价模型法(CAPM)。资本资产定价模型法是假定资本市场有效,股票市场价格与价值相等。如果假定无风险报酬率为 R_f,市场平均报酬率为 R_m,股票的贝塔系数为 β,普通股资本成本率计算公式为:

$$K_s = R_f + \beta \cdot (R_m - R_f)$$

例如,D 旅游公司普通股 β 系数为 1.5,此时一年期国债利率 5%,市场平均报酬率 12%,则该普通股资本成本率为:

$$K_s = 5\% + 1.5 \times (12\% - 5\%) = 5\% + 10.5\% = 15.5\%$$

7. 留存收益的资本成本率

留存收益资本成本的计算与普通股相同,也分为股利增长模型法和资本资产定价模型法,不同点在于不考虑筹资费用。

(1)股利增长模型法。是依照股票投资的收益率不断提高的思路,计算留存收益成本的方法。股利增长模型(Dividend Growth Model)假定收益以固定的年增长率递增,则留存收益资本成本率的计算公式为:

$$K_s = \frac{D_1}{P_0} + G$$

式中,K_s 是留存收益资本成本率;D_1 是预期年股利额;P_0 是普通股市价;G 是普通股利年增长率。

例如,T 旅游公司普通股目前市价为 56 元。估计公司股利每年增长率为 12%,本年发放股利 2 元,则:

$$D_1 = 2 \times (1 + 12\%) = 2.24(元)$$

$$K_s = \frac{2.24}{56} + 12\% = 16\%$$

(2)资本资产定价模型法。这是按照资本资产定价模型(Capital Asset Pricing Model)计算留存收益资本成本率的方法。计算公式为:

$$K_s = R_f + \beta \cdot (R_m - R_f)$$

式中,R_f 是无风险报酬率;β 是股票的贝塔系数;R_m 是股票平均必要报酬率。

例如,某期间证券市场的无风险报酬率为 10%,平均风险股票必要报酬率为 14%,Q 公司普通股 β 值为 1.2。则其留存收益资本成本率为:

$$K_s = 10\% + 1.2 \times (14\% - 10\%) = 14.8\%$$

投资者购买股票是为了收益,这是不言而喻的。但收益与风险始终是一对矛盾:收益高、风险大;风险小、收益相对就少。根据风险与收益对等原则,一般情况下各筹资方式的资本成本由小到大依次为:银行借款、公司债券、优先股、留存收益、普通股等。

(四)加权平均资本成本的计算

加权平均资本成本是指企业在多元化融资方式下的综合资本成本,反映了企业资本整体成本水平的高低。在衡量和评价单一融资方案时,需要计算个别资本成本;在衡量和评价企业筹资总体的经济性时,需要计算企业的综合资本成本。综合资本成本用于衡量企业资本成本的高低,确立企业理想的资本结构。

加权平均资本成本,是以各项个别资本在企业总资本中的比重为权数,对各项个别资本成本进行加权平均而得到。计算公式为:

$$K_w = \sum_{j=1}^{n} K_j W_j$$

式中,K_w 是综合资本成本;K_j 是第 j 种个别资本成本;W_j 是第 j 种个别资本在全部资本中的比重(权数)。

综合资本成本的计算,存在着权数价值的选择问题,即各项个别资本按什么权数来确定资本比重。各种资金价值的确定基础,可选择账面价值、市场价值、目标价值等权数计算,一般可用账面价值进行计算。

例如,R 旅游公司按账面价值计算,现有资金总额 10 000 万元。其中,长期借款 3000 万元,公司债券 3500 万元,普通股 3000 万元,留存收益 500 万元,其资金成本率分别为 4%、6%、14% 和 13%。计算该企业的综合资本成本率,需先计算各种资金所占的比重:

长期借款占资金总额的比重 = 3000÷10 000 = 0.3
公司债权占资金总额的比重 = 3500÷10 000 = 0.35
普通股占资金总额的比重 = 3000÷10 000 = 0.3
留存收益占资金总额的比重 = 500÷10 000 = 0.05

再计算综合资本成本(加权):

$$K_w = 0.3 \times 4\% + 0.35 \times 6\% + 0.3 \times 14\% + 0.05 \times 13\% = 8.15\%$$

二、杠杆效应

财务管理中的杠杆效应,包括经营杠杆、财务杠杆和总杠杆三种效应形式。杠杆效应既可以产生杠杆利益,也可能带来杠杆风险。

(一)经营杠杆效应

1. 经营杠杆(Operating Leverage)

经营杠杆,是指由于固定性经营成本的存在,而使得企业的资产报酬(息税前利润)变动率大于业务量变动率的现象。经营杠杆反映了资产报酬的波动性,用以评价企业的经营风险。若用息税前利润($EBIT$)表示资产总报酬,则有公式:

$$EBIT = S - V - F = (P - V_c) \cdot Q - F = M - F$$

式中,$EBIT$ 为息税前利润;S 为销售额;V 为变动性经营成本;F 为固定性经营成本;Q 为产销量;P 为销售单价;V_c 为单位变动成本;M 为边际贡献。

息税前利润的计算公式中,影响它的因素包括产品售价、产品需求、产品成本等。当产品成本中存在固定成本时,如果其他条件不变,产销量的增加虽然不会改变固定成本总额,但会降低单位产品分摊的固定成本,从而提高单位产品利润,使息税前利润的增长率大于产销量的增长率,进而产生经营杠杆效应。当不存在固定性经营成本时,所有成本都是变动性经营成本,边际贡献等于息税前利润,此时息税前利润变动率与产销量的变动率完全一致。

2. 经营杠杆系数(Degree of Operating Leverage,DOL)

只要存在固定性经营成本,就会存在经营杠杆效应。但不同的产销量,其经营杠杆效应的大小程度是不一致的。测算经营杠杆效应程度,常用指标为经营杠杆系数。

经营杠杆系数,是息税前利润变动率与产销量变动率的比,计算公式为:

$$DOL = \frac{息税前利润变动率}{销售业务量变动率} = \frac{\Delta EBIT/EBIT}{\Delta S/S}$$

式中,DOL 为经营杠杆系数;$\Delta EBIT$ 为息税前利润变动额;ΔS 为产销量变动值。

上式经整理,经营杠杆系数的计算也可以简化为:

$$DOL = \frac{基期边际贡献}{基期息税前利润} = \frac{M}{M-F} = \frac{EBIT+F}{EBIT}$$

例如,D 旅游公司生产、销售某种旅游纪念品,公司全年固定成本 5000 万元,变动成本率 70%。年产销额 50 000 万元时,变动成本 35 000 万元,固定成本 5000 万元,息税前利润 10 000 万元;年产销额 70 000 万元时,变动成本为 49 000 万元,固定成本仍为 5000 万元,息税前利润为 16 000 万元。经营杠杆系数为:

$$\Delta Q = 70\,000 - 50\,000 = 20\,000(万元)$$

$$\Delta EBIT = (70\,000 - 49\,000 - 5000) - 10\,000 = 6000(万元)$$

则有:$DOL = \dfrac{\Delta EBIT/EBIT}{\Delta S/S} = \dfrac{6000}{10\,000} \div \dfrac{20\,000}{50\,000} = 1.5$

还可计算为:

$$DOL = \frac{M}{M-F} = \frac{50\,000 \times 30\%}{10\,000} = 1.5$$

即:D 旅游公司产销量增长了 40%,息税前利润增长了 60%,经营杠杆系数为 1.5 倍。

例如,M 旅游公司全年固定成本总额是 400 万元,变动成本率 60%,在营业额 2000 万元时,息税前利润 400 万元,则经营杠杆系数为:

$$DOL = \frac{S - V_C}{S - V_C - F} = \frac{2000 - 2000 \times 60\%}{2000 - 2000 \times 60\% - 400} = 2$$

或计算为:$DOL = 1 + \dfrac{F}{EBIT} = 1 + \dfrac{400}{400} = 2$

上述经营杠杆系数的经济意义是:当销售额(营业额)增长 1 倍时,息税前利润将增长 2 倍;反之,当销售额(营业额)下降 1 倍时,息税前利润将下降 2 倍。

3. 经营杠杆与经营风险

经营风险是指企业生产经营上的原因导致的资产报酬波动的风险。经营杠杆本身并不是资产报酬不确定的根源,只是资产报酬波动的表现。但是,经营杠杆放大了市场和生产等因素变化对利润波动的影响。经营杠杆系数越高,表明资产报

酬等利润波动程度越大,经营风险也就越大。根据经营杠杆系数的计算公式,可导出:

$$DOL = \frac{EBIT + F}{EBIT} = 1 + \frac{F}{EBIT}$$

上式表明,在企业不发生经营性亏损、息税前利润为正的前提下,经营杠杆系数最低为1,不会为负数;只要有固定性经营成本存在,经营杠杆系数总是大于1。

影响经营杠杆系数的因素,包括企业成本结构中的固定成本比重和息税前利润水平。其中,息税前利润水平又受产品销售数量、销售价格、成本水平(单位变动成本和固定成本总额)高低的影响。固定成本比重越高、成本水平越高、产品销售数量和销售价格水平越低,经营杠杆系数越大,反之亦然。

例如,K旅游公司的A旅游产品,固定成本1000万元,变动成本率60%,当销售额分别为10 000万元、5000万元、2500万元时,经营杠杆系数可计算为:

$$DOL_{10\,000} = \frac{10\,000 - 10\,000 \times 60\%}{10\,000 - 10\,000 \times 60\% - 1000} = 1.33$$

$$DOL_{5000} = \frac{5000 - 5000 \times 60\%}{5000 - 5000 \times 60\% - 1000} = 2$$

$$DOL_{2500} = \frac{2500 - 2500 \times 60\%}{2500 - 2500 \times 60\% - 1000} = \infty$$

结果表明:在其他因素不变的情况下,销售额越小,经营杠杆系数越大,经营风险也就越大,反之亦然。如销售额为10 000万元时,DOL为1.33,销售额为5000万元时,DOL为2,显然后者的不稳定性大于前者,经营风险也大于前者。在销售额处于盈亏临界点2500万元时,经营杠杆系数趋于无穷大,此时表明:该企业销售额稍有减少便会导致更大的亏损。

从成本角度讲,在企业全部成本中,固定成本所占比重较大时,单位产品分摊的固定成本额就多。若产品量发生变动,单位产品分摊的固定成本会随之变动,从而导致利润更大幅度地变动,经营风险就大;反之,经营风险就小。

(二)财务杠杆效应

1. 财务杠杆(Financial Leverage)

财务杠杆,是指由于固定性利息费用的存在,而使得企业的净利润变动率大于息税前利润变动率的现象。财务杠杆反映了股权资本报酬的波动性,用以评价企业的财务风险。

一般地讲,企业在经营中总会发生借入资本。企业负债经营,不论利润多少,债务利息是不变的。因此,当利润增大时,每1元利润所负担的利息就会相对地减少,从而使投资者收益有更大幅度的提高。这种债务对投资者收益的影响称为财务杠杆(Financial Leverage)。

可见,只要在企业的筹资方式中有固定财务费用支出的债务,就会存在财务杠杆效应。财务杠杆是指由于固定性资本成本的存在,而使得企业的普通股收益(或每股收益)变动率大于息税前利润变动率的现象。财务杠杆反映了股权资本报酬的波动性,用以评价企业的财务风险。用普通股收益或每股收益表示普通股权益资本报酬,则有:

$$TE = (EBIT - I) \cdot (1 - T) \ ; \ EPS = \frac{(EBIT - I) \cdot (1 - T)}{N}$$

式中,TE 为全部普通股净收益;EPS 为每股收益;I 为债务资本利息;T 为所得税税率;N 为普通股股数。

看来,影响普通股收益的因素包括资产报酬、资本成本、所得税税率等因素。在其他条件不变时,固定利息费用等资本成本存在,息税前利润的增加虽然不改变固定利息费用总额,但会降低每一元息税前利润分摊的利息费用,从而提高每股收益,使得普通股收益的增长率大于息税前利润的增长率,进而产生财务杠杆效应。当不存在固定利息、股息等资本成本时,息税前利润就是利润总额,此时利润总额变动率与息税前利润变动率完全一致。如果两期所得税税率和普通股股数保持不变,每股收益的变动率与利润总额变动率也完全一致,进而与息税前利润变动率一致。

2. 财务杠杆系数(Degree of Financial Leverage,DFL)

只要企业融资方式中存在固定性资本成本,就存在财务杠杆效应。如固定利息、固定融资租赁费等的存在,都会产生财务杠杆效应。在同一固定的资本成本支付水平上,不同的息税前利润水平,对固定的资本成本的承受负担是不一样的,其财务杠杆效应的大小程度也是不一致的。测算财务杠杆效应程度,常用指标为财务杠杆系数。财务杠杆系数,是净利润变动率与息税前利润变动率的倍数。计算公式为:

$$DFL = \frac{净利润变动率}{息税前利润变动率} = \frac{\Delta EPS/EPS}{\Delta EBIT/EBIT}$$

上式经整理,财务杠杆系数的计算也可以简化为:

$$DFL = \frac{息税前利润总额}{息税前利润总额 - 利息} = \frac{EBIT}{EBIT - I}$$

例如,M 旅游公司的全部资本是 750 万元,债务资本比为 40%,债务利率 12%,息税前利润为 80 万元。则财务杠杆系数可计算为:

$$DFL = \frac{EBIT}{EBIT - I} = \frac{80}{80 - 750 \times 40\% \times 12\%} = 1.82$$

上述财务杠杆系数 1.82 的含义是,当息税前利润增长 1 倍时,普通股每股收益将增长 1.82 倍;反之,当息税前利润下降 1 倍时,普通股每股收益将下降 1.82 倍。

当资本结构、利率、息税前利润等因素发生一定变化时,财务杠杆系数也会发生变动,从而表示不同程度的财务杠杆利益和财务风险。

例如,A、B、C 三个公司的资本总额均为 1000 万元,所得税税率均为 25%,每股面值均为 1 元。A 公司资本全部由普通股组成;B 公司债务资本 300 万元(利率 10%),普通股 700 万元;C 公司债务资本 500 万元(利率 10.8%),普通股 500 万元。三个公司 20×1 年 $EBIT$ 均为 200 万元,20×2 年 $EBIT$ 均为 300 万元,$EBIT$ 均增长了 50%。有关财务指标如表 5-6 所示。

表 5-6　A、B、C 公司普通股收益及财务杠杆的计算

利润项目		A 公司	B 公司	C 公司
普通股股数(万股)		1000	700	500
利润总额 (万元)	20×1 年	200	170	146
	20×2 年	300	270	246
	增长率	50%	58.52%	68.49%
净利润 (万元)	20×1 年	150	127.5	109.5
	20×2 年	225	202.5	184.5
	增长率	50%	58.52%	68.49%
普通股收益 (万元)	20×1 年	150	127.5	109.5
	20×2 年	225	202.5	184.5
	增长率	50%	58.52%	68.49%
每股收益 (元/股)	20×1 年	0.15	0.182	0.219
	20×2 年	0.225	0.279	0.369
	增长率	50%	58.52%	68.49%
财务杠杆系数		1.00	1.18	1.37

可见,资本成本固定型的资本所占比重越高,财务杠杆系数就越大。A 公司由于不存在固定资本成本的资本,没有财务杠杆效应;B 公司存在债务资本,其普通股收益增长幅度是息税前利润增长幅度的 1.18 倍;C 公司存在债务资本,并且债务资本的比重比 B 公司高,其普通股收益增长幅度是息税前利润增长幅度的 1.37 倍。

3. 财务杠杆与财务风险

由于财务杠杆的作用,当企业的息税前利润下降时,企业仍然需要支付固定的资本成本,导致普通股剩余收益以更快的速度下降。财务杠杆放大了资产报酬变化对普通股收益的影响,财务杠杆系数越高,表明普通股收益的波动程度越大,财务风险也就越大。只要有固定性资本成本存在,财务杠杆系数总是大于 1。

由公式可知,影响财务杠杆的因素包括:企业资本结构中债务资本比重、普通股收益水平、所得税税率水平。其中,普通股收益水平又受息税前利润、固定资本成本(利息)高低的影响。债务成本比重越高、固定的资本成本支付额越高、息税前利润水平越低,财务杠杆效应越大,反之亦然。这也说明,当债务资本比率较高时,投资者将负担较多的债务成本,并经受较多的负债作用所引起的收益变动的冲击。从而加大财务风险;反之,当债务资本比率较低时,财务风险就小。

(三)总杠杆效应

1. 总杠杆(Total Leverage)

总杠杆,是指由于固定经营成本和固定利息费用的存在,导致净利润变动率大于产销业务量的变动率的现象。

经营杠杆和财务杠杆可以独自发挥作用,也可以综合发挥作用,总杠杆是用来反映二者之间共同作用结果的,即净利润与产销业务量之间的变动关系。两种杠杆共同作用,将导致产销业务量稍有变动,就会引起净利润更大的变动。

2. 总杠杆系数(Degree of Total Leverage,DTL)

只要企业同时存在固定性经营成本和固定性资本成本,就存在总杠杆(Total Leverage)效应。产销量变动通过息税前利润的变动,传导至净利润,使得每股收益发生更大的变动。

用总杠杆系数表示总杠杆效应程度,可见,总杠杆系数是经营杠杆系数和财务杠杆系数的乘积,是净利润变动率相当于产销量变动率的倍数,计算公式为:

$$DTL = DOL \cdot DFL = \frac{\Delta EBIT/EBIT}{\Delta S/S} \cdot \frac{\Delta EPS/EPS}{\Delta EBIT/EBIT}$$

$$= \frac{净利润变动率}{产销量变动率} = \frac{\Delta EPS/EPS}{\Delta S/S}$$

经过整理,总杠杆系数的计算也可以简化为:

$$DTL = \frac{基期边际贡献}{基期利润总额} = \frac{M}{M - F - I}$$

总杠杆系数也可按含义计算。公式为:

总杠杆系数=经营杠杆系数×财务杠杆系数

$$DTL = DOL \cdot DFL = \frac{Q(P-V)}{Q(P-V) - F - I}$$

或

$$= \frac{S - V_C}{S - V_C - F - I}$$

例如,M公司固定成本总额400万元,变动成本率60%,在营业额2000万元时,息税前利润400万元,其经营杠杆系数为2;M公司全部资本750万元,债务资本比为40%,债务利率12%,息税前利润为80万元,财务杠杆系数为1.82。则:

$$DTL = DOL \times DFL = 2 \times 1.82 = 3.64$$

计算表示,M 公司的销售额增长 1 倍时,每股收益以 3.64 倍的速度增长。

又如,F 旅游公司有关资料、分别计算的经营杠杆系数、财务杠杆系数和总杠杆系数如表 5-7 所示。

表 5-7　杠杆效应计算表

单位:万元

	项　目	20×1 年	20×2 年	变动率
1	营业收入(单价 100 元/间·天)	10 000	12 000	+20%
2	边际贡献(单位 40 元/间·天)	4000	4800	+20%
3	固定成本	2000	2000	—
4	息税前利润($EBIT$)	2000	2800	+40%
5	利息	500	500	—
6	利润总额	1500	2300	+53.33%
7	所得税(税率 25%)	375	575	+53.33%
8	净利润	1125	1725	+53.33%
9	每股收益(EPS,股本 2000 万元)	0.56	0.86	+53.33%
10	经营杠杆 $\left(DOL = 1 + \dfrac{F}{EBIT}\right)$	2	1.71	−29%
11	财务杠杆 $\left(DFL = \dfrac{EBIT}{EBIT - I}\right)$	1.33	1.22	−11%
12	总杠杆(DTL)	2.66	2.09	−57%

总杠杆的意义,首先,在于能够估计出销售变动对每股收益造成的影响。其次,它使我们看到了经营杠杆与财务杠杆之间的相互关系,即为了达到某一总杠杆系数,经营杠杆和财务杠杆可以有很多不同的组合。比如,经营杠杆系数较高的公司可以在较低的程度上使用财务杠杆;经营杠杆系数较低的公司可以在较高的程度上使用财务杠杆等。这有待公司在考虑了各有关的具体因素之后做出选择。

3. 总杠杆与公司风险

公司整体风险包括经营风险和财务风险。总杠杆系数反映了经营杠杆和财务杠杆之间的关系,用以评价企业的整体风险水平。企业总杠杆系数越大,每股收益的波动幅度越大。由于总杠杆作用使普通股每股收益大幅度波动而造成的风险,称为总风险。总风险直接反映企业的整体风险。在其他因素不变的情况下,总杠杆系数越大,总风险越大;总杠杆系数越小,总风险越小。

三、资本结构

（一）资本结构的作用与评价标准

资本结构（Capital Structure）是指企业资本总额中各种资本的构成及其比例关系。不同的资本结构会给企业带来不同的后果。企业利用债务资本进行举债经营具有双重作用，既可以发挥财务杠杆效应，也可能带来财务风险。

企业必须权衡财务风险和资本成本的关系，确定最佳的资本结构。评价企业资本结构最佳状态的标准应该是能够提高股权收益或降低资本成本，最终目的是提升企业价值。

（二）影响资本结构的因素

1. 企业经营状况的稳定性和成长率

企业产销量的稳定程度对资本结构有重要影响：如果产销量稳定，企业可以较多地负担固定的财务费用；如果产销量和盈余有周期性，则要负担固定的财务费用将承担较大的财务风险。经营发展能力表现为未来产销量的增长率，如果产销量能够以较高的水平增长，企业可以采用高负债的资本结构，以提升权益资本的报酬。

2. 企业的财务状况和信用等级

企业财务状况良好，信用等级高，债权人愿意向企业提供信用，企业容易获得债务资本。相反，如果企业财务情况欠佳，信用等级不高，债权人投资风险大，这样会降低企业获得信用的能力，加大债务资本筹资的资本成本。

3. 企业的资产结构

企业的资产结构是企业筹集资本后进行资源配置和使用后的资金占用结构，包括长短期资产构成和比例，以及长短期资产内部的构成和比例。资产结构对企业资本结构的影响主要包括：拥有大量固定资产的企业主要通过长期负债和发行股票筹集资金，拥有较多流动资产的企业更多地依赖流动负债筹集资金；资产适用于抵押贷款的企业负债较多，以技术研发为主的企业则负债较少。

4. 企业投资人和管理当局的态度

从企业所有者的角度看，如果企业股权分散，企业可能更多地采用权益资本筹资以分散企业风险。如果企业为少数股东所控制，股东通常重视企业控股权问题，为防止控股权稀释，企业一般尽量避免普通股筹资，而是采用优先股或债务资本筹资。从企业管理当局的角度看，高负债资本结构的财务风险高，一旦经营失败或出现财务危机，管理当局将面临市场接管的威胁或者被董事会解聘。因此，稳健的管理当局偏好于选择低负债比例的资本结构。

5. 行业特征和企业发展周期

不同行业资本结构差异很大。产品市场稳定的成熟产业经营风险低，因此可提高债务资本比重,发挥财务杠杆作用。高新技术企业的产品、技术、市场尚不成熟,经营风险高,因此可降低债务资本比重,控制财务杠杆风险。在同一企业不同发展阶段,资本结构安排不同。企业初创阶段,经营风险高,在资本结构安排上应控制负债比例;企业发展成熟阶段,产品产销量稳定和持续增长,经营风险低,可适度增加债务资本比重,发挥财务杠杆效应;企业收缩阶段,产品市场占有率下降,经营风险逐步加大,应逐步降低债务资本比重,保证经营现金流量能够偿付到期债务,保持企业持续经营能力,减少破产风险。

6. 经济环境的税务政策和货币政策

资本结构决策必然要研究理财环境因素,特别是宏观经济状况。政府调控经济的手段包括财政税收政策和货币金融政策,当所得税税率较高时,债务资本的抵税作用大,企业可以充分利用这种作用来提高企业价值。货币金融政策影响资本供给,从而影响利率水平的变动,当国家执行紧缩的货币政策时,市场利率较高,企业债务资本成本增大,可尽量用主权资本筹资的方式。

(三) 资本结构优化

资本结构优化的目标,是降低平均资本成本率或提高普通股每股收益。

利用负债资金具有双重作用,适当利用负债,可以降低企业资金成本,但当企业负债比率太高时,会带来较大的财务风险。为此,企业必须权衡财务风险和资金成本的关系,确定最佳资本结构。最佳资本结构,是指在一定条件下使企业加权平均资金成本最低、企业价值最大的资本结构。

确定最佳资本结构的方法有:每股收益分析法、平均资本成本比较法和公司价值分析法。

1. 每股收益分析法

每股收益分析法是用每股收益的变化,来判断资本结构是否合理,即能够提高普通股每股收益的资本结构,就是合理的资本结构。

2. 平均资本成本比较法

平均资本成本比较法,是通过计算和比较各种可能的筹资组合方案的平均资本成本,选择平均资本成本最低的方案。

3. 公司价值分析法

公司价值分析法,是在考虑市场风险基础上,以公司市场价值为标准,进行资本结构优化。即能够提升公司价值的资本结构,就是合理的资本结构。

思考与练习

一、什么是资本成本?如何计算?

二、什么是财务杠杆、经营杠杆和总杠杆?如何计算?它们的经济意义何在?

三、S旅游公司为一股份上市公司,拟筹措资金,有以下几种渠道:

1.拟发行期限为5年、票面总值为2000万元、利率12%的债券一批,发行总价格2000万元,发行费率3%;该公司所得税税率25%。

2.拟按面值发行优先股1500万元,预定股息率12.5%,预计筹资费用300万元。

3.该公司普通股每股面值1元,现行市价每股2元,现拟增发新股20 000万股,预计筹资费率6%,预计第一年发放股利每股0.2元,年股利增长率预计5%。

要求:(1)列式计算该公司发行债券、优先股、本次发行普通股的资本成本。(2)如果公司无其他资金来源,列表计算公司长期资金的综合成本。

四、A旅游公司从下列资金来源取得资金:

1.向银行取得借款1000万元,年利率10%,每年结息一次,所得税税率25%;

2.发行一部分优先股股票,票面额5000万元,按市价计算为5600万元,筹资费率3%,年股息11.6%;

3.发行一部分普通股股票,票面额5000万元,按市价计算为10 000万元,筹资费率3%,预计第1年股利每股0.12元,以后每年增长6%;

4.拟面值发行债券5000万元,筹资费率4%,票面年利率10%,所得税税率25%;

5.留用利润30万元,按普通股计算利率12%,每年增长6%。

要求:(1)列式计算各项资金来源的资本成本率;(2)列表计算该公司综合资金成本。

五、A旅游公司年营业收入净额为2800万元,息税前利润为800万元,固定成本320万元,变动成本率60%;资本总额2000万元,债务比率40%,债务利率12%。

要求:计算该企业财务杠杆系数。

六、Q旅游公司资本1000万元,负债/资本=20/80。现拟追加筹资500万元,有两个方案可采用:①追加资本;②增加借款。增资前、后借款利率均10%,设所得税税率是25%,增资后息税前利润可达20%。

要求:(1)计算无差异点EBIT;(2)计算无差异点EPS(每股收益);(3)进行筹资决策。

七、S旅游公司推销Q旅游线路产品。三种可能销售的情况是:较好概率20%,销量1000单位;一般概率50%,销量800单位;较差概率30%,销量500单位。设该旅游产品售价1000元/单位,单位变动成本600元,企业固定成本总额1000万元,资金总额6000万元,负债/资本=30/70。借款利率5%,企业共有普通股3亿股,每股面值1元,所得税税率25%(该旅游产品的"单位"为组成一个旅游团)。

要求计算:该公司的DOL、DFL、DTL。

八、调研与思考:选择一两个旅游公司进行调研。对其资产负债等数据进行调查、分析,并对改良我国旅游企业资本结构提出自己的见解。

第六章

旅游企业投资管理

本章重点
- 掌握企业投资的分类
- 掌握证券资产的特点和证券投资的目的
- 熟悉投资项目的现金流量及其测算
- 熟悉投资管理财务评价指标
- 熟悉项目投资财务决策方法
- 了解企业投资管理的特点和管理原则

第一节 旅游企业投资管理的主要内容

旅游企业投资,是企业为获取未来收益而向一定对象投放资金的经济行为。

一、旅游企业投资的作用

投资(Investment),是指特定经济主体(包括国家、企业和个人)为了在未来可预见的时期内获得收益或使资金增值,在一定时期向一定标的物投放足够数额的资金或实物等货币等价物的经济行为。从特定企业角度看,投资就是企业为获取收益而向一定对象投放资金的经济行为。

旅游企业投资对企业的作用是:

(一)投资是企业生存与发展的基本前提

旅游企业作为一个持续经营的经济主体,是由许多个投资数额不等、收益率不等的投资项目组成的。作为一个理性投资者的企业,必然首先实施投资报酬率最高的项目,将所筹集的各种资金在各个投资项目之间进行分配。一项资本预算决策的正确,将会使企业在竞争中处于优势地位,增加企业的价值;而一项资本预算的失误,则会给企业带来重大损失,影响企业的财务状况和现金流量,甚至造成企业破产清算。所以,旅游企业财务管理中,必须十分重视资本预算决策的制定与实施。为此,必须综合考虑资金的时间价值、投资的风险报酬、资金的资本成本以及现金流量等问题,并采取适当的指标来评价投资项目的预期效益。

(二)投资是获取利润的基本前提

旅游企业的投资管理,是指企业对固定资产项目的预算、分析和决策。投资在旅游企业财务管理中占有非常重要的地位,它所涉及的项目通常要支出大量资金,且长期投资一旦完成,是不容反悔的。如果要改变当初的决策,就要付出相当大的代价,会对企业经营和效益产生较长时间的影响。投资是企业获取利润的基本前提。

(三)投资是企业风险控制的重要手段

旅游企业的投资项目,分以新增生产经营能力为目的的新建项目、以恢复和改善生产经营能力为目的更新改造项目两大类。前者属于外延式扩大再生产,后者属于简单再生产或内涵式扩大再生产。无论是新增还是更新改造,都是企业抵制风险的重要手段。

新建项目还可以分为单纯固定资产投资项目和完整旅游投资项目。单纯固定资产投资项目简称为固定资产投资,其特点是:在投资中,只包括为取得固定资产而产生的垫支资本投入而不涉及周转资本的投入;一个完整的旅游投资项目,不仅包括固定资产投资,还涉及流动资金投资,甚至包括其他长期资产如无形资产等的投资。因此,不能简单地把一个完整的旅游项目投资等同于一项固定资产投资。

二、旅游企业投资管理的特点

(一)投资属于企业的战略性决策

由于旅游长期投资项目发挥作用的时间比较长,需要几年、十几年甚至几十年才能收回投资,因此,长期投资对企业今后长期的经济效益,甚至对企业的命运都有着决定性的影响。因此,投资属于企业的战略性决策。

(二)投资属于企业的非程序化管理

由于投资一般都需要较多的资金,因此,投资对企业现金流量和财务状况有很大的影响,需要慎重对待,属于企业的非程序化管理。

(三)投资价值的波动性大

长期投资项目一旦完成,要想改变是相当困难的,不是无法实现,就是代价太大,这是因为旅游景点、旅游设施等固定资产以及其他长期资产的变现能力较差,用途也不易改变,造成投资价值的波动性大。

三、投资的分类

(一)直接投资和间接投资

按投资活动与企业本身的生产经营活动的关系,企业投资可以划分为直接投资和间接投资。直接投资,是将资金直接投放于形成生产经营能力的实体性资产,直接谋取经营利润的企业投资。

间接投资,是将资金投放于股票、债券等权益性资产上的企业投资。

(二)项目投资与证券投资

按投资对象的存在形态和性质,企业投资可以划分为项目投资和证券投资。

企业可以通过投资,购买具有实质内涵的经营资产,包括有形资产和无形资产,形成具体的生产经营能力,开展实质性的生产经营活动。这类投资称为项目投资。项目投资的目的在于改善生产条件、扩大生产能力,以获取更多的经营利润。项目投资,属于直接投资。

企业可以通过投资,购买具有权益性的证券资产,通过证券资产上所赋予的权力,间接控制被投资企业的生产经营活动,获取投资收益。这种投资,称为证券投资。

(三)发展性投资与维持性投资

按投资活动对企业未来生产经营前景的影响,企业投资可以划分为发展性投资和维持性投资。发展性投资,是指对企业未来的生产经营发展全局有重大影响的企业投资。

维持性投资,是为了维持企业现有的生产经营正常顺利进行,不会改变企业未来生产经营发展全局的企业投资。

(四)对内投资与对外投资

按投资活动资金投出的方向,企业投资可以划分为对内投资和对外投资。

对内投资,是指在本企业范围内部的资金投放,用于购买和配置各种生产经营所需的经营性资产。对外投资,是指向本企业范围以外的其他单位的资金投放。

(五)独立投资与互斥投资

按投资项目之间的相互关联关系,企业投资可以划分为独立投资和互斥投资。

独立投资是相容性投资,各个投资项目之间互不关联、互不影响,可以同时并存。独立投资项目决策考虑的是方案本身是否满足某种决策标准。

互斥投资是非相容性投资,各个投资项目之间相互关联、相互替代,不能同时并存。互斥投资项目决策考虑的是各方案之间的排斥性,互斥决策需要从每个可行方案中选择最优方案。

四、投资管理的原则

（一）可行性分析原则

投资项目的金额大、占用时间长，一旦投资后具有不可逆转性，对企业的财务状况和经营前景影响重大。因此，在投资决策中，必须建立起严密的投资决策程序，进行科学的投资可行性分析。

投资项目的可行性分析是投资管理的重要组成部分，其主要任务是对投资项目实施的可行性进行论证。主要包括环境可行性、技术可行性、市场可行性、财务可行性等方面。财务可行性是在相关环境、技术、市场可行性分析完成的前提下进行的，着重围绕技术可行性和市场可行性展开的专门经济性评价。同时，一般也包括资金筹集的可行性分析。

财务可行性分析的主要内容包括：收入、费用和利润等的经营成果指标的分析；资产、负债、所有者权益等财务状况指标的分析；资金筹集和配置的分析；资金流转和回收等资金运行过程的分析；项目现金流量、净现值、内部收益率等指标的分析，项目收益与风险关系的分析等。

（二）结构平衡原则

由于旅游项目的投资往往是一个综合性项目，不仅涉及固定资产等接待能力、生产能力和服务条件的构建，还涉及接待能力、生产能力和服务条件等正常发挥作用所需要的流动资产的配置等。同时，由于受到资金来源的限制，投资也常常会遇到资金需求超过资金供应的矛盾。因此，如何合理配置资源，使有限的资金发挥最大的效用，是投资管理中资金投放所面临的重要问题。

遵循结构平衡的原则，就是要在项目投放资金时，合理分布资金，包括固定资金与流动资金的配套关系、生产接待能力与经营规模的关系、资金来源与资金运用的匹配关系、投资进度与资金供应的协调关系、流动资产内部的资产结构关系、发展性投资与维持性投资相配合的关系、对内投资与对外投资的顺序关系、直接投资与间接投资的资金分布关系等。

（三）动态监控原则

投资管理的动态监控，是指对投资项目在实施过程中的控制。特别是对于那些工程量大、工期长的建设项目来说，有一个具体的投资过程，需要按照工程预算实施有效的动态投资控制。

第二节 投资项目财务评价指标

常用投资项目的财务可行性评价指标，有净现值、年金净流量、现值指数、内含报酬率和回收期等，围绕这些评价指标进行评价，也产生了净现值法、内含报酬率法、回收期法等评价方法。同时,按照是否考虑了货币时间价值来分类,这些评价指标可以分为静态评价指标和动态评价指标。考虑了货币时间价值因素的称为动态评价指标,没有考虑货币时间价值因素的称为静态评价指标。

一、项目现金流量

由一项长期投资方案所引起的在未来一定期间所发生的现金收支,叫作现金流量(Cash Flow)。其中,现金收入称为现金流入量(Cash Inflow),现金支出称为现金流出量(Cash Outflow)。现金流入量与现金流出量相抵后的余额,称为现金净流量(Net Cash Flow,NCF)。一般情况下,现金流量指的是现金净流量。

(一)投资期

投资阶段的现金流量主要是现金流出量,即在该投资项目上的原始投资,包括在长期资产上的投资和垫支的营运资金。

(二)营业期

营业阶段是投资项目的主要阶段,该阶段既有现金流入量,也有现金流出量。现金流入量主要是营运各年的营业收入,现金流出量主要是营运各年的付现营运成本。

在营业期不追加营运资本投资的情况下,投资项目正常营运阶段所获得的营业现金净流量,可按下列公式进行测算:

$$营业现金净流量 = 营业收入 - 付现成本 - 所得税$$
$$= 税后营业利润 + 非付现成本$$

式中,非付现成本主要是指固定资产年折旧费用、长期资产摊销费用、资产减值准备等。

(三)终结期

终结阶段的现金流量主要是现金流入量,包括固定资产变价净收入、处置固定资产净损失抵税和垫支营运资金的收回等。

例如,已知S旅游公司拟开发一项新的旅游景点项目,需投资1000万元,按直线法折旧,使用寿命(经营期)10年,期末有100万元净残值。在建设起点一次投入借入资金1000万元,建设(开发)期为1年,建设(开发)期发生资本化利息100万元。预计投产后每年可获营业净利润100万元。假定不考虑所得税因素。计算有关指标如下:

$$固定资产原值 = 固定资产投资 + 建设期资本化利息$$
$$= 1000 + 100 = 1100(万元)$$
$$固定资产年折旧额 = (固定资产原值 - 净残值) \div 固定资产使用年限$$
$$= (1100 - 100) \div 10 = 100(万元)$$
$$项目计算期 = 建设(开发)期 + 经营期 = 1 + 10 = 11(年)$$

终结点年回收额 = 回收固定资产余值 + 回收流动资金
= 100 + 0 = 100(万元)

建设期现金净流量 = −当年发生原始投资 = −1000(万元)

经营期各年现金净流量如下：

$$NCF_{2\sim10} = 100 + 100 = 200(万元)$$

$$NCF_{11} = 100 + 100 + 100 = 300(万元)$$

又如，A 旅游公司拟开发某旅游项目，需要原始投资 1200 万元。其中，固定资产投资 1000 万元，流动资金投资 200 万元。建设(开发)期为 1 年，建设(开发)期资本化利息 100 万元。固定资产投资于建设(开发)起点投入，流动资金于完工时(即第 1 年末)投入。该项目寿命期 10 年，固定资产按直线法计提折旧，期满有 100 万元净残值；预计投产后第 1 年获净利润 50 万元，以后每年递增 50 万元；流动资金于终结点一次回收。根据所给资料计算如下：

(1) 项目计算期 n = 建设(开发)期 + 经营期 = 1 + 10 = 11(年)

(2) 固定资产原值 = 1000 + 100 = 1100(万元)

(3) 固定资产年折旧 = (1100 − 100) ÷ 10 = 100(万元)(10 年)

(4) 投产后每年净利润为 50 万元，100 万元，150 万元…500 万元(共 10 年)

(5) 终结点回收额 = 100 + 200 = 300(万元)

(6) 建设(开发)期现金净流量：$NCF_0 = -1000$(万元)

$NCF_1 = -200$(万元)

(7) 经营期各年现金净流量。

$NCF_2 = 50 + 100 = 150$(万元)

$NCF_3 = 100 + 100 = 200$(万元)

$NCF_4 = 150 + 100 = 250$(万元)

$NCF_5 = 200 + 100 = 300$(万元)

$NCF_6 = 250 + 100 = 350$(万元)

$NCF_7 = 300 + 100 = 400$(万元)

$NCF_8 = 350 + 100 = 450$(万元)

$NCF_9 = 400 + 100 = 500$(万元)

$NCF_{10} = 450 + 100 = 550$(万元)

$NCF_{11} = 500 + 100 + 300 = 900$(万元)

二、净现值(NPV)

(一)基本原理

净现值(Net Present Value，NPV)，是指在项目计算期内，按某一预知的折现率计算的各年现金净流量现值的代数和。净现值的一般计算公式如下：

净现值(NPV) = 未来现金净流量现值-原始投资额现值

$$净现值(NPV) = \sum_{t=0}^{n} \frac{I_t}{(1+i)^t} - \sum_{t=0}^{n} \frac{O_t}{(1+i)^t}$$

式中,n 为投资项目的寿命年限;I_t 为项目第 t 年的现金流入量(Inflow);O_t 为项目第 t 年的现金流出量(Out Flow);i 为预定的贴现率。

计算净现值时,要按预定的贴现率对投资项目的未来现金流量进行贴现,预定贴现率是投资者所期望的最低投资报酬率。净现值为正,方案可行,说明方案的实际报酬率高于所要求的报酬率;净现值为负,方案不可取,说明方案的实际投资报酬率低于所要求的报酬率。

当净现值为零时,说明方案的投资报酬刚好达到所要求的投资报酬。所以,净现值的经济实质是投资方案报酬超过基本报酬后的剩余收益。

例如,S 旅游公司 A 投资项目的数据如表 6-1 所示(设贴现率为 10%)。

表 6-1　A 投资项目投资方案有关数据

单位:万元

项目计算期 (t 年)	建设期		经营期					合计
	0	1	2	3	…	10	11	
…	…	…	…	…	…	…	…	…
现金净流量	−105	−20	27	32	…	55	90	340
10%现值系数	1	0.909	0.826	0.751	…	0.386	0.350	—
折现现金净流量	−105	−18.18	22.31	24.04	…	21.20	31.50	95.86

(二)对净现值法的评价

净现值法简便易行,具有广泛的适用性,理论上也具有说服力。其主要的优点在于:第一,适用性强,能基本满足项目年限相同的互斥投资方案的决策。第二,能灵活地考虑投资风险。

净现值也具有明显的缺陷,主要表现在:第一,所采用的贴现率不易确定。实际工作中,贴现率一是根据企业的资金成本率来确定,二是根据行业报酬率或投资者所要求的最低资金利润率来确定。第二,不适用于独立投资方案的比较决策。第三,净现值有时也不能对寿命期不同的互斥投资方案进行直接决策。

三、年金净流量($ANCF$)

年金净流量(Annual NCF)是项目期间内全部现金净流量总额的总现值(即净现值)折算为等额年金的平均现金净流量。计算式为:

年金净流量=净现值÷年金现值系数

与净现值指标一样,年金净流量指标的结果大于 0,说明每年平均的现金流入能抵补现金流出,投资项目的净现值大于0,方案的报酬率大于所要求的报酬率,方案可行。在两个以上寿命期不同的投资方案比较时,年金净流量越大,方案越好。

年金净流量法是净现值法的辅助方法,在各方案寿命期相同时,实质上就是净现值法。因此它适用于期限不同的投资方案决策。但同时,它也具有与净现值法同样的缺点,不便于对原始投资额现值不相等的独立投资方案进行决策。

四、现值指数(PVI)

现值指数是投资项目的未来现金净流量现值与原始投资额现值之比。计算公式为:

现值指数 = 未来现金净流量现值 ÷ 原始投资现值

$$现值指数 = \sum_{t=0}^{n} \frac{I_t}{(1+i)^t} \div \sum_{t=0}^{n} \frac{O_t}{(1+i)^t}$$

若现值指数大于或等于1,说明方案实施后的投资报酬率高于或等于预期报酬率,方案可行;若现值指数小于1,说明方案实施后的投资报酬率低于预期报酬率,方案不可行。现值指数越大,方案越好。

例如,如果已知A、B、C三个项目各年现金流量现值分别为21 646万元、47 952万元、53 990万元,原始投资现值分别为20 000万元、40 000万元、60 000万元,则:

现值指数 A = 21 646 ÷ 20 000 = 1.08

现值指数 B = 47 952 ÷ 40 000 = 1.20

现值指数 C = 53 990 ÷ 60 000 = 0.90

显然,A、B两方案的现值指数大于1,说明其收益超过成本,投资报酬率大于预期报酬率(且B方案大于A方案,说明B方案较A方案优);C方案的现值指数小于1,说明其收益率达不到预期报酬率。如果现值指数等于1,则说明方案现金流量贴现后流入等于流出,投资报酬率与预期报酬率相等。

现值指数法也是净现值法的辅助方法,在各方案原始投资额现值相同时,实质上就是净现值法。由于现值指数是未来现金净流量现值与所需投资额现值之比,是一个相对数指标,反映了投资效率,所以,用现值指数来评价独立投资方案,可以克服净现值指标的缺点,从而使对方案的分析评价更加合理、客观。

五、内含报酬率(IRR)

(一)基本原理

内含报酬率(Internal Rate of Return,IRR)是指能够使方案未来现金流入量现值等于现金流出量现值的贴现率,或者说是使投资方案净现值为零的贴现率。它是方案本身实际可望达到的报酬率,不受预定报酬率的影响,从理论和实践上都具有说服力,因此被广泛应用。其表达式为:

$$\sum_{t=0}^{n}\frac{I_t}{(1+i)^t}-\sum_{t=0}^{n}\frac{O_t}{(1+i)^t}=0$$

式中的 i 即为内部收益率。但要计算出正确的 i 值却比较麻烦,常用的方法是插值法,即先估算一个贴现率,用它来计算方案的净现值,如果净现值为正数,说明方案可达到的内部收益率比估计的贴现率要大(即原估的偏小);再估计一个较大的贴现率,如果所得的净现值为负数,说明方案可达到的内含报酬率比估计的贴现率要小(即原估的偏大);通过逐次测算,就可以找到两个相邻的、接近零的、一个使净现值为正、另一个使净现值为负的贴现率。

再用公式计算内含报酬率:

内含报酬率(IRR)=估计的较小贴现率+(估计的较大贴现率-估计的较小贴现率)× $\dfrac{\text{用较小贴现率计算的净现值(正数)}}{\text{用较小贴现率计算的净现值(正数)}+\left|\text{用较大贴现率计算的净现值(负数)}\right|}$

例如,S 旅游公司有 A、B、C 三项投资机会,需要依据内含报酬率进行决策。各方案有关数据如表 6-2 所示。

表 6-2 各投资方案情况表

单位:元

年限	A 方案		B 方案		C 方案	
	净利润	现金净流量	净利润	现金净流量	净利润	现金净流量
0		−20 000		−40 000		−60 000
1	2000	12 000	−2000	8000	−30 000	−10 000
2	3000	13 000	8000	18 000	20 000	40 000
3			8000	18 000	20 000	40 000
4			8000	18 000		
合计	5000	5000	22 000	22 000	10 000	10 000

本例中,计算各年现金净流量时,可用以下简化公式:

各年现金净流量=当年实现净利润+当年折旧

先估计一个贴现率,设为 16%,计算净现值为:

$NPV_A=-20\,000+12\,000\times(P/F,16\%,1)+13\,000\times(P/F,16\%,2)$

$=-20\,000+12\,000\times 0.862+13\,000\times 0.743$

$=-20\,000+10\,344+9\,659=+3(元)$

净现值为正,说明原估贴现率偏小。再用较大的贴现率 17%:

$NPV_A=-20\,000+12\,000\times(P/F,17\%,1)+13\,000\times(P/F,17\%,2)$

$=-20\,000+12\,000\times 0.855+13\,000\times 0.731$

$=-20\,000+10\,260+9503=-237(元)$

用插值法计算：

$$\text{内含报酬率}(A) = 16\% + 1\% \times \frac{3}{3 + |-237|} = 16.01\%$$

即 A 方案内含报酬率为 16.01%，读者可以自己计算 B、C 方案的内含报酬率。
上述插值法，在确定了一大、一小两个贴现率后，也可用简易方法计算：

贴现率　　　　　　　　　净现值

$$\left.\begin{array}{c}16\% \\ ? \\ 17\%\end{array}\right\}x \Big\}1\% \qquad \left.\begin{array}{c}3 \\ 0 \\ -237\end{array}\right\}3 \Big\}240$$

列出方程：$\dfrac{x}{1\%} = \dfrac{3}{240}$，解之，$x = 0.01\%$。

内含报酬率$(A) = 16\% + 0.01\% = 16.01\%$

（二）对内含报酬率法的评价

内含报酬率法的主要优点在于：

（1）内含报酬率反映了投资项目实际可能达到的投资报酬率，易于被高层决策人员所理解。

（2）对于独立投资方案的比较决策，如果各方案原始投资额现值不同，可以通过计算各方案的内含报酬率，并与现值指数结合，反映各独立投资方案的获利水平。

内含报酬率法的主要缺点在于：

（1）计算复杂，不易直接考虑投资风险大小。

（2）在互斥投资方案决策时，如果各方案的原始投资额现值不相等，有时无法做出正确的决策。

六、回收期(PP)

回收期（Payback Period,PP），是指投资项目的未来现金净流量（或现值）与原始投资额（或现值）相等时所经历的时间，即原始投资额通过未来现金流量回收所需要的时间。用回收期指标评价投资方案时，回收期越短越好。该指标根据考虑与不考虑货币时间价值，可分为静态投资回收期与动态投资回收期两类。

（一）静态回收期

静态回收期没有考虑货币时间价值，直接用未来现金净流量累计到原始投资数额时所经历的时间作为回收期。

投资回收期指标以年为单位，包括两种形式：包括建设期的投资回收期(PP)和不包括建设期的投资回收期(PP')。显然，在建设期为 s 时，$PP' + s = PP$。只要求出一种形式，就可方便地推算出另一种形式。

计算投资回收期的一般方法,可通过列表计算"累计净现金流量"的方式确定包括建设期的投资回收期。这是因为,按照投资回收期的定义,包括建设期的投资回收期遵循下式:

$$\sum_{t=0}^{PP} NCF_t = 0$$

这表明,在财务现金流量表的"累计净现金流量"一栏中,包括建设期的投资回收期 PP,恰好是累计净现金流量为 0 的年限。不难发现,在计算时,无非有两种可能:

第一,在"累计净现金流量"栏上可以直接找到 0,那么,读出 0 所在列的 t 值,即为所求的包括建设期的投资回收期 PP。否则应按第二种情况处理。

第二,如果无法在"累计净现金流量"栏上找到 0,可按下式计算包括建设期的投资回收期 PP:

$$PP = m' + \frac{第\ m'\ 年末未收回投资}{第(m'+1)\ 年现金净流量}$$

式中,m' 是净现金流量由负变正的头一年。

例如,S 旅游公司有 A、B 两个投资方案,建设期均为 0 年,有关数据如表 6-3 所示。

表 6-3　各投资方案情况表

单位:元

年限	A 方案		B 方案	
	净利润	现金净流量	净利润	现金净流量
0		−20 000		−40 000
1	2000	12 000	−2000	8000
2	3000	13 000	8000	18 000
3			8000	18 000
4			8000	18 000
合计	5000	5000	22 000	22 000

据表 6-3 中的资料,计算 A、B 方案的投资回收期如表 6-4 所示。

表 6-4　两方案投资回收期计算表

单位:元

方案	现金流量	回收额	未回收额
A 方案原始投资	−20 000		
第 1 年现金流入量	12 000	12 000	8000
第 2 年现金流入量	13 000	8000	0

续表

方案	现金流量	回收额	未回收额
B方案原始投资	−40 000		
第1年现金流入量	8000	8000	32 000
第2年现金流入量	18 000	18 000	14 000
第3年现金流入量	18 000	14 000	0
第4年现金流入量	18 000		

A方案 $m'=1$，B方案 $m'=2$，计算回收期如下：

$$A 方案 PP = 1 + 8000 \div 13\,000 = 1 + 0.62 = 1.62(年)$$
$$B 方案 PP = 2 + 14\,000 \div 18\,000 = 2 + 0.78 = 2.78(年)$$

如果每年现金净流量相等，还可用以下公式直接计算：

$$投资回收期 = \frac{原始投资额}{每年现金净流量}$$

(二) 动态回收期

动态回收期需要将投资引起的未来现金净流量进行贴现，计算未来现金净流量的现值等于原始投资额现值时所经历的时间。

第三节 项目投资管理

项目投资管理是指对投资项目进行管理。项目投资一般是企业将现金投放于生产经营实体性资产，以形成生产能力，开展生产经营活动的对内投资，包括以实物性资产投资于其他企业的对外投资。

一、独立投资方案的决策

独立方案是指一组互相分离、互不排斥的方案。在独立方案中，选择某一方案并不排斥选择另一方案。

独立投资方案的决策属于筛分决策，评价各方案本身是否可行，即方案本身是否达到某种预期的可行性标准。独立投资方案之间比较时，要解决的决策问题是如何确定各种可行方案的投资顺序。排序分析时，以各独立方案的获利程度作为评价标准，一般用内含报酬率法进行比较。

二、互斥投资方案的决策

互斥方案是指互相关联、互相排斥的方案，即一组方案中的各个方案彼此可以相互代替，采纳方案组中的某一方案，就会自动排斥这组方案中的其他方案。

互斥投资方案,方案之间互相排斥,不能并存。因此,决策的实质在于选择最优方案,属于选择决策。选择决策要解决的问题是应该淘汰哪个方案,即选择最优方案。从选定经济效益最大的要求出发,互斥决策以方案的获利数额作为评价标准,因此一般采用净现值和年金净流量法进行选优决策。由于净现值指标受投资项目寿命期的影响,年金净流量法是互斥方案最恰当的决策方法。

三、固定资产更新决策

从决策性质上看,固定资产更新决策属于互斥投资方案的决策类型。因此固定资产更新决策方法是净现值法和年金净流量法,一般不采用内含报酬率法。

第四节 证券投资管理

证券投资的对象是金融资产,金融资产是一种以凭证、票据或者合同合约形式存在的权利性资产,如股票、债权及其衍生证券。

一、证券资产的特点

(一)价值虚拟性

证券资产的价值不是完全由实体资本的现实生产经营活动决定的,而是取决于契约性权利所能带来的未来现金流量,是一种未来现金流量折现的资本化价值。

(二)可分割性

实体项目投资的经营资产一般具有整体性要求。证券资产可以分割为一个最小的投资单位,可分割性强。

(三)持有目的多元性

证券资产的持有目的:①为未来变现;②为谋取资本利得;③取得对其他企业的控制权。

(四)强流动性

证券资产具有很强的流动性:①变现能力强;②持有目的可以相互转换。证券资产本身的变现能力虽然较强,但其实际周转速度取决于企业对证券资产的持有目的。

(五)高风险性

证券资产是一种虚拟资产,决定了金融投资受公司风险和市场风险的双重影响。

二、证券投资的目的

(一)分散资金投向,降低投资风险

企业从事证券投资,往往不只是以在证券持有期限内取得固定收益(股利、债息)或以调剂现金余缺为目的,而是为了分散资金投向,降低投资风险。

（二）利用闲置资金,增加企业收益

企业在经营过程中,收入和支出货币资金的速度都不是均衡的,这就必然造成有时一部分货币资金在循环周转过程中被暂时闲置,而有时又会出现货币资金短缺的现象。因此,适当进行证券投资,可以利用闲置资金,增加企业收益。

（三）稳定客户关系,保障生产经营

一些较成熟的公司拥有比较充裕的现金,但若公司暂时没有较好的投资项目,可把现金投资于证券,以便增加公司收益,提高公司股票的市场价值,稳定客户关系,保障生产经营。

（四）提高资产的流动性,增强偿债能力

由于证券资产的流动性明显地高于实物资产,因此,一些企业进行证券投资,可以提高资产的流动性,增强企业的偿债能力。

三、证券资产投资的风险

证券投资的风险,是企业进行证券投资首先要考虑的问题。

（一）系统性风险

系统性风险影响资本市场上的所有证券,无法通过投资多元化的组合而加以避免,也称为不可分散风险。系统性风险包括：

1. 价格风险

指由于市场利率上升,而使证券资产价格普遍下跌的可能性。

2. 再投资风险

指由于市场利率下降而造成的无法通过再投资而实现预期收益的可能性。

3. 购买力风险

指由于通货膨胀而使货币购买力下降的可能性。

（二）非系统性风险

非系统性风险可以通过持有证券资产的多元化来抵消,也称可分散风险。非系统性风险是公司特有风险,从公司内部管理的角度考察,公司特有风险的主要表现形式是公司经营风险和财务风险。从公司外部的证券资产市场的角度考察,公司经营和财务风险的特征无法明确区分,公司特有风险往往是以违约风险、变现风险、破产风险等形式表现出来的。

1. 违约风险

违约风险(Default Risk)指证券资产发行者无法按时兑付证券资产利息和偿还本金的可能性。造成违约风险的原因有：①政治、经济形势发生重大变动,对证券发行企业造成影响；②自然灾害等不可抗力因素引起的非常性破坏,如水灾、火灾、地震等；③证券发行企业经营管理不善导致亏损或利润减少；④证券发行企业在竞争中失败,主要顾客流失,产品滞销;⑤企业财务管理失误,不能及时清偿到期债务。

2. 变现风险

变现风险是证券资产持有者无法在市场上以正常的价格平仓出货的可能性。

3. 破产风险

指在证券资产发行者破产清算时投资者无法收回应得权益的可能性。一项投资的时间越长,到期日越远,投资者受到的不确定性因素影响就越大,风险就越大。如果证券资产发行者破产、清算,投资者就无法收回证券投资,造成损失。

四、债券投资

债券(Bonds),是债务人依照法定程序发行,承诺按约定的利率和日期支付利息,并在特定日期偿还本金的书面债务凭证。

企业进行债券投资的目的,主要是为了合理利用暂时闲置的资金,调节现金余额,获得收益。当企业现金余额太多时,投资于债券,使现金余额降低;当现金余额太少时,则出售原来投资的债券,收回现金,使现金余额提高。企业进行长期债券投资的目的,主要是为了获得稳定的收益。

(一) 债券要素

一般而言,债券包括债券面值、债券票面利率和债券到期日等基本要素。

1. 债券面值

债券面值是指设定的债券票面金额,它代表发行人借入并承诺于未来某一特定日期偿付给持有人的固定金额。面值包括币种和票面金额,发行者可根据资金市场情况和需要选择适合的币种。

2. 债券票面利率

债券票面利率是指债券上标明的利率,它是指发行者在一年内向投资者支付的利息占票面金额的比率。一般是指年利率或固定利率,近年来也有浮动利率。债券面值与票面利率的乘积为年利息额。此外,也有的债券票面利率为0,债券持有期间不计利息,到期只要按面值偿还即可。

固定利率债券指在发行时规定利率在整个偿还期内不变的债券。固定利率债券不考虑市场变化因素,因而其筹资成本和投资收益可以事先预计,不确定性较小,但债券发行人和投资者仍然必须承担市场利率波动的风险。

浮动利率债券的利率通常根据市场基准利率加上一定的利差来确定。由于债券利率随市场利率浮动,采取浮动利率债券形式可以避免债券的实际收益率与市场收益率之间出现任何重大差异,使发行人的成本和投资者的收益与中场变动趋势相一致。但债券利率的浮动性也使发行人实际成本和投资者实际收益事前带有很大的不确定性,从而导致较高的风险。

3. 债券到期日

债券到期日是指债券到期、可以兑付的日期。

(二)债券的价值

将在债券投资上未来收取的利息和收回的本金折为现值,即可得到债券的内在价值。债券的内在价值也称为债券的理论价格,只有债券价值大于其购买价格时,该债券才值得投资。影响债券价值的因素主要有债券的期限、债券的面值、票面利率和所采用的贴现率等因素。

典型的债权类型,是有固定的票面利率、每期支付利息、到期归还本金的债券,这种债权模式下债券价值计量的基本模型是:

$$P = \sum_{t=1}^{n} \frac{M \cdot i}{(1+k)^t} + \frac{M}{(1+k)^n} = \sum_{t=1}^{n} \frac{I_t}{(1+k)^t} + \frac{M}{(1+k)^n}$$
$$= I \cdot (P/A, k, n) + M \cdot (P/F, k, n)$$

式中,P 是债券价值;I 为每年利息;k 是折现率(可以用当时的市场利率或者投资者要求的必要报酬率替代);M 是债券面值;i 是票面利率;n 是债券期限(偿还年数)。

债券发行时,若 $i > k$,则 $P > M$,债券溢价发行;若 $i < k$,则 $P < M$,债券折价发行;若 $i = k$,则 $P = M$,债券按面值发行。

例如,A 旅游公司拟于 20×1 年 2 月 1 日发行面额为 1000 元的债券,其票面利率为 8%,每年 2 月 1 日计算并支付一次利息,并于 5 年后的 1 月 31 日到期。同等风险投资的必要报酬率为 10%。要求计算债券的价值。

$$P = 1000 \times 8\% \times (P/A, 10\%, 5) + 1000 \times (P/F, 10\%, 5)$$
$$= 80 \times 3.791 + 1000 \times 0.621 = 924.28(元)$$

可见,影响债券估值的因素有必要报酬率、利息率、计息期和到期时间等因素。

(三)债券投资的收益率

债券投资的收益率,是指按当前市场价值购买债券并持有至到期日或转让日,所产生的预期报酬率,也就是债券投资项目的内含报酬率。

例如,W 旅游公司购买的某一债券面值是 10 000 元,券面利息率 10%,每年付息一次,期限 8 年,投资者以债券面值 105% 的价格购入并持有该种债券到期。要求计算:债券持有期年均收益率。

解之,根据长期债券的持有期收益率计算公式,有:

$$10\ 000 \times 105\% = I \cdot (P/A, i, n) + M(P/F, i, n)$$
$$10\ 500 = 10\ 000 \times 10\% \times (P/A, i, 8) + 10\ 000 \times (P/F, i, 8)$$

根据插值法,当 $k = 8\%$ 时:

$$净现值 = [1000 \times (P/A, 8\%, 8) + 10\ 000 \times (P/F, 8\%, 8)] - 10\ 500$$
$$= [1000 \times 5.747 + 10\ 000 \times 0.540] - 10\ 500$$

$$= [5747+5400]-10\,500 = 647(元)$$

$k=10\%$时:

$$净现值 = [1000×(P/A,10\%,8)+10\,000×(P/F,10\%,8)]-10\,500$$
$$= [1000×5.335+10\,000×0.467]-10\,500$$
$$= [5\,335+4\,670]-10\,500 = -495(元)$$

可知该债券持有期收益率在8%~10%。用插值法计算:

贴现率	净现值
8% ⎫	647 ⎫
? ⎬x ⎬2%	0 ⎬647 ⎬1142
10% ⎭	-495 ⎭

列出方程:$\dfrac{x}{2\%} = \dfrac{647}{1142}$,解之,$x=1.13\%$。

即:债券持有期收益率 = 8% + 1.13% = 9.13%。

五、股票投资

(一)股票的价值

投资于股票预期获得的未来现金流量的现值,即为股票的价值或内在价值、理论价格。

1. 股票估价的基本模型

如果股东不中途转让股票,投资于股票所得到的未来现金流量是各期的股利。

假定某股票未来各期股利为D_t(t为期数),设i为估价所采用的贴现率即所期望的最低收益率,股票价值的估价模型为:

$$V = \sum_{t=1}^{n} \frac{D_t}{(1+i)^t} + \frac{F}{(1+i)^n}$$

2. 常用的股票估价模式

(1)固定增长模式。从理论上看,企业的股利不应当是固定不变的,而应当是不断增长的。假定企业长期持有股票,且各年股利按照固定比例增长,则股票价值计算公式为:

$$V = \sum_{t=1}^{\infty} \frac{D_0 \cdot (1+g)^t}{(1+k)^t}$$

式中,D_0为估值时已经发放的股利;g为股利每年的增长率;其他符号含义与基本公式相同。如果g为常数,且$g<k$,用D_1表示第1年股利,则上式可简化为:

$$V = \frac{D_0 \times (1+g)}{k-g} = \frac{D_1}{k-g}$$

例如,D 旅游公司欲购入市场上一股票,该股票上年股利 2 元,预计今后每年以 4% 的增长率增长,企业要求的报酬率 10%。则该股票价值为:

$$V = \frac{2 \times (1 + 4\%)}{10\% - 4\%} = 34.67(元)$$

现行市价若低于 34.67 元,就应购进该股票。

预期效益下降,股利会逐年减少,仍可用以上公式。如果上例股票预计今后股利会以每年 4% 的固定比率减少,企业仍准备长期持有。价格应计算为:

$$V = \frac{2 \times (1 - 4\%)}{10\% + 4\%} = 13.71(元)$$

这种情况下,价格应当远远低于逐年成长的股票的价值,才可考虑购买。

(2)零增长模式。如果公司未来各期发放的股利都相等,那么这种股票与优先股是相类似的。或者说,零增长。那么,如果长期持有股票,且各年股利固定,其支付过程即为一个永续年金,则该股票价值的计算公式为:

$$V = \sum_{t=1}^{\infty} \frac{D}{(1+k)^t} = \frac{D}{k}$$

式中,D 为各年收到的固定股息,其他符号的含义与基本公式相同。

根据股票估价的一般模型,上式的推导过程为:

$$V = \sum_{t=1}^{n} \frac{D}{(1+k)^t} + \frac{V_n}{(1+k)^n}$$

当 $n \to \infty$ 时,$\frac{V_n}{(1+k)^n} \to 0$,而 $\sum_{t=1}^{\infty} \frac{D}{(1+k)^t}$ 可近似地看作是永续年金。

因此,由永续年金的现值公式,有:$V = \frac{D}{k}$

例如,市场上有一支股票,现行市价为 12 元,该股票预计每年发放股利 2 元(股利零增长),企业准备相对长期持有,企业要求的报酬率为 12%。则该股票的价值:

$$V = \frac{D}{k} = \frac{2}{12\%} = 16.67(元)$$

即:现行市价是 12 元,股票价值为 16.67 元,就可购进该股票。

(3)阶段性增长模式。现实生活中,有的公司股利是不固定的。如果预计未来一段时间内股利将高速增长,接下来的时间则为正常固定增长或者固定不变,则可以分别计算高速增长、正常固定增长、固定不变等各阶段未来收益现值,各阶段现值之和即股利非固定增长情况下的股票价值。

对于阶段性成长的股票,需要分段计算,才能确定股票的价值。

(二)股票投资的收益率

股票投资的收益率,是在股票未来现金流量贴现值等于目前的购买价格时的贴现率,也就是股票投资项目的内含报酬率。当股票的内部收益率高于投资者所要求的最低报酬率时,投资者才愿意购买该股票。股票投资的收益率计算公式是:

$$收益率 = \frac{(股票售出价 - 买入价) + 持有期间分得的现金股利}{股票买入价} \times 100\%$$

$$年均收益率 = \frac{持有期收益率}{持有年限}$$

式中,持有年限 $= \frac{股票实际持有天数}{360}$。如果股票持有时间超过 1 年,需要按每年复利一次考虑资金时间价值,其持有期年均收益率可按如下公式计算:

$$V = \sum_{t=1}^{n} \frac{D_t}{(1+i)^t} + \frac{F}{(1+i)^n}$$

式中,i 为股票的持有期年均收益率;V 为股票的购买价格;F 为股票的售出价格;D_t 为各年分得的股利;n 为投资持有期限。

例如,A 旅游公司在 20×1 年 1 月 1 日以每股 5.10 元的价格购买 A 公司股票 100 万股,20×2 年至 20×4 年的 3 月 31 日,每股各分得现金股利 0.5 元、0.6 元、0.8 元,20×4 年 3 月 31 日以每股 6 元的价格将股票全部出售。问:投资收益率是多少?

用插值法进行计算,设 $i=16\%$、$i=18\%$。分年计算净现值如表 6-5 所示。

表 6-5 各年净现值计算表

单位:万元

年份	当年现金流量	$i=16\%$ 现值系数	现值	$i=18\%$ 现值系数	现值
20×2	100×0.5=50	0.862	43.10	0.847	42.35
20×3	100×0.6=60	0.743	44.58	0.718	43.08
20×4	100×0.8+6×100=680	0.641	435.88	0.609	414.12
合计			523.56		499.55

用插值法计算收益率如下:

```
        贴现率              净现值
        16%  ⎫              523.56 ⎫
         ?   ⎬x }2%         510.00 ⎬13.56 ⎫
        18%  ⎭              499.55         ⎬24.01
                                            ⎭
```

列出方程:$\frac{x}{2\%} = \frac{13.56}{24.01}$,解之,$x = 1.13\%$。

收益率(A)=16%+1.13%=17.13%。

即:该股票的收益率是17.13%。

思考与练习

1. 简述证券资产的特点和证券投资的目的。
2. 证券资产投资的风险有哪些?
3. 投资项目的现金流量如何测算?
4. 投资管理的财务评价指标有哪些?应当如何计算?
5. A、B 两家公司同时于 20×7 年 1 月 1 日发行面值为 1000 元,票面利率为 10% 的 5 年期债券,A 公司债券规定利随本清,不计复利,B 公司债券规定每年 6 月底和 12 月底付息,到期还本。要求计算:若 20×9 年 1 月 1 日债券市场利率为 12%,A、B 债券市价为 1000 元、1050 元,问 A、B 债券是否可以购买?
6. 东方旅游公司拟进行证券投资,期望投资报酬率为 12%,备选方案的资料 如下:

(1) 购买 A 公司债券,A 公司发行债券的面值为 100 元,票面利率 8%,期限 10 年,筹资费率 3%,每年付息一次,到期归还面值,所得税税率 25%。当前的市场利率为 10%,东方公司须按 A 公司发行价格购买。

(2) 购买 B 公司股票,B 公司股票现行市价为每股 14 元,今年每股股利为 0.9 元,预计以后每年以 6% 的增长率增长。

(3) 购买 C 公司股票,C 公司股票现行市价为每股 13 元,今年每股股利为 1.5 元,股利分配政策将坚持固定股利支付率政策。

要求计算:(1)A 公司债券的发行价格。(2)购买 A 公司债券的到期收益率。(3)A 公司债券、B 公司股票和 C 公司股票内在价值,并为东方旅游公司作出最优投资决策。

第七章

旅游企业营运资金管理

本章重点
- 掌握信用政策决策和现金折扣决策的方法
- 掌握最优存货量的确定方法
- 熟悉现金目标余额的确定方法
- 熟悉现金收支和应收账款日常管理
- 熟悉流动负债管理
- 了解存货的功能、存货控制系统

第一节 旅游企业营运资金管理的主要内容

一、营运资金的概念及特点

(一)营运资金的概念

营运资金(Working Capital)是指在旅游企业生产经营活动中占用在流动资产上的资金。

营运资金有广义和狭义之分,广义的营运资金又称毛营运资本(Gross Working Capital),是指一个企业流动资产的总额;狭义的营运资金又称净营运资本(Net Working Capital),是指流动资产减去流动负债后的余额。这里采用的是狭义的营运资金概念。旅游企业营运资本的主要项目包括现金、有价证券、应收账款、存货等。

从有效管理的角度出发,旅游企业是以一定量的营运资本为基础从事生产经营活动的经济组织。我国旅游业的流动资产通常占到总资产的30%~50%。因此,旅游企业流动资产管理的水平,对总体经营绩效将产生重大影响。

在旅游业的经营活动中,由于现金流入量与流出量的非同步性和不确定性,使得企业必须要保持一定量的营运资本。这主要表现在:支付材料、物料用品货款在先,取得现金收入在后;未来经营活动的不确定性,使现金流量预测难以准确。在实务中,大多数的旅游企业现金流入与流出无法在时间上相互匹配。因此,必须保持一定数量的营运资本,以备偿付到期债务和当期费用。

营运资本的大小,不但反映企业的偿债能力,还可衡量经营风险的大小。一般情况下,营运资本越多,违约风险就越小,举债融资能力就越强。因此,许多贷款契约都要求借款企业保持一定数量的营运资本,或保持最低的流动比率(流动资产/流动负债)。

营运资金的管理既包括流动资产的管理,也包括流动负债的管理。

1. 流动资产

流动资产是指可以在1年以内或超过1年的一个营业周期内变现或运用的资产,流动资产具有占用时间短、周转快、易变现等特点。企业拥有较多的流动资产,可在一定程度上降低财务风险。流动资产按不同的标准可进行不同的分类,常见分类方式如下:

(1)按占用形态不同,分为现金、交易性金融资产、应收及预付款项和存货等。

(2)按在生产经营过程中所处的环节不同,分为生产领域中的流动资产、流通领域中的流动资产以及其他领域的流动资产

2. 流动负债

流动负债是指需要在1年或者超过1年的一个营业周期内偿还的债务。流动负债又称短期负债,具有成本低、偿还期短的特点。

流动负债按不同标准可作不同分类,最常见的分类方式如下:

(1)以应付金额是否确定为标准,可以分为应付金额确定的流动负债和应付金额不确定的流动负债。应付金额确定的流动负债是指那些根据合同或法律规定到期必须偿付,并有确定金额的流动负债。应付金额不确定的流动负债是指那些要根据企业生产经营状况,到一定时期或具备一定条件才能确定的流动负债,或应付金额需要估计的流动负债。

(2)以流动负债的形成情况为标准,可以分为自然性流动负债和人为性流动负债。自然性流动负债是指不需要事先安排,是由于结算程序或有关法律法规的规定等原因而自然形成的流动负债;人为性流动负债是指根据企业对短期资金的需求情况,通过人为安排所形成的流动负债。

(3)以是否支付利息为标准,可以分为有息流动负债和无息流动负债。

(二)营运资金的特点

为了有效地管理旅游企业的营运资金,必须研究营运资金的特点,以便有针对性地进行管理。营运资金一般具有如下特点:

1. 营运资金的来源具有灵活多样性

与筹集长期资金的方式相比,企业筹集营运资金的方式较为灵活多样,通常有银行短期借款、短期融资券、商业信用、应交税金、应交利润、应付工资、应付费用、预收货款、票据贴现等多种在内外部融资方式。

2. 营运资金的数量具有波动性

流动资产的数量会随企业内外条件的变化而变化,时高时低,波动很大。尤其是旅游企业的季节性更明显,淡旺季的流动资产波动很大。非季节性企业一般也是如此,随着流动资产数量的变动,流动负债的数量也会相应发生变动。

3. 营运资金的周转具有短期性

企业占用在流动资产上的资金,通常会在1年或一个营业周期内收回。根据这一特点,营运资金可以用商业信用、银行短期借款等短期筹资方式来加以解决。

4. 营运资金的实物形态具有变动性和易变现性

企业营运资金的实物形态是经常变化的,一般按照现金、材料、在产品、产成品、应收账款、现金的顺序转化。为此,在进行流动资产管理时,必须在各项流动资产上合理配置资金数额,做到结构合理,以促进资金周转顺利进行。此外,短期投资、应收账款、存货等流动资产一般具有较强的变现能力,如果遇到意外情况,企业出现资金周转不灵、现金短缺时,便可迅速变卖这些资产,以获取现金。这对财务上应付临时性资金需求具有重要意义。

二、营运资金的管理原则

旅游企业的营运资金在全部资金中占有相当大的比重,而且周转期短,形态易变,是旅游企业财务管理工作的一项重要内容。实证研究也表明,财务经理的大量时间都用于营运资金的管理。企业进行营运资金管理,应遵循以下原则:

(一)保证合理的资金需求

企业应认真分析生产经营状况,合理确定营运资金的需要数量。企业营运资金的需求数量与企业生产经营活动有直接关系。一般情况下,当企业产销两旺时,流动资产会不断增加,流动负债也会相应增加;而当企业产销量不断减少时,流动资产和流动负债也会相应减少。营运资金的管理必须把满足正常合理的资金需求作为首要任务。

(二)提高资金使用效率

加速资金周转是提高资金使用效率的主要手段之一。提高营运资金使用效率的关键就是采取得力措施,缩短营业周期,加速变现过程,加快营运资金周转。因此,企业要千方百计地加速存货、应收账款等流动资产的周转,以便用有限的资金,服务于更大的产业规模,为企业取得更好的经济效益提供条件。

(三) 节约资金使用成本

在营运资金管理中，必须正确处理保证生产经营需要和节约资金使用成本二者之间的关系。要在保证生产经营需要的前提下，遵守勤俭节约的原则，尽力降低资金使用成本。一方面，要挖掘资金潜力，盘活全部资金，精打细算地使用资金；另一方面，要积极拓展融资渠道，合理配置资源，筹措低成本资金，服务于生产经营。

(四) 保持足够的短期偿债能力

偿债能力的高低是企业财务风险高低的标志之一。合理安排流动资产与流动负债的比例关系，保持流动资产结构与流动负债结构的适配性，保证企业有足够的短期偿债能力是营运资金管理的重要原则之一。流动资产、流动负债以及二者之间的关系能较好地反映企业的短期偿债能力。流动负债是在短期内需要偿还的债务，而流动资产则是在短期内可以转化为现金的资产。因此，如果一个企业的流动资产比较多，流动负债比较少，说明企业的短期偿债能力较强；反之，则说明短期偿债能力较弱。但如果企业的流动资产太多，流动负债太少，也不是正常现象，这可能是因流动资产闲置或流动负债利用不足所致。

第二节 现金管理

现金(Cash)有广义、狭义之分。广义的现金是指在生产经营过程中以货币形态存在的资金，包括库存现金、银行存款和其他货币资金等。狭义的现金仅指库存现金。这里所讲的现金是指广义的现金。保持合理的现金水平是企业现金管理的重要内容。

一、持有现金的动机

企业持有现金是出于三种需求：交易性需求、预防性需求和投机性需求。

(一) 交易性需求

交易性需求(Transaction)是指企业为了满足维持日常周转及正常商业活动的需要而持有一定数额的现金。

旅游企业为了组织日常经营活动，必须保持一定数额的现金余额，用于购买原材料、支付工资、缴纳税款、偿付到期债务、派发现金股利等。由于企业每天的现金流入量与现金流出量在时间上与数额上通常存在一定程度的差异，因此，企业持有一定数量的现金余额以应付频繁支出是十分必要的。一般说来，企业为满足交易动机所持有的现金余额主要取决于销售水平。企业销售扩大，销售额增加，所需现金余额也随之增加。

(二) 预防性需求

预防性需求(Precautionary)是指企业为了应付突发事件而持有一定数额的

现金。

由于市场行情的瞬息万变和其他各种不测因素的存在，企业通常难以对未来现金流入量与流出量做出准确的估计和预期。一旦企业对未来现金流量的预期与实际情况发生偏离，必然对企业的正常经营秩序产生极为不利的影响。因此，在正常业务活动现金需要量的基础上，追加一定数量的现金余额以应付未来现金流入和流出的随机波动，是企业在确定必要现金持有量时应当考虑的因素。企业为应付紧急情况所持有的现金余额主要取决于以下三个方面：一是企业愿意承担风险的程度；二是企业临时举债能力的强弱；三是企业对现金流量预测的可靠程度，即企业对自己现金流量预测的客观和正确。

(三) 投机性需求

投机性需求(Speculative)是指企业为了抓住突然出现的获利机会而持有一定数额的现金。

如利用证券市价大幅度跌落购入有价证券，以期在价格反弹时卖出证券获取高额资本利得(价差收入)等。投机需求只是企业确定现金余额时所需考虑的次要因素之一，其持有量的大小往往与企业在金融市场的投资机会及企业对待风险的态度有关。

一般情况下，旅游企业除了以上三项原因持有现金外，也会基于满足将来某一特定要求或者为在银行维持补偿性余额等其他原因而持有现金。企业在确定现金余额时，一般应综合考虑各方面的持有动机。但需要注意的是，由于各种动机所需的现金可以调节使用，企业持有的现金总额并不等于各种动机所需现金余额的简单相加，前者通常小于后者。另外，上述各种动机所需保持的现金，并不要求必须是货币形态，也可以是能够随时变现的有价证券以及能够随时融入现金的其他各种存在形态，如可随时借入的银行信贷资金等。

二、目标现金余额的确定

(一) 成本模型

成本模型强调持有现金是有成本的，最优的现金持有量是使得现金持有成本最小化的持有量。现金的成本通常由机会成本和短缺成本组成(一般情况下，可忽略管理成本)：

1. 现金的机会成本

也称持有成本，指企业因保留一定现金余额而丧失的再投资机会的收益。企业持有一定数量的现金，必然要放弃将其用于其他投资机会而可能获得的收益，这种持有现金的代价就是机会成本。机会成本一般可采用资金成本率、资本收益率、预期报酬率、证券投资收益率等指标确定。

机会成本在数额上等同于资金成本。如一个旅游企业持有 2 万元现金，在证券收益率为10%的条件下,就只能放弃2000元的证券投资收益。可见,放弃的再投资收益即机会成本。机会成本属于变动成本,它与现金持有量的多少密切相关,即现金持有量越大,机会成本越高,反之就越小。

2. 现金的短缺成本

是指在现金持有量不足而又无法及时通过有价证券变现加以补充而给企业造成的损失,包括直接损失与间接损失。现金的短缺成本随现金持有量的增加而下降,随现金持有量的减少而上升,即现金的短缺成本与现金持有量负相关。

明确与现金有关的成本及其各自的特性,有助于从成本最低的角度出发,确定现金最佳持有量。成本模型就是通过分析现金机会成本和短缺成本,以两种成本之和最低时的现金持有量作为目标现金余额(见图7-1)。

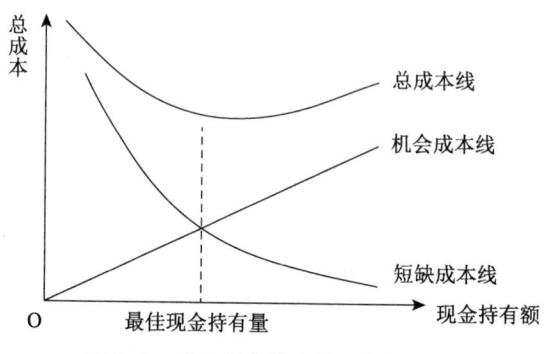

图7-1 最佳现金持有量(成本模型)

图7-1表明,现金的机会成本线、短缺成本线同现金持有量的变动关系不同,使总成本曲线呈抛物线形,抛物线的最低点,即为成本最低点,该点对应的现金持有量是最佳现金持有量,此时的现金持有成本最低。

(二)存货模型

存货模型又称鲍曼模式(Baumol Model),是由美国经济学家威廉·鲍曼(William J.Baumol)提出的。他认为,公司现金持有量在许多方面与存货相似,存货经济定货批量模型(Economic Ordering Quantity)可用于确定目标现金持有量,以此为出发点建立鲍曼模型。

存货模型分析的着眼点也是现金持有成本最低。在管理成本、交易成本和机会成本中,固定费用因其相对稳定,同现金持有量的多少关系不大,因此在存货模型中将其视为决策无关成本而不予考虑。由于现金是否会发生短缺、短缺多少、概率多大以及各种短缺情形发生时可能的损失如何,都存在很大的不确定性和无法计量性。因而,在利用存货模型计算现金最佳持有量时,对短缺成本也不予考虑,而只对机会成本和转换成本予以考虑。由于机会成本和转换成本随着现金持有量的变动而呈现出相反的变动趋向,这就要求企业必须对现金与有价证券的分割比例进行合理安排,从而使机会成本与转换成本保持最佳组合。换言之,能够使现金管理的机会成本与转换成本之和保持最低的现金持有量,即为最佳现金持有量。

鲍曼模式的基本假设前提是:①企业所需要的现金可通过证券变现取得,且证券变现的不确定性很小;②企业预算期内现金需要总量可以预测;③现金的支出过程比较稳定、波动较小,而且每当现金余额降至 0 时,均可通过部分证券变现得以补足;④证券利率或报酬率,以及每次固定性交易费用可以获悉。公式是:

现金管理总成本=持有机会成本+转换成本

$$TC = \left(\frac{Q}{2}\right)K + \left(\frac{T}{Q}\right)F$$

式中,TC 为现金管理总成本;T 为一个周期内现金总需求量;F 为每次转换有价证券的固定成本;Q 为最佳现金持有量(每次证券变现的数量);K 为有价证券利息率(机会成本)。

对上式求一阶导数,并令倒数等于 0,即可得到的最佳现金持有量的计算公式:

$$Q = \sqrt{2T \cdot \frac{F}{K}}$$

现金管理的总成本与现金持有量呈凹形曲线关系。持有现金的机会成本与证券变现的交易成本相等时,现金管理的总成本最低,此时为最佳现金持有量。将计算 Q 的公式代入上公式,可得最佳现金管理总成本的公式:

最佳现金管理总成本 $(TC) = \sqrt{2T \cdot F \cdot K}$

例如,S 旅游公司现金收支状况比较稳定,预计全年需要现金 2000 万元,现金与有价证券的转换成本为每次 400 元,有价证券的年利率为 10%,则有:

最佳现金持有量 $(Q) = \sqrt{2 \times 20\,000\,000 \times 400 \div 10\%} = 400\,000(元)$

最低现金管理成本 $(TC) = \sqrt{2 \times 20\,000\,000 \times 400 \times 10\%} = 40\,000(元)$

转换成本 $= (20\,000\,000 \div 400\,000) \times 400 = 20\,000(元)$

持有机会成本 $= (400\,000 \div 2) \times 10\% = 20\,000(元)$

有价证券交易次数 $(T/Q) = 20\,000\,000 \div 400\,000 = 50(次)$

有价证券交易间隔期 $= 360 \div 50 = 7.2(天)$

即,该公司有价证券交易间隔期约为 7 天。

(三)随机模型

随机模型建立在企业的现金未来需求总量和收支不可预测的前提下,通过现金波动的最高限额、最低限额和现金回归线进行现金控制。

随机模型也称米勒(M. Miller)—奥尔(D. Orr)模型,是利用模型计算确定企业一定时期现金波动的区间,制定出现金持有量的上下限,将现金量控制在上下限内。当现金量达到控制上限时,用现金购入有价证券,使现金持有量下降;当现金量达到控制下限时,抛售有价证券换回现金,使现金持有量回升。

随机模型的理论前提是:①企业日常现金流入和现金流出的变化是随机的和不稳定的;②现金净流量即现金余额的变化接近于正态分布;③最佳的现金持有金额就处于正态分布中间。公式是:

$$最佳现金持有量 Q = \sqrt[3]{\frac{3F\delta^2}{4K}} + L$$

$$现金控制上限 H = 3Q - 2L$$

$$平均持有现金 Q' = \frac{4Q - L}{3}$$

式中,F 是每次转换有价证券的固定成本;δ^2 是日现金净流量的方差;K 是持有现金的日机会成本(证券日利率);L 为现金控制下限;H 为现金控制上限。

例如,T旅游公司持有的有价证券年利率为7.2%,有价证券每次转换的固定成本为50元,公司现金最低限额8000元,根据以往经验,测算出日现金净流量的标准差为100元。

证券日利率 $K = 7.2\% \div 360 = 0.02\%$

$$最佳现金持有额 Q = \sqrt[3]{\frac{3 \times 50 \times 100^2}{4 \times 0.02\%}} + 8000 = 1233 + 8000 = 9233(元)$$

现金控制上限 $H = 3 \times 9233 - 2 \times 8000 = 11699(元)$

此时,企业应将现金余额控制在 $L \sim H$,即 8000~11699 元。9233 元为目标控制金额。当现金余额升至 H 时,可购进 9233~11699 元的有价证券,使之回落到 Q;当现金余额降至 L 时,则出售 8000~9233 元的有价证券,使之恢复到 Q;当现金余额在 $L \sim H$ 波动时,无须变现或进行短期投资。

运用随机模型求货币资金最佳持有量符合随机思想,即企业现金支出是随机的,收入是无法预知的。所以适用于所有企业现金最佳持有量的测算。但是,随机模型建立在企业的现金未来需求总量和收支不可预测的前提下,计算出来的现金持有量比较保守。

三、资金集中管理模式

资金集中管理模式是通过资金的集中管理,统一筹集、合理分配、有序调度,能够降低融资成本,提高资金使用效率,确保企业战略目标的实现,实现整体利益最大化。

资金集中管理模式可以分为以下几种:

(一)统收统支模式

在统收统支模式下,企业的一切资金收入都集中在集团总部的财务部门,各分支机构或子企业不单独设立账号,一切现金支出都通过集团总部财务部门付出,现金收支的批准权高度集中。统收统支模式有利于企业集团实现全面收支平衡,提高资金的周转效率,减少资金沉淀,监控现金收支,降低资金成本。但是该模式可能会不利于调动成员企业开源节流的积极性,影响成员企业经营的灵活性,以致降低整个集团经营活动和财务活动的效率。

(二)拨付备用金模式

拨付备用金模式是指集团按照一定的期限统拨给所有所属分支机构或子公司备其使用的一定数额的现金。各分支机构或子公司现金支出发生后,持有关凭证到集团财务部门报销以补足备用金。

(三)结算中心模式

结算中心通常是由企业集团内部设立的,办理内部各成员企业现金收付和往来结算业务的专门机构。结算中心通常设立于财务部门内,是一个独立运行的职能机构。

(四)内部银行模式

内部银行是将社会银行的基本职能与管理方式引入企业内部管理机制而建立起来的一种内部资金管理机构,主要职责是进行企业或集团内部日常的往来结算和资金调拨、运筹等。

(五)财务公司模式

财务公司是一种经营部分银行业务的非银行金融机构。其主要职责是开展集团内部资金集中结算,同时为集团成员企业提供包括存贷款、融资租赁、担保、信用鉴证、债券承销、财务顾问等在内的全方位金融服务。

四、现金收支日常管理

(一)现金周转期

现金周转期就是指介于公司支付现金与收到现金之间的时间段,也就是存货周转期与应收账款周转期之和减去应付账款周转期。

(二)收款管理

收款管理应关注收款成本和收款浮动期。收款成本包括浮动期成本、管理收款系统的相关费用及第三方处理费用或清算相关费用。收款浮动期是指从支付开始到企业收到资金的时间间隔。

(三)付款管理

现金付款管理的主要任务,是尽可能延缓现金的支出时间。当然这种延缓必须是合理合法的,否则企业延期支付账款所得到的收益,会远远低于由此而遭受的损失(包括商誉等)。一般来讲,企业延期支付账款可有如下考虑:

1. 使用现金浮游量

现金浮游量(Playing the Float),是指企业账户现金与银行账户上所示的存款余额之间的差额,是当企业开出支票,收款人收到支票交给银行,至银行将款项划出企业账户,在此期间所占用的现金。有时,企业账上的现金余额已经为零或所剩无几,而银行账上该企业的现金余额还有不少。这是因为有些支票虽已开出,但顾客还没有到银行兑现,企业仍可动用在银行存款账户上的这笔资金。当然,在使用现金浮游量时,一定要正确预测并控制使用,否则会发生银行存款的透支现象。

2. 推迟应付款的支付

对于应付账款(Payable),企业应在不影响自己信誉的前提下,尽可能地推迟付款时间,充分运用供货方所提供的信用优惠。如果企业急需现金,甚至可放弃供货方所给予的折扣优惠,在信用期的最后一天付款。当然,这须权衡其利弊而定。

3. 汇票代替支票

在使用支票付款时,只要受票人将支票交给银行,付款人就要无条件地付款。而汇票不是"见票即付"的付款方式,在受票人将汇票放进银行后,银行要将汇票送交付款人承兑,并由付款人将一笔相当于汇票金额的资金存入银行,银行才会付款给受票人,这样就有可能合法地延期付款。

4. 改进员工工资支付模式

有的企业在银行单独开设一个账户专供支付职工工资。为了最大限度地减少这一存款余额,企业可预先估计出工资支票到银行以及职工工资兑现的具体时间。

例如,S旅游公司每月5日支付职工工资。根据经验,5日、6日、7日及7日以后的兑现率分别为20%、25%、30%和25%。这样,企业就不需在5日存足支付全部工资所需要的工资额,仅将20%或多于20%的工资额打入工资存款户,将节余下的部分现金用于其他投资。

5. 透支

适当进行透支,可以节约企业的流动资金,但要注意适度。

6. 争取现金流出与现金流入同步

争取现金流出与现金流入同步,同步是现金管理最佳的方式。流入与流出同步,可以节约资金占用。

7. 使用零余额账户

使用零余额账户,也需要严密的现金管理,否则会造成现金短缺和损失。

第三节 应收账款管理

应收账款(Accounts Receivable)是企业因对外赊销产品、材料、供应劳务等而应向购货或接受劳务单位收取的款项,是企业的一项债权。目前,商品与劳务的赊销与赊供已成为市场经济的一个基本特征。虽然大多数企业更希望现销而不是赊销,但竞争的压力迫使许多企业提供商业信用即赊销,以便稳定销售渠道。显然,实行赊销或赊供的结果,一方面扩大了产品销路,另一方面又形成了一定的应收账款,增加了企业的经营风险。因此,在应收账款管理中,最重要的是正确衡量信用成本和信用风险,合理确定信用政策,及时收回账款。

一、应收账款的功能

企业通过提供商业信用,采取赊销、分期付款等方式可以扩大销售,增强竞争力,获得利润。赊销增加销售,减少存货,赊销一般也不增加固定成本。

企业由于提供商业信用,采取赊销、分期付款等方式扩大了销售,其增加的收益就是增加的销售量与单位边际贡献的乘积。增加的收益可用以下公式计算:

$$增加的收益=增加的销售量×单位边际贡献$$

边际贡献(Contribution Margin),是指销售收入减去变动成本后的余额。边际贡献又称为"边际利润"或"贡献毛益"等。单位产品边际贡献是销售单价减去单位变动成本后的余额。计算公式是:

$$单位产品边际贡献=销售单价-单位变动成本$$

二、应收账款的成本

企业在采取赊销方式促进销售的同时,会因持有债权而付出一定的代价,这种代价,即为应收账款的成本。包括机会成本、管理成本、坏账成本等。

(一) 应收账款的机会成本

应收账款机会成本,是指资金投放在应收账款上所丧失的其他收入,如未投资于有价证券而丧失的利息收入。这一成本的大小,通常与企业维持赊销业务所需要的资金数量、资金成本率或有价证券利息率有关。其计算公式为:

$$应收账款机会成本=维持赊销业务所需要的资金×资金成本率$$

式中,资金成本率一般可按有价证券利息率计算维持赊销业务所需要的资金数量,计算步骤是:

(1) 计算应收账款周转率:

$$应收账款周转率=360÷应收账款周转期$$

(2) 计算应收账款平均余额:

$$应收账款平均余额=赊销收入净额÷应收账款周转率$$

(3) 计算维持赊销业务所需要的资金:

$$维持赊销业务所需要的资金=应收账款平均余额×(变动成本÷销售收入)$$
$$=应收账款平均余额×变动成本率$$

上述分析是在企业的成本水平保持不变的假设下进行的,即单位变动成本不变,固定成本总额不变。因此,随着赊销业务的扩大,只有变动成本随之上升。

例如,设 Q 旅游公司年度预测赊销收入净额为 3000 万元,应收账款周转期为

60天,变动成本率为60%,资金成本率为10%,则应收账款机会成本为:

应收账款周转率 = 360÷60 = 6(次)

应收账款平均余额 = 3000÷6 = 500(万元)

维持赊销业务所需资金 = 500×60% = 300(万元)

应收账款机会成本 = 300×10% = 30(万元)

上述计算表明,企业投放30万元的资金可维持3000万元的赊销业务,相当于垫支资金的100倍之多。这一较高的倍数在很大程度上取决于应收账款的周转速度。这是因为,应收账款周转率越高,一定数量的资金所维持的赊销额就越大;反之,应收账款周转率越低,一定数量的资金所维持的赊销额就越小,所需要资金就越多。

(二)应收账款的管理成本

应收账款的管理成本指企业对应收账款进行管理而耗费的开支。主要包括对客户的资信调查费用、收账费用和其他费用。

(三)应收账款的坏账成本

应收账款基于商业信用而产生,存在无法收回的可能性,由此而给应收账款持有企业带来的损失,即为坏账成本。坏账一般与应收账款数量成正比,与应收账款距到期的时间成反比。为规避发生坏账,企业可按制度规定提取坏账准备。

三、应收账款的管理目标

企业发生应收账款的主要原因是扩大销售,增强竞争力,其管理目标就是增加利润。这就需要在应收账款信用政策所增加的盈利和这种政策付出的成本费用之间做出权衡。

应收账款应于收入实现时确认入账。入账价值以未包含现金折扣的实际发生额为准,实际发生的现金折扣作为财务费用计入当期损益。应收账款是企业被别的企业占用的资金,待收回并取得货币资金后,才能补偿原来生产经营中的资金耗费,确保资金的循环周转。因此,应控制应收账款的限额和收回时间,采取有效措施,及时组织催收,避免资金被其他单位长期占用。

应收账款投资收益与风险并存的客观现实,要求企业必须对应收账款的边际收益与边际成本加以全面权衡。应收账款的管理目标是,在实施信用强化竞争、扩大销售的同时,尽可能降低应收账款的机会成本、坏账损失与管理成本,最大限度地发挥信用投资的效益。

四、信用政策

应收账款和信用管理中,制定合理的信用政策,是加强应收账款管理,提高应收账款投资效益的重要前提。信用政策即应收账款的管理政策,是指企业为对应收账款投资进行规划与控制而确立的基本原则,包括信用标准、信用条件和收账政策。

(一) 信用标准

信用标准,是指信用申请者获得企业提供信用所必须达到的最低信用水平,通常以预期的坏账损失率作为判别标准。信用标准的制定是建立在对客户信用评价的基础上的。如果客户达不到信用标准,则不能享受企业所提供的信用优惠。

(二) 信用条件

信用条件是销货企业要求赊购客户支付货款的条件,由信用期间、折扣期限和现金折扣三个要素组成。信用期间是企业允许顾客从购货到付款之间的时间,信用期间的确定,主要是分析改变现行信用期间对收入和成本的影响。现金折扣是企业对顾客在商品价格上的扣减,主要目的在于吸引顾客为享受优惠而提前付款,缩短企业的平均收款期。另外,现金折扣也能招揽一些视折扣为减价出售的顾客前来购货,借此扩大销售量。

现金折扣常用 5/10,3/20,n/30 这样的符号来表示。其含义为:

5/10 表示若 10 天内付款,可以享受 5% 的价格优惠;

3/20 表示若 20 天内付款,可享受 3% 的价格优惠;

n/30 表示付款的最后期限为 30 天,此时付款无折扣。

企业采用什么样的折扣优惠,应和信用条件结合起来分析。

例如,要求客户不超过 30 天付款,5%、3% 的折扣优惠能吸引多少客户?折扣的实施能给企业带来多大好处?将这些可能发生的成本和收益相比较,选取成本低、效益好的方案。

(三) 收账政策

收账政策是指信用条件被违反时,企业采取的收账策略。企业如果采取较积极的收账政策,可能会减少应收账款,减少坏账损失,但要增加收账成本。如果采用较消极的收账政策,则可能会增加应收账款,增加坏账损失,但会减少收账费用。企业需要做出适当的权衡。

在企业向客户提供商业信用时,必须考虑三个问题:其一,客户是否会拖欠或拒付账款,程度如何;其二,怎样最大限度地防止客户拖欠账款;其三,一旦账款遭到拖欠甚至拒付,企业应采取怎样的对策。前两个问题,主要靠信用调查和严格信用审批制度;第三个问题则必须通过制定完善的收账方针,采取有效的收账措施予以解决。

企业对拖欠的应收账款,无论采用何种方式进行催收,都需要付出一定的代价,即收账费用,如收款所花的邮电通信费、派专人收款的差旅费和必要时的法律诉讼费等。为了扩大销售,增强竞争能力,往往对客户的逾期未付款项规定一个允许的拖欠期限,超过规定期限,企业就应采取各种形式进行催收。如果制定的收款政策过宽,会导致逾期未付款项的客户拖延时间更长,对企业不利;收账政策过严,催收过急,又可能伤害无意拖欠的客户,影响企业未来的销售和利润。因此,企业在制定收账政策时,要权衡利弊,掌握好宽严界限。

一般而言,企业加强收账管理,及早收回货款,可以减少坏账损失,减少应收账款上的资金占用,但会增加收账费用。因此,制定收账政策就是要在增加收账费用与减少坏账损失、减少应收账款机会成本之间进行权衡,若前者小于后者,则说明制定的收账政策是可取的。

例如,A旅游公司应收账款原有的收账政策和拟改变的收账政策,如表7-1所示。

表7-1 A旅游公司收账政策备选方案

项 目	现行收账政策	拟采用的新收账政策
年收账费用(万元)	6	10
平均收账期(天)	60	30
坏账损失占赊销额(%)	3	2
赊销额(万元)	1200	1200
变动成本率(%)	60	60
资金成本率(%)	20	20

据表7-1中的资料,两种方案的收账总成本可计算如表7-2所示。

表7-2 收账政策分析评价表

单位:万元

项 目	现行收账政策	新拟采用的收账政策
赊销额	1200	1200
应收账款周转次数(次)	360÷60=6	360÷30=12
应收账款平均余额	1200÷6=200	1200÷12=100
应收账款占用成本	200×60%=120	100×60%=60
应收账款机会成本	120×20%=24	60×20%=12
坏账损失	1200×3%=36.00	1200×2%=24.00
收账费用	6.00	10.00
信用成本	66.00	46.00

结果表明,拟采用的新收账政策,其收账成本低于现行收账政策的成本。因此,新方案是可行的。

实际工作中,影响企业信用标准、信用条件及收账政策的因素很多,如销售额、赊销期限、收账期限、现金折扣、坏账损失、过剩生产能力、信用部门成本、机会成本、存货投资等的变化。这就使得信用政策的制定更为复杂,一般来说,理想的信用政策就是能给企业带来最大收益的信用政策。

五、应收账款的监控

企业监督和控制每一笔应收账款和应收账款总额对实施信用政策都是重要的。

(一) 应收账款周转天数

将应收账款周转天数(平均收账期)与信用期比较是衡量应收账款管理状况的一种方法。

(二) 账龄分析表

将应收账款划分为未到信用期的应收账款和以30天为间隔的逾期应收账款,这是衡量应收账款管理状况的另外一种方法。

(三) 应收账款账户余额的模式

应收账款账户余额的模式反映一定期间(如一个月)的赊销额在发生赊销的当月月末及随后的各月仍未偿还的百分比。

(四) ABC分析法

ABC分析法是现代经济管理中广泛应用的一种"抓重点、照顾一般"的管理方法,又称重点管理法。它是将企业的所有欠款客户按其金额的多少进行分类排队,然后分别采用不同的收账策略的一种方法。

六、应收账款日常管理

主要包括对客户的信用调查和分析评价、应收账款的催收和保理工作。

(一) 客户的信用调查和分析评价

应收账款实施追踪分析的重点应放在赊销商品的销售与变现方面。客户以赊购方式购入商品后,迫于获利和付款信誉的动力与压力,必然期望尽早付款。如果这一期望能够顺利地实现,而客户又具有良好的信用品质,则企业如期足额地收回客户欠款一般不会有多大的问题。然而,市场供求情况的瞬变性,使得客户所赊购的商品也许不能顺利地销售与变现,出现积压或赊销。出现上述情形,对客户而言,就意味着与应付账款相对的现金支付能力匮乏。

在这种情况下,客户能否严格履行赊销企业的信用条件,取决于两个因素:其一,客户的信用品质;其二,客户现金的持有量与调剂程度(如现金用途的约束性、其他短期债务偿还对现金的要求等)。如果客户的信用品质良好,持有一定的现金余额,且现金支出的约束性较小,可调剂程度较大,客户大多数还是不愿以损失市场信誉为代价,拖欠赊销企业账款的;如果客户信用品质不佳,或者现金匮乏,或者其现金的可调剂程度低,那么,赊销企业的账款被拖欠也就在所难免。

（二）应收账款的催收

形成应收账款后，企业一定要组织专门力量，对已形成的应收账款进行清理。加大应收账款清欠和回收，必须制定相应制度，采取相应管理措施。对已发生的正常应收账款，应根据不同情况，在单位负责人的分配协调下，有区别、有重点地开展清欠工作，加强对账，力争尽快回收资金；对不能正常收回的应收账款，应加大清欠力度，采取以物抵债、让利清收等措施强行收回；对已生成多年的坏账，经多次清欠无结果的，可采取与经济效益挂钩，清账提成的办法；对那些有一定偿还能力，对归还欠款不重视、不积极，并以种种借口推托不还的债务单位，应适当采取诉讼方式，以法律手段强制收回。

（三）应收账款的保理

应收账款的保理，是企业将赊销形成的未到期应收账款在满足一定条件的情况下，转让给商业银行，以获得银行的流动资金支持，加快资金周转。理论上讲，保理可以分为买断型保理（非回购型保理）和非买断型保理（回购型保理）、有追索权保理和无追索权保理、明保理和暗保理、折扣保理和到期保理。保理的作用主要是：

1. 融资功能

保理业务的成本要明显低于短期银行贷款的利息成本，银行只收取相应的手续费用。而且如果企业使用得当，可以循环使用银行对企业的保理业务授信额度，从而最大程度地发挥保理业务的融资功能。尤其是对于那些客户实力较强，有良好信誉，而收款期限较长的企业作用尤为明显。

2. 减轻企业应收账款的管理负担

应收账款保理，其实质上还是一种利用未到期应收账款这种流动资产作为抵押从而获得银行短期借款的一种融资方式，可以减轻企业应收账款的管理负担。

3. 减少坏账损失、降低经营风险

应收账款保理，获得银行短期借款，可以减少坏账损失、降低经营风险。

4. 改善企业的财务结构

在无追索权的买断式保理方式下，企业可以在短期内大大降低应收账款的余额水平，加快应收账款的周转速度，改善财务报表的资产管理比率指标，改善企业的财务结构。

第四节 存货管理

一、存货的功能

存货（Inventory）是指企业在正常服务经营过程中持有以备出售的产品、商品，或者为了出售仍然处在生产过程中的在产品,或者将要耗用的材料、物料、用品等。存货在旅游企业流动资产总额中一般占有较大比重,是企业重要的流动资产。

然而,存货的增加必然要占用更多的资金,将使企业付出更大的持有成本(即存货的机会成本),而且存货的储存与管理费用也会增加,影响企业获利能力的提高。因此,存货管理的基本目标,是在存货的收益与成本之间进行利弊权衡,在充分发挥存货功能的同时降低成本、增加收益,实现收益与成本的最佳组合。

旅游企业存货的实物管理一般不直接由财务部门负责,而由业务部门和供应部门负责。但是,将资金投放于存货,对存货资金进行管理,却是财务部门的任务。因此,对企业存货进行管理的基本目的,是计算确定企业存货的价值,加强对存货的计划、控制、核算与分析,以便控制消耗,降低成本和费用,提高企业总体经济效益。

判断是否为旅游企业的存货,首先应是以企业对存货是否拥有所有权作为依据。也就是说,凡在盘存日期,所有权属于企业的所有物品,不论其存放地点如何,都应视为本企业的存货。反之,凡在盘存之日,所有权不属于企业的物品,即使存放在企业的仓库中,也不应视为本企业的存货。

存货的功能是指存货在企业生产经营过程中起到的作用。具体包括以下几个方面:

(一)保证生产经营正常进行

企业持有充足的存货,能够保证生产经营过程的顺利进行。

(二)有利于销售

持有充足的存货,还能够节约采购费用与采购时间,迅速满足客户各种消费的需要,从而为企业的销售与服务提供较大的机动性,避免因存货不足带来的机会损失。

(三)便于维持均衡生产,降低产品成本

存货资金利用的好坏,对企业的财务状况影响极大。由于存货随着企业生产、服务等经营活动的进行,经常处在不断地销售、耗用和重置之中,持有一定的存货,便于维持均衡生产,降低产品成本。

(四)降低存货取得成本

企业持有一定数量的存货,可以降低存货的取得时的变动性进货费用,降低存货取得成本。

(五)防止意外事件的发生

企业持有一定数量的存货,可以防止意外事件的发生,维持企业的正常经营。

二、存货的成本

与持有存货相关的成本包括:取得成本、储存成本、缺货成本。

（一）取得成本

取得成本是由存货的进价成本和进货费用构成。其中，进价成本又称购置成本，是指存货本身的价值，等于数量与单价的乘积。在一定时期进货总量既定的条件下，无论企业采购次数如何变动，存货的进价成本通常是保持相对稳定的（假设物价不变，且无采购数量折扣），因而属于决策无关成本。进货费用亦称订货成本，是指为组织进货而开支的费用，如办公费、差旅费、邮资、电话电报费、运输费、检验费、入库搬运费等支出。进货费用有一部分与订货次数有关，如差旅费、邮资、电话电报费等费用与进货次数呈正相关变动，这类变动性进货费用从管理角度讲，属于决策的相关成本；另一部分与订货次数无关，如专设采购机构的基本开支等，这类固定性进货费用从管理角度讲，属于决策无关成本。

（二）储存成本

企业为持有存货而发生的费用即为存货的储存成本，主要包括：存货资金占用费（如以贷款购买存货的利息）、机会成本（如以现金购买存货而同时损失的证券投资收益等）、仓储费用、保险费用、存货残损霉变损失等。从管理角度，储存成本可以按照与储存数额的关系，分为变动性储存成本和固定性储存成本两类。其中，固定性储存成本与存货储存数额的多少没有直接的联系，如仓库折旧费、仓库职工的固定月工资等，这类成本属于决策的无关成本；而变动性储存成本则随着存货储存数额的增减成正比例变动，如存货资金的应计利息、存货残损和变质损失、存货的保险费用等，这类成本属于决策的相关成本。

（三）缺货成本

缺货成本是因存货不足而给企业造成的损失，包括由于材料供应中断造成的停工损失、成品供应中断导致延误发货的信誉损失，以及丧失销售机会的损失等。如果生产企业能够以替代材料解决库存材料供应中断之急的话，缺货成本便表现为替代材料紧急采购的额外开支。缺货成本能否作为决策的相关成本，应视企业是否允许出现存货短缺的不同情形而定。若允许缺货，则缺货成本便与存货数量反向相关，即属于决策相关成本；反之，若企业不允许发生缺货情形，此时缺货成本为零，亦可不予考虑。

三、最优存货量的确定

（一）经济订货量基本模型

存货管理中的经济订货量（Economic Order Quantity，EOQ），是指能使企业在存货上所花费的成本达到最低、最经济的每次进货量。通过上述对存货成本分析可知，决定存货经济进货批量的成本因素主要包括变动性进货费用（简称进货费用）、变动性储存成本（简称储存成本），以及允许缺货时的缺货成本。不同的成本项目与进货批量呈现着不同的变动关系。减少进货批量，增加进货次数，在影响储存成本降低的同时,也会导致进货费用与缺货成本的提高;相反,增加进货批量,减少进货次数,尽管有利于降低进货费用与缺货成本,但同时会使储存成本提高。因此,如何协调各项成本间的关系,使其总和保持最低水平,是企业组织进货管理需解决的主要问题。

经济订货基本模型是建立在一系列严格假设基础上的。以如下假设为前提:①企业一定时期的进货总量,可较为准确地预测②存货的耗用或销售比较均衡;③存货价格比较稳定,且不存在数量折扣;④进货日期完全由企业自行决定,且每当存货量降为零时,下一批存货能马上采购、一次到位;⑤仓储条件及所需现金不受限制;⑥不允许出现缺货情形;⑦所需存货市场供应充足,不会因买不到所需存货影响其他方面。

由于不允许缺货,即每当存货数量降至零时,下一批订货便会随即全部购入,故不存在缺货成本。此时与存货订购批量、批次直接相关的就只有进货费用和储存成本两项。这样,进货费用与储存成本总和最低水平下的进货批量,就是经济订货量。

经济订货量的基本模型,公式如下:

$$经济订货量\ Q = \sqrt{\frac{2AB}{C}} = \sqrt{\frac{2 \times 某项存货年需求量 \times 每次订货成本}{单位存货年储存成本}}$$

式中,A 是存货年需求量;B 是每次订货成本;C 是单位存货年储存成本。

这样,经济订货量的存货总成本:$T_c = \sqrt{2ABC}$

例如,K 旅游公司的 Y 宾馆用品,年需求量为 900 箱,每次订货成本 100 元,每箱用品价格为 1000 元,年储存成本 2 元。则经济订货量为:

$$经济订货量\ Q = \sqrt{\frac{2AB}{C}} = \sqrt{\frac{2 \times 900 \times 100}{2}} = 300(箱)$$

经济订货量的存货总成本 $(T_c) = \sqrt{2ABC} = \sqrt{2 \times 900 \times 100 \times 2} = 600(元)$

设存货价格为 P,则经济订货量平均占用资金 (W) 为:

经济订货量平均占用资金 $(W) = QP \div 2 = 300 \times 1000 \div 2 = 150\ 000(元)$

$$年最佳订购次数(N) = A/Q = 900 \div 300 = 3(次)$$

结果表明,该公司的 A 宾馆用品,每年购进 3 次,每次购进 300 箱最为经济,年存货成本达到最低。

例如,S 旅游公司每年需耗用 A 材料 720 千克,材料单位采购成本 2000 元,单位储存成本 40 元,平均每次进货费用 400 元,计算如下:

$$Q = \sqrt{\frac{2AB}{C}} = \sqrt{\frac{2 \times 720 \times 400}{40}} = 120(千克)$$

$$T_c = \sqrt{2ABC} = \sqrt{2 \times 720 \times 400 \times 40} = 4800(元)$$

$$W = QP \div 2 = 120 \times 2000 \div 2 = 120\,000(元)$$
$$N = A \div Q = 720 \div 120 = 6(次)$$

计算表明,当进货批量为 120 千克时,进货费用与储存成本最低。

(二)经济订货基本模型扩展

经济订货基本模型,可以扩展至再订货点、陆续供应和使用模型等。

1. 再订货点

再订货点(Order Quantity Again),是指企业订购下一批货物时的存货储存量。再订货点法是定量订货的重要方式之一。所谓再订货点法,是指当存货量降到再订货点时,就按一定的数量进行订货,使储存量始终维持在最高存货量与安全存量之间。计算公式如下:

$$再订货点 = 预计交货期内的需求量 + 保险储备$$

保险储备是为预防临时用量增大或交货误期等原因而设立的储备。一般情况下,从发出订单到收到货物时,储存量将下降到刚好等于安全存量的水平。即使出现用量达到最高水平的情况,企业也能在存货量降到零时及时补充存货。因此,在需要量不稳定或交货可能出现误期的情况下,必须设置保险储备。计算公式如下:

$$保险储备 = (预计每天最大需用量 - 正常每天平均需用量) \times 订货提前期$$

例如,K 旅游公司的 A 宾馆用品的经济订货量为 300 箱,平均每天正常耗用2.5 箱,最高耗用 4 箱,订货需提前 6 天。计算如下:

保险储备 = (4−2.5)×6 = 9(箱);

再订货点 = 2.5×6+9 = 24(箱)

即 A 宾馆用品的存货量降到 24 箱时,应向供货单位发出订货单。

2. 陆续供应和使用模型

在建立存货的基本模型时,是假设存货一次全部入库,故存货增加时存量变化为一条垂直的直线。事实上,各批存货可能陆续入库,使存量陆续增加。尤其是产成品入库和在产品转移,几乎总是陆续供应和陆续耗用的。因此,必须考虑每日送货量和每日耗用量。

陆续供应和使用模型如下:

$$经济订货量\ Q = \sqrt{\frac{2AB}{C} \times \frac{P}{P-d}}$$

式中,Q 为每批的经济订货量;A 是存货年需求量;B 是每次订货成本;C 是单位存货年储存成本;P 为每日送货量;d 为每日耗用量。

陆续供应和使用模型下的经济订货量的存货总成本:

$$T_c = \sqrt{2 \times 年需要量 \times 一次订货成本 \times 单位储存成本 \times \left(1 - \frac{每日耗用量}{每日送货量}\right)}$$

$$= \sqrt{2ABC \times \left(1 - \frac{d}{P}\right)}$$

例如，A 宾馆的 S 用品年需用量 A 为 3600 件（每件 100 盒），每日送货量 P 为 30 件，每日耗用量 d 为 10 件，单价 U 为 10 元，一次订货成本 B 为 24 元，单位储存变动成本 C 为 2 元。计算经济订货量：

$$经济订货量 Q = \sqrt{\frac{2AB}{C} \times \frac{P}{P-d}} = \sqrt{\frac{2 \times 3600 \times 24}{2} \times \frac{30}{30-10}} = 360（件）$$

$$经济订货量存货总成本 = \sqrt{2 \times 3600 \times 24 \times 2 \times \left(1 - \frac{10}{30}\right)} = 480（元）$$

例如，D 宾馆的 W 用品年需要量 14 400 件，每日供应量 50 件，一次订货成本 10 元，单位储存成本 1 元/年。假设一年为 360 天。需求是均匀的，不设置保险库存并且按照经济订货量进货。要求计算：经济订货量、最高库存量、与进货批量有关的总成本、平均库存量。

$$日耗用量 = 14\,400 \div 360 = 40（件）$$

$$经济订货量 = \sqrt{\frac{2 \times 14\,400 \times 10}{1} \times \frac{50}{50-40}} = 1200（件）$$

$$最高库存量 = 1200 - 1200 \div 50 \times 40 = 240（件）$$

$$平均库存量 = 240 \div 2 = 120（件）$$

$$与进货批量有关的总成本 = \sqrt{2 \times 14\,400 \times 10 \times 1 \times \left(1 - \frac{40}{50}\right)} = 240（元）$$

（三）保险储备

为防止缺货造成的损失，企业应有一定的保险储备。合理的保险储备应该使得缺货成本和保险储备储存成本之和最小。

四、存货的控制系统

（一）ABC 控制系统

ABC 控制系统就是把企业种类繁多的存货，依据其重要程度、价值大小或者资金占用等标准进行分类，区分重点进行分类管理，因此，也称 ABC 分类法（ABC Analysis Method）。

ABC 控制法是意大利经济学家巴雷特（Pareto）于 19 世纪首创的用于分析人口与收入之间关系的一种方法。20 世纪 20 年代后，广泛用于存货管理、成本管理和生产管理。所谓 ABC 分析法，是企业将全部存货按品种数量多少与占用资金大小划分为 A、B、C 三类，分别采取不同方法予以管理的存货控制法。ABC 法的目的在于使企业分清主次，突出重点，以提高存货资金管理的整体效果。

ABC 法的分类标准主要有两个：一是金额标准，二是品种数量标准。其中金额标准是最基本的,品种数量标准仅作为参考。A 类存货的特点是金额巨大,但品种数量较少;B 类存货金额一般,品种数量相对较多;C 类存货品种数量繁多,但价值金额却很小。具体分类过程包括三个步骤,可通过计算机进行。

(1)列示全部存货明细表,计算出每种存货价值总额及占全部存货金额的百分比。

(2)按照金额标志由大到小进行排序并累加金额百分比。

(3)当金额百分比累加到 70% 左右时,以上存货视为 A 类存货;百分比介于 70%~90% 的存货作为 B 类存货;其余的作为 C 类存货。

例如,S 旅游公司共有 13 种材料,总金额为 2180 万元,按金额多少的顺序排列并按上述原则将其划分成 A、B、C 三类,其过程如表 7-3 所示。

表 7-3 S 旅游公司材料 ABC 分类表

单位:元

材料品种	金额(万元)	合计金额(万元)	金额比重(%)	归类
A	1000			
B	600	1600	73	A
C	160			
D	150	440	20	B
E	130			
F	30			
G	10			
H	20			
I	10	140	7	C
J	20			
K	20			
L	20			
M	10			
合计		2180	100	

ABC 控制法用图表示,如图 7-2 所示。

对存货进行 ABC 分类,可以使企业分清主次,采取相应的对策进行有效的管理、控制。企业在组织经济进货批量、储存期分析时,对 A、B 两类存货可以分别按品种、类别进行。对 C 类存货只需要加以灵活掌握即可,一般不必进行上述各方面的测算与分析。

根据 ABC 分析的结果,结合企业实际情况,对 A、B、C 三类对象进行有区别的管理。其管理方式归纳如表 7-4 所示。

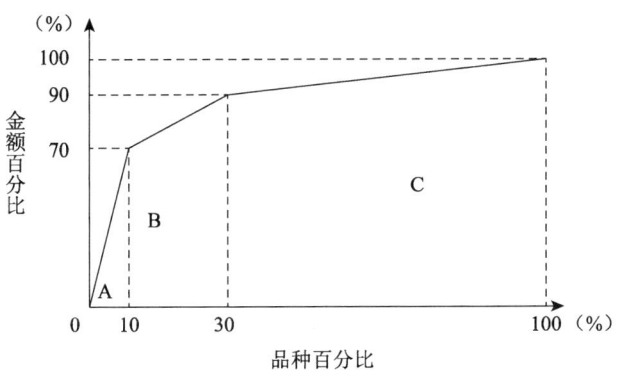

图 7-2　ABC 分类法示意图

表 7-4　ABC 分类管理方式表

	A 类	B 类	C 类
管理要点	投入较大力量精心管理，勤进少储，将库存压缩到最低水平	按经营方针调节库存水平，有时控制严一些，有时松一些	集中大量订货，以较高的库存来节省订货费用
订货方式	计算每种物品的订货量，按最优的订货批量，采用定期订货方式，订货量由预测决定	采用定量订货方式，当库存降到订货点，便提出订货，订货量为经济批量	采用双推法，用两个库位储存物资，一个库位发货完毕，另一个库位接续，同时补充第一库位的存货
金额水平	按品种或规格控制	按大类品种控制	按总金额控制
检查方式	经常检查	一般检查	按年度或季度检查
统计方法	详细统计，按品种规格规定统计项目	一般统计，按大类规定统计项目	按金额统计

(二) 适时制库存控制系统

适时制库存控制系统又称零库存管理、看板管理系统，是指企业事先与供应商和客户协调好：当企业在生产、服务过程中需要原料或零件时，供应商将原料或零件送来；而每当产品生产出来就被客户拉走。这样，制造企业的库存持有水平就可以大大下降，大大提高了企业运营管理效率。

实行适时制库存控制系统，需要稳定而标准的生产程序以及供应商的诚信，否则，任何一环出现差错将导致整个生产线或服务系统的停止。目前，已有越来越多的公司利用适时制库存控制系统减少甚至消除对库存的需求，即实行零库存管理。适时制库存控制系统进一步的发展被应用于企业整个生产管理过程中，集开发、生产、库存和分销于一体，大大提高了企业运营管理效率。

第五节 流动负债管理

流动负债的主要来源是:短期借款、短期融资券和商业信用,各种来源具有不同的获取速度、灵活性、成本和风险。

一、短期借款

短期借款,指企业向银行和其他非银行金融机构借入的期限在 1 年以内的借款。

(一)短期借款的种类

我国目前的短期借款按照目的和用途分为若干种,主要有生产周转借款、临时借款、结算借款等。按照国际通行做法,短期借款还可依偿还方式的不同,分为一次性偿还借款和分期偿还借款;依利息支付方法的不同,分为收款法借款、贴现法借款和加息法借款;依有无担保,分为抵押借款和信用借款等。

企业在申请借款时,应根据各种借款的条件和需要加以选择。

(二)短期借款的取得

企业举借短期借款,首先必须提出申请,经审查同意后借贷双方签订借款合同,注明借款的用途、金额、利率、期限、还款方式、违约责任等;然后根据借款合同办理借款手续;借款手续办理完毕,企业便可取得借款。

(三)短期借款的信用条件

按照国际通行做法,银行发放短期借款往往带有一些信用条件,主要有:

1. 信贷额度

信贷额度是银行对借款人规定的无担保贷款的最高额。信贷额度的有效期限通常为 1 年,但根据情况也可延期 1 年。一般来讲,企业在批准的信贷额度内,可随时使用银行借款。但是,银行并不承担必须提供全部信贷额度的义务。如果企业信誉恶化,即使银行曾同意过按信贷额度提供贷款,企业也可能得不到借款。这时,银行也不会承担法律责任。

2. 周转信贷协定

周转信贷协定是银行具有法律义务地承诺提供不超过某一最高限额的贷款协定。在协定的有效期内,只要企业的借款总额未超过最高限额,银行必须满足企业任何时候提出的借款要求。企业享用周转信贷协定,通常要就贷款限额的未使用部分付给银行一笔承诺费(Commitment Fee)。

周转信贷协定的有效期通常超过 1 年,但实际上贷款每几个月发放一次,所以这种信贷具有短期和长期借款的双重特点。

3. 补偿性余额

补偿性余额是银行要求借款企业在银行中保持按贷款限额或实际借用额一定百分比(一般为10%~20%)的最低存款余额。从银行的角度讲,补偿性余额可降低贷款风险,补偿遭受的贷款损失。对于借款企业来讲,补偿性余额则提高了借款的实际利率。

例如,E 旅游公司按年利率8%向银行借款10万元,银行要求维持贷款限额15%的补偿性余额,那么,企业实际可用的借款为:

$$实际可用的借款 = 10 \times (1-15\%) = 8.5(万元)$$

该项借款的实际利率则为:

$$实际利率 = \frac{10 \times 8\%}{8.5} \times 100\% = 9.4\%$$

4. 借款抵押

银行向财务风险较大的企业或对其信誉不甚有把握的企业发放贷款,有时需要有抵押品担保,以减少自己蒙受损失的风险。短期借款的抵押品经常是借款企业的应收账款、存货、股票、债券等。银行接受抵押品后,将根据抵押品的面值决定贷款金额,一般为抵押品面值的30%~90%。这一比例的高低,取决于抵押品的变现能力和银行的风险偏好。抵押借款的成本通常高于非抵押借款,这是因为银行主要向信誉好的客户提供非抵押贷款,而将抵押贷款看成一种风险投资,故而收取较高的利率;同时银行管理抵押贷款要比管理非抵押贷款困难,为此往往另外收取手续费。

企业向贷款人提供抵押品,会限制其财产的使用和将来的借款能力。

5. 偿还条件

贷款的偿还有到期一次偿还和在贷款期内定期(每月、季)等额偿还两种方式。一般来讲,企业不希望采用后一种偿还方式,因为这会提高借款的实际利率;而银行不希望采用前一种偿还方式,是因为这会加重企业的财务负担,增加企业的拒付风险,同时会降低实际贷款利率。

6. 其他承诺

银行有时还要求企业为取得贷款而做出其他承诺,如及时提供财务报表、保持适当的财务水平(如特定的流动比率)等。如企业违背所作出的承诺,银行可要求企业立即偿还全部贷款。

(四)短期借款的成本

短期借款成本主要包括利息、手续费等。短期借款成本的高低主要取决于贷款利率的高低和利息的支付方式。利息的支付方式主要包括:

1. 收款法

收款法是在借款到期时向银行支付利息的方法。银行向工商企业发放的贷款大都采用这种方法收息。

2. 贴现法

贴现法是银行向企业发放贷款时,先从本金中扣除利息部分,而到期时借款企业则要偿还贷款全部本金的一种计息方法。采用这种方法,企业可利用的贷款额只有本金减去利息部分后的差额,因此贷款的实际利率高于名义利率。

例如,Q旅游公司从银行取得借款10 000元,期限1年,年利率(即名义利率)为8%,利息额800元(10 000×8%);按照贴现法付息,企业实际可利用的贷款为:

实际可利用的贷款 = 10 000 - 800 = 9200(元)

$$贷款的实际利率 = \frac{800}{10\ 000 \times (1 - 8\%)} \times 100\% = 8.7\%$$

3. 加息法

加息法是银行发放分期等额偿还贷款时采用的利息收取方法。在分期等额偿还贷款的情况下,银行要将根据名义利率计算的利息加到贷款本金上,计算出贷款的本息和,要求在贷款期内分期偿还本息之和的金额。由于贷款分期均衡偿还,借款企业实际上只平均使用了贷款本金的半数,却支付全额利息。这样,企业所负担的实际利率便高于名义利率大约1倍。

例如,Q旅游公司向银行借入(名义)年利率为12%的贷款20 000元,分12个月等额偿还本息。则企业平均占用的借款 = 20 000÷2 = 10 000(元)。则:

$$借款实际利率 = \frac{20\ 000 \times 12\%}{10\ 000} \times 100\% = 24\%$$

二、短期融资券

(一)短期融资券的意义

短期融资券,又称商业票据或短期债券,是由企业发行的无担保短期本票。在我国,短期融资券是指企业依照《短期融资券管理办法》的条件和程序,在银行间债券市场发行和交易,并约定在一定期限内还本付息的有价证券,是企业筹措短期(1年以内)资金的直接融资方式。

在我国,短期融资券是指企业依照《银行间债券市场非金融企业债务融资工具管理办法》的条件和程序,在银行间债券市场发行和交易并约定在一定期限内还本付息的有价证券,是企业筹措短期资金的直接融资方式。

(二)短期融资券的特征

短期融资券具有以下特征:①发行人为非金融企业;②它是一种短期债券品种,期限不超过365天;③发行利率(价格)由发行人和承销商协商确定;④发行对象为银行间债券市场的机构投资者,不向社会公众发行;⑤实行余额管理,待偿还融资券余额不超过企业净资产的40%;⑥可以在全国银行间债券市场机构投资人之间流通转让。

(三)短期融资券的种类

1. 按发行方式分类,分为经纪人代销的融资券和直接销售的融资券

经纪人代销的融资券,又称间接销售融资券,是指先由发行人卖给经纪人,然后由经纪人再卖给投资者的融资券。经纪人主要有银行、信托投资公司、证券公司等。企业委托经纪人发行融资券,要先支付一定数额的手续费。

直接销售的融资券,是指发行人直接销售给最终投资者的融资券。直接发行融资券的公司,通常是经营金融业务的公司或自己有附属金融机构的公司,它们有自己的分支网点,有专门的金融人才,因此,有力量自己组织推销工作,从而节约了间接发行时应付给证券公司的手续费。

2. 按发行人的不同分类,分为金融企业的融资券和非金融企业的融资券

金融企业的融资券主要是指由各大公司所属的财务公司、各种信托投资公司、银行控股公司等发行的融资券。这类融资券一般都采用直接发行方式。非金融企业的融资券是指那些没有设立财务公司的工商企业所发行的融资券。这类企业一般规模不大,多数采用间接方式来发行融资券。

3. 按融资券的发行和流通范围分类,分为国内融资券和国际融资券

国内融资券是一国发行者在其国内金融市场上发行的融资券。发行这种融资券一般只要遵循本国法规和金融市场惯例即可。国际融资券是一国发行者在其本国以外的金融市场上发行的融资券。发行这种融资券,必须遵循有关国家的法律和国际金融市场的惯例。

(四)短期融资券的筹资特点

短期融资券的筹资特点包括:

1. 筹资成本较低

短期融资券是一种短期债券品种,期限不超过365天,发行利率(价格)由发行人和承销商协商确定,因此,筹资成本较低。

2. 筹资数额比较大

由于短期融资券发行对象为银行间债券市场的机构投资者,不向社会公众发行,往往可以筹集到数额较大的资金。

3. 发行条件比较严格

一般来讲,只有实力雄厚、资信程度很高的大企业才有资格发行短期融资券。在我国,短期融资券的发行必须符合我国《短期融资券管理办法》中规定的发行条件,发行条件比较严格。

三、商业信用

商业信用是指企业在商品或劳务交易中,以延期付款或预收货款方式进行购

销活动而形成的借贷关系,是企业之间的直接信用行为,也是企业短期资金的重要来源。

(一)商业信用的形式

1. 应付账款

应付账款是供应商给企业提供的商业信用。供应商在信用条件中规定有现金折扣时,放弃现金折扣的成本是很高的。放弃现金折扣的成本为:

$$放弃现金折扣的成本 = \frac{折扣百分比}{1 - 折扣百分比} \times \frac{360}{信用期 - 折扣期}$$

例如,R 旅游公司按(2/10、n/30)的条件购入旅游货物 10 万元。如果该公司在 10 天内付款,便享受了 10 天的免费信用期,并获得折扣(10×2%)0.2 万元,免费信用额为(10-0.2)9.8 万元。

倘若买方放弃折扣,在 10 天后(不超过 30 天)付款,便要承受因放弃折扣而造成的隐含利息成本。放弃现金折扣的成本:

$$放弃现金折扣的成本 = \frac{2\%}{1 - 2\%} \times \frac{360}{30 - 10} = 36.7\%$$

放弃现金折扣的成本与折扣百分比的大小、折扣期的长短同方向变化,与信用期的长短反方向变化。可见,如果买方企业放弃折扣而获得信用,其代价是较高的。然而,企业在放弃折扣的情况下,推迟付款的时间越长,其成本便会越小。

上例公司如果延至 50 天付款,成本可计算为:

$$放弃现金折扣的成本 = \frac{2\%}{1 - 2\%} \times \frac{360}{50 - 10} = 18.4\%$$

2. 应付票据

应付票据是采用商业汇票结算方式而产生的。

商业汇票(Commercial Bill of Exchange / Commercial Draft)是收款人或付款人签发,由承兑人(付款人)承兑,并于到期日向收款人或被背书人支付款项的证明。

商业汇票包括商业承兑汇票和银行承兑汇票。由收款人签发,经付款人承兑,或由付款人签发并承兑的商业汇票叫商业承兑汇票;由收款人或承兑申请人签发,并由承兑申请人向开户银行申请,经银行审查同意承兑的商业汇票叫银行承兑汇票。商业汇票一律记名,允许背书转让。经承兑后的商业汇票,承兑人即付款人负有到期无条件支付票款的责任。

应付票据按是否带息分为带息应付票据和不带息应付票据。

3. 预收货款

预收货款,是指销货单位按照合同和协议规定,在发出货物之前向购货单位预先收取部分或全部货款的信用行为。

预收货款是指企业在销售商品时,要求买方在卖方发出货物之前支付货款的情形。一般用于以下两种情况:①企业已知买方的信用欠佳;②销售生产周期长、售价高的产品。在这种情况下,销货单位可以得到暂时的资金来源,购货单位则要预先垫支一笔资金。

4. 应计未付款

应计未付款是企业在生产经营和利润分配过程中已经计提但尚未以货币支付的款项。主要包括应付职工薪酬、应交税费、应付利润或应付股利等。

(二)商业信用筹资的优缺点

商业信用筹资的优点包括:商业信用容易获得、企业有较大的机动权、企业一般不用提供担保。

商业信用筹资的缺点包括:商业信用筹资成本高、容易恶化企业的信用水平、受外部环境影响较大。

四、流动负债的利弊

(一)流动负债的经营优势

流动负债的主要经营优势包括:容易获得,具有灵活性,能够有效地满足企业季节性资金短缺的融资需要。

(二)流动负债的经营劣势

流动负债的一个经营劣势是需要持续地重新谈判或滚动安排负债,财务风险较大。

思考与练习

1. 什么是企业的信用政策决策?现金折扣如何计算?
2. 存货的功能是什么?最优存货量应如何确定?
3. 现金目标余额的确定方法有哪些?如何进行现金收支和应收账款的日常管理?
4. 企业的流动负债管理有哪些方面?如何管理?
5. 营运资金的特点和管理原则是什么?
6. 某旅游公司的G消耗品年需要量16 200件(100支/件),日供应量60件,一次订货成本25元,单位储存成本1元/年。假设一年为360天。需求是均匀的,不设置保险库存并且按照经济订货量进货。

要求计算:经济订货量和与进货批量有关的总成本。

7. 某旅游公司向银行借入短期借款10 000元,支付银行贷款利息的方式同银行协商后的结果是,银行提出三种方案:①如采用贴现法付息,利息率为6%;②如采用收款法付息,利息率为7%;③如采用加息法付息,利息率为5%。

要求:如果你是该公司的财务经理,你选择哪种支付利息的方式?说明理由。

第八章

旅游企业成本管理

本章重点
- 掌握成本管理的主要内容
- 掌握标准成本的制定及差异分析
- 熟悉量本利分析技术
- 了解作业成本、责任成本

第一节 旅游企业成本管理的主要内容

简单来说,成本(Cost)就是为了获得某种利益或达到一定目标所发生的耗费或支出。

一、旅游企业成本管理的作用

旅游企业是竞争性行业。在当今世界经济格局正在发生根本性变化的条件下,企业将始终面对的是全方位的竞争,全世界的竞争。它涉及企业方方面面的因素,如价格、产品、服务、技术、质量、品牌、网络等。随着我国结构的调整和经营环境的变化,企业成本控制的不利因素也在不断增加。特别是近年来,随着农产品价格的上涨,各种生产资料价格,以及人力成本也创出了近年来的新高,企业的成本控制遇到了前所未有的压力。

因此,企业要想在日益激烈的市场竞争中谋求经济利益,以取得持续性的竞争优势,必须精打细算,加强成本控制,努力寻求各种降低成本的有效途径和方法。

(一)降低成本

通过成本管理,可以降低成本,为企业扩大再生产创造条件。成本降低指既定的经济规模、技术条件、质量标准条件下,通过降低消耗、提高劳动生产率、进行合理的组织管理等措施降低成本。通常,这种意义上的成本降低也是企业日常成本管理的内容。

(二)增加利润

通过成本管理可以增加企业利润,提高企业经济效益。

降低成本可以增加企业的利润,但在某些情况下,具有战略意义的议题是如何通过增加成本以获取其他的竞争利益。当成本变动与其他相关因素的变动相互关联时,如何在成本降低与生产经营需要之间做出权衡取舍,是企业成本管理无法回避的困难选择。单纯以成本的高低为标准容易形成误区。成本的变动往往与诸方面的因素相关联,成本管理不能仅仅只着眼于成本本身,而要利用成本、质量、价格、销量等因素之间的相互关系,支持企业为维系质量、调整价格、扩大市场份额等对成本的需要,使企业能够最大限度地获得利润。

(三)提升企业竞争力

通过成本管理能帮助企业取得竞争优势,增强企业的竞争能力和抗压能力。

在激烈的市场竞争环境下,企业为了取得竞争优势,往往要采取诸多的战略措施,这些战略措施通常需要成本管理予以配合。采用成本领先战略的企业要通过强化成本管理不遗余力地降低成本。战略的选择与实施是企业的根本利益之所在,其需要高于一切,成本管理要配合企业为取得竞争优势所进行的战略选择,配合各种战略对成本及成本管理的需要,在实施战略的过程中实现成本最低化。

二、成本管理的目标

从成本管理所涉及的层面来看,成本管理的目标可分为总体目标和具体目标两个方面。

成本管理的总体目标是为企业的整体经营目标服务的,是降低成本、保证盈利和维持企业持续发展。

成本管理的具体目标是对总体目标的进一步细分,包括成本计算目标和成本控制目标。

三、成本管理的基本环节

(一)成本规划

指成本管理的战略制定。它从总体上规划成本管理,为具体的成本管理提供战略思路和总体要求。

(二)成本核算

是成本管理的基础环节,指对生产费用发生和产品成本形成所进行的会计核算,是成本分析和成本控制的信息基础。

(三) 成本控制

是成本管理的核心,指企业采取经济、技术和组织等手段降低成本或改善成本的一系列活动。

(四) 成本分析

是成本管理的重要组成部分,指利用成本核算,结合有关计划、预算和技术资料,应用一定的方法对影响成本升降的各种因素进行科学的分析和比较,了解成本变动情况,系统地研究成本变动的因素和原因。

(五) 成本考核

是对成本计划及有关指标实际完成情况进行总结和评价,对成本控制效果进行评估。

第二节 量本利分析与应用

一、量本利分析的内容

产销量、成本、利润是三个要素,它们之间存在相互依存的关系。

量本利分析(Cost-Volume-Profit Analysis),就是在成本性态分析和变动成本计算模式的基础上,通过研究企业在一定期间内的成本、业务量和利润三者之间的内在联系,揭示变量之间的内在规律性,为企业预测、决策、规划和业绩考评提供必要的财务信息的一种定量分析方法。

量本利分析主要包括保本分析、安全边际分析、多种产品量本利分析、目标利润分析和利润的敏感性分析等内容。

(一) 量本利分析的基本假设

在现实经济生活中,成本、销售数量、价格和利润之间的关系非常复杂。例如,成本与业务量之间可能呈线性关系也可能呈非线性关系;销售收入与销售量之间也不一定是线性关系,因为售价可能发生变动。为了建立量本利分析理论,必须对上述复杂的关系做一些基本假设,由此来严格限定量本利分析的范围,对于不符合这些基本假设的情况,可以进行量本利扩展分析。量本利分析的基本假设如下:

1. 总成本由固定成本和变动成本两部分组成

这个基本假设是要求固定成本和变动成本划分比较明确,总成本由固定成本和变动成本两部分组成,这样,量本利分析就会比较准确。

2. 销售收入与销量呈完全线性关系

这是指在相关范围内,销售单价、单位变动成本、固定成本总额保持不变,业务量是影响销售收入和总成本的唯一因素;在一定时期内,业务量总是在单价水平和成本消耗水平不变所允许的范围内变化,销售收入与销量呈完全线性关系,都可以用直线加以表达。

3. 产销平衡

产销平衡就是企业生产出来的产品总是可以销售出去,能够实现生产量等于销售量。在这一假设下,量本利分析中的量就是指销售量而不是生产量,进一步讲,在销售价格不变时,这个量就是指销售收入。但在实际经济生活中,生产量可能会不等于销售量,这时产量因素就会对本期利润产生影响。

4. 产品产销结构稳定

结构稳定是指在一个生产(或提供)和销售多种产品(或服务)的情况下,产品(或服务)的结构稳定,每种产品(或服务)的销售收入占总销售收入的比重不会发生变化。但在现实经济生活中,企业很难始终按照一个固定的品种结构来销售产品,如果销售产品的品种结构发生较大变动,必然导致利润与原来品种结构不变假设下预计的利润有很大差别。有了这种假定,就可以使企业管理人员关注价格、成本和业务量对营业利润的影响。

(二) 量本利分析的基本原理

量本利分析着重研究销售数量、价格、成本和利润之间的数量关系,它所提供的原理、方法在管理会计中有着广泛的用途,同时它又是企业进行决策、计划和控制的重要工具。

1. 量本利分析的基本关系式

$$
\begin{aligned}
\text{息税前利润}(EBIT) &= \text{销售收入} - \text{总成本} \\
&= \text{销售收入} - (\text{变动成本} + \text{固定成本}) \\
&= \text{销售量} \times \text{单价} - \text{销售量} \times \text{单位变动成本} - \text{固定成本} \\
&= \text{销售量} \times (\text{单价} - \text{单位变动成本}) - \text{固定成本}
\end{aligned}
$$

2. 边际贡献

边际贡献(Contribution Margin, CM),是指产品的销售收入减去变动成本后的余额。

$$
\begin{aligned}
\text{边际贡献总额} &= \text{销售收入} - \text{变动成本} \\
&= \text{销售量} \times \text{单位边际贡献} \\
&= \text{销售收入} \times \text{边际贡献率}
\end{aligned}
$$

单位边际贡献(Unit Contribution Margin, UCM)是指单位产品售价与单位变动成本的差额。用公式表示为:

$$
\begin{aligned}
\text{单位边际贡献} &= \text{单价} - \text{单位变动成本} \\
&= \text{单价} \times \text{边际贡献率}
\end{aligned}
$$

$$
\begin{aligned}
\text{边际贡献率} &= \frac{\text{边际贡献总额}}{\text{销售收入}} = \frac{\text{单位边际贡献}}{\text{单价}} \\
&= 1 - \text{变动成本率}
\end{aligned}
$$

例如,Y 旅游公司的客房部(宾馆)共有客房 500 间,销售单价 1000 元/间·天。该宾馆每月的直接工资 20 万元,消耗材料 5 万元;制造费用(客户部费用)9 万元,其中变动费用 4 万元,固定费用 5 万元;推销及管理费用 8 万元,其中变动费用 3 万元,固定费用 5 万元。

要求计算:该公司的边际贡献、边际贡献率、变动成本率和息税前利润。

根据上述公式,该公司销售收入 = 1000×500 = 50(万元)

$$边际贡献 = 50-(20+5+4+3) = 18(万元)$$

$$边际贡献率 = 18÷50 = 36\%$$

$$变动成本率 = (20+5+4+3)÷50 = 32÷50 = 64\%$$

或

$$= 1-36\% = 64\%$$

$$息税前利润 = 18-(5+5) = 8(万元)$$

二、单一产品量本利分析

(一)保本分析

保本分析(Break Even Analysis),又称盈亏临界分析,是研究当企业恰好处于保本状态时量本利关系的一种定量分析方法,是量本利分析的核心内容。

1. 保本点

保本点(Breakeven Point)是指能使企业达到保本状态时的业务量的总称。单一品种的保本点有两种表现形式:保本销售量和保本销售额。

$$保本销售量 = \frac{固定成本}{单价 - 单位变动成本}$$

$$保本销售额 = \frac{固定成本}{单位边际贡献} = 保本销售量 × 单价$$

$$= \frac{固定成本}{1 - \frac{单位变动成本}{单价}} = \frac{固定成本}{边际贡献率}$$

例如,Y 旅游公司的 E 子公司常年经营线路 P 旅游产品,单位售价 1500 元/人次,单位变动成本 900 元/人次,月固定成本总额 150 万元。试计算该旅游产品每月的保本销售量和保本销售额。

$$保本销售量 = \frac{固定成本}{单价 - 单位变动成本} = \frac{1\ 500\ 000}{1500 - 900} = 2500(人次)$$

$$保本销售额 = 2500×1500 = 3\ 750\ 000(元) = 375(万元)$$

即该子公司每月必须保证销售 2500 人次、获得 375 万元的收入,才能达到保本经营。

2. 保本作业率

保本作业率(Break Even Operation Rate)又称危险率或者盈亏临界点作业率,

是指保本点业务量占现有或预计销售业务量的百分比。

保本作业率是一个反指标,保本作业率越小说明企业经营越安全。公式如下:

$$保本作业率 = \frac{保本点销售量}{正常经营销售量} \times 100\%$$

例如,假设Y旅游公司的E子公司,2016年P线路的旅游产品销售了4000人次,该产品单位售价1500元/人次,单位变动成本900元/人次,固定成本总额1 500 000元。试计算该旅游产品的保本作业率。

因为:该产品的保本销售量 $= \frac{1\ 500\ 000}{1500-900} = 2500(人次)$,本年销售4000人次,所以:

$$保本作业率 = \frac{2500}{4000} \times 100\% = 62.5\%$$

(二)量本利分析图

量本利分析图是在直角坐标系中用图形表示出保本点的位置。量本利分析图分为基本的量本利分析图、边际贡献式的量本利分析图两种。

1. 基本的量本利分析图

例如,上例中,Y旅游公司保本销售量为2500人次、保本销售额375万元,则可绘制基本的量本利分析图,如图8-1所示。

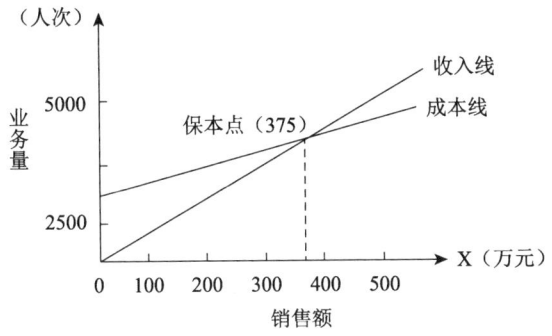

图8-1 基本的量本利分析图

图8-1中,销售收入线与成本线的交点,就是保本点的销售额375万元。该点对应的保本销售量是2500人次。在这个点上,企业处于不盈不亏的状态。

图中可见两个三角形区域,上面的三角形区域是盈利区:当企业的销售量超过2500人次或者收入高于375万元时,企业就能够盈利;反之,当企业销售量低于2500人次或者收入低于375万元时,企业就可能亏损。超过保本点越多,盈利越多;低于保本点越多,亏损越大。

2. 边际贡献式的量本利分析图

边际贡献式的量本利分析图与基本的量本利分析图绘制方法略有不同。其横坐标与纵坐标的含义相同,收入线与成本线也相同,只是多了一条变动成本线。如图 8-2 所示。

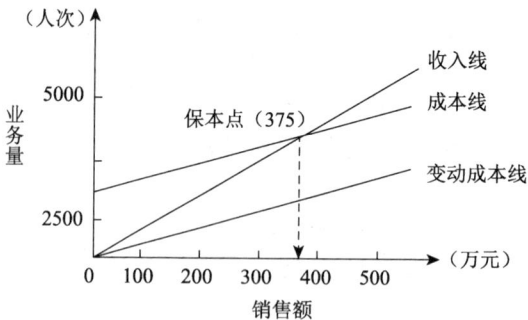

图 8-2 边际贡献式的量本利分析图

边际贡献式的量本利分析图与基本的量本利分析图,唯一不同之处是多了一根变动成本线,销售收入和这条直线的中间区域是边际贡献区域,总成本和这条直线的中间区域是固定成本区域。边际贡献区域的面积,正好等于固定成本区域。边际贡献区域面积正好等于固定成本区域面积的唯一情况,出现在成本线与销售收入线相交的那一点以下的部分,即"亏损区",和其对应相等的三角形区域。这说明此时,边际贡献正好被固定成本抵销,而当销售量再增加时,边际贡献就大于固定成本,企业就有了盈利。这就是边际贡献式的量本利分析图所表达的内容。

(三)安全边际分析

1. 安全边际

安全边际(Margin of Safety),也称安全幅度,是指企业盈亏临界点以上的销售量,也就是现有销售量超过盈亏临界点销售量的差额。其经济含义是指现有的业务量再降低多少,企业将从盈利状态转入亏损状态。计算公式如下:

安全边际量=实际或预计销售量-保本点销售量

安全边际额=实际或预计销售额-保本点销售额

=安全边际量×单价

$$安全边际率 = \frac{安全边际量}{实际或预计销售量} \times 100\%$$

$$= \frac{安全边际额}{实际或预计销售额} \times 100\%$$

安全边际量或安全边际额的数值越大,企业发生亏损的可能性就越小,企业也就越安全。同样地,安全边际率数值越大,企业发生亏损的可能性就越小,说明企业的业务经营也就越安全。基于安全边际率的企业经营安全判断标准(经验标准),一般如表 8-1 所示。

表 8-1　企业经营安全性的经验标准（基于安全边际率）

安全边际率	10%以下	10%~20%	20%~30%	30%~40%	40%以上
安全程度	危险	值得注意	比较安全	安全	很安全

例如，D 宾馆的保本点销售量为 20 000 人/间·天，单位房间售价为 200 元，入住率按 50%计算，预计实际销售量可达到 30 000 人/间·天，则该企业的：

$$安全边际 = 30\ 000 - 20\ 000 = 10\ 000（人/间·天）$$

或

$$= 30\ 000 \times 200 \times 50\% - 2\ 000\ 000 = 1\ 000\ 000（元）$$

$$安全边际率 = 10\ 000 \div 30\ 000 = 33.33\%$$

或

$$= 1\ 000\ 000 \div 3\ 000\ 000 = 33.33\%$$

该企业的安全边际率 33.33%，大于 30%，说明经营是安全的。

2. 保本作业率与安全边际率的关系

如果企业的正常生产经营能力与现有销售或预计销售量（额）相当，即有：

$$保本销售量 + 安全边际量 = 正常销售量$$

保本作业率与安全边际率有如下关系：

$$保本作业率 + 安全边际率 = 1$$

这说明：保本作业率与安全边际率是互补的关系。

基于保本作业率的企业经营安全性的判断标准（经验标准），如表 8-2 所示。

表 8-2　企业经营安全性的经验标准（基于保本作业率）

保本作业率	60%以下	60%~70%	70%~80%	80%~90%	90%以上
安全程度	很安全	安全	比较安全	值得注意	危险

例如，S 旅游公司保本销售额 250 万元，正常销售额是 380 万元。则：

$$安全边际额 = 380 - 250 = 130（万元）$$

$$安全边际率 = 130 \div 380 = 34\%$$

$$保本作业率 = 250 \div 380 = 66\%$$

可见，该公司的安全边际率是 34%，保本作业率 66%，说明其经营是相对安全的。

三、多种产品量本利分析

实际上，大多数的企业，其产品或经营都是多品种的。所以，对多品种保本点的讨论更有意义。多品种量本利分析中，保本点的计算，有以下方法：

（一）加权平均法

加权平均法是指在各种产品边际贡献的基础上，以各种产品预计销售收入占

总收入的比重为权数,确定企业加权平均的综合边际贡献率,进而分析多品种条件下量本利关系的一种方法。计算公式如下:

加权平均边际贡献率 = $\sum$(某产品或服务边际贡献率 × 该产品或服务比重)

在多品种的情况下:

$$综合保本点 = \frac{固定成本总额}{加权平均边际贡献率}$$

例如,S 旅游公司生产 A、B、C 三种旅游纪念品。计划期内固定成本总额为 150 万元,其他资料如表 8-3 所示。要求计算:该公司的保本点销售额。

表 8-3 S 旅游公司销售量、销售单价等资料

品种	销售量（件）	单价（元/件）	销售收入（万元）	销售比重（%）	单位变动成本（元/件）	边际贡献（万元）	边际贡献率（%）
A	10 000	300	300	30	180	120	40
B	20 000	200	400	40	100	200	50
C	30 000	100	300	30	70	90	30
合计	—	—	1000	100	—	410	—

加权平均边际贡献率 = $\sum$(产品边际贡献率 × 该产品销售比重)
= 40%×30%+50%×40%+30%×30% = 41%

$$保本点销售额 = \frac{固定成本总额}{加权平均边际贡献率} = \frac{150}{41\%} = 365.85(万元)$$

即:该企业的保本点销售额为 365.85 万元,实际销售额大于 365.85 万元即可实现盈利。

(二)联合单位法

联合单位法是指在事先确定各种产品间产销量比例的基础上,将各种产品产销实物量的最小比例作为一个联合单位,确定每一联合单位的单价、单位变动成本,进行量本利分析的一种分析方法。

(三)分算法

分算法是在一定的条件下,将全部固定成本按一定标准在各种产品之间进行合理分配,确定每种产品应补偿的固定成本数额,然后再对每一种产品按单一品种条件下的情况分别进行量本利分析的方法。

(四)顺序法

顺序法是指按照事先规定的品种顺序,依次用各种产品的边际贡献补偿整个企业的全部固定成本,直至全部由产品的边际贡献补偿完为止,从而完成量本利分析的一种方法。

(五)主要产品法

在企业产品品种(或服务项目)较多的情况下,如果存在一种产品是主要产品,它提供的边际贡献占企业边际贡献总额的比重较大,代表了企业产品(或服务项目)的主导方向,则可以按该主要品种(或服务项目)的有关资料进行量本利分析,视同于单一品种。确定主要品种(或服务项目)应以边际贡献为标志,并只能选择一种主要产品(或服务项目)。

四、目标利润分析

(一)目标利润分析

目标利润是指企业在一定时间内争取达到的利润目标,是反映着一定时间财务、经营状况的好坏和经济效益高低的预期经营目标。

目标利润是企业经营预期实现的利润目标,是根据市场条件和企业实际,在全面分析收入与成本因素之后,经过充分的市场调查和反复的计算平衡确定的。目标利润一经确定,便成为企业生产经营活动的行动依据,企业要根据目标利润来组织销售收入,控制销售成本的资金占用。

目标利润的规划程序:①考察上期利润计划的执行情况,分析下期影响利润变动的因素;②确定初步的利润目标;③通过综合平衡,最终确定目标利润;④确定目标利润后,根据目标利润的要求测定为完成目标利润的各项收支指标,并做出利润规划,组织目标利润的实现;⑤加强目标利润的考核、分析。

目标利润的一般确定方法是量本利分析法,是企业利用产品销售量、销售额、固定成本、变动成本与利润之间的变动规律,对目标利润进行预测的方法。

运用量本利分析法,应建立在对市场进行充分调查研究的基础上,通过对市场的调查分析,首先对产品的销售量或销售额做出科学预测,然后再分析预测企业的固定成本、变动成本、贡献毛利率等,最后确定目标利润。公式如下:

$$目标利润 = (单价 - 单位变动成本) \times 销售量 - 固定成本$$

$$目标利润销售量 = \frac{固定成本 + 目标利润}{单位边际贡献}$$

$$目标利润销售额 = \frac{固定成本 + 目标利润}{边际贡献率}$$

或:

$$目标利润销售额 = 目标利润销售量 \times 销售单价$$

$$= \frac{固定成本 + 目标利润}{单位边际贡献} \times 销售单价$$

例如,S旅游公司销售A产品,单位售价700元,单位变动成本400元,企业固定成本总额90万元,计划年度的目标利润确定为45万元。

要求计算:目标利润销售量和目标利润销售额。

利用以上公式,该公司:

$$目标利润销售量 = \frac{450\,000 + 900\,000}{700 - 400} = 4500(件)$$

$$目标利润销售额 = 4500 \times 700 = 3\,150\,000(元) = 315(万元)$$

即:该公司至少要销售 4500 件,或者保证销售额 315 万元,才能保证实现目标利润 45 万元。

(二)实现目标利润的措施

如果企业在经营中根据实际情况规划了目标利润,那么为了保证目标利润的实现,需要对其他因素做出相应的调整。通常情况下企业要实现目标利润,在其他因素不变时,销售数量或销售价格应当提高,而固定成本或单位变动成本则应下降。

五、利润敏感性分析

利润敏感性分析(Profit Sensitivity Analysis),是研究量本利分析的假设前提中的诸因素发生微小变化时,对利润的影响方向和影响程度。

利润敏感性分析实质,是通过逐一改变相关变量数值的方法来解释关键指标受这些因素变动影响大小的规律。影响利润的因素很多,如售价、单位变动成本、销量、固定成本等。在现实经济环境中,这些因素是经常发生变动的。各相关因素变化都会引起利润的变化,但其影响程度各不相同。如有些因素虽然只发生了较小的变动,却导致利润发生很大的变动,利润对这些因素的变化十分敏感,称这些因素为敏感因素;反之,则称为非敏感因素。

反映利润对各因素敏感程度的指标,称为利润的敏感系数,其计算公式为:

$$某因素的利润敏感系数 = \frac{利润变动百分比}{因素变动百分比}$$

其判别标准是:

(1)敏感系数的绝对值>1,即当某影响因素发生变化时,利润发生更大程度的变化,该影响因素为敏感因素;

(2)敏感系数的绝对值<1,即利润变化的幅度小于影响因素变化的幅度,该因素为非敏感因素;

(3)敏感系数的绝对值=1,即影响因素变化会导致利润相同程度的变化,该因素亦为非敏感因素。

六、量本利分析在经营决策中的应用

量本利分析在经营决策中的应用,除了生产量、成本、利润分析外,还常常用于生产工艺设备的选择,以及新产品投产的选择等方面。

第三节 标准成本控制与分析

一、标准成本控制与分析的内容

标准成本(Standard Cost)是指通过调查分析、运用技术测定等方法制定的,在有效经营条件下所能达到的目标成本。企业在确定标准成本时,可以根据自身的技术条件和经营水平,在以下类型中进行选择:一是理想标准成本;二是正常标准成本。

(一)理想标准成本

理想标准成本(Ideal Standard Cost)是指在最优的生产条件下,利用现有的规模和设备能够达到的最低成本。制定理想标准成本的依据,是理论上的业绩标准、生产要素的理想价格和可能实现的最高生产经营能力利用水平。

(二)正常标准成本

正常标准成本(Currently Attainable Standard Cost)是在当前企业的生产经营条件下,经过努力可以达到的成本目标。与理想标准成本相比,正常标准成本综合考虑了生产经营过程中难以避免的耗费及低效率因素,如设备故障、维修保养、材料损耗、员工效率不佳或休假需要等,剔除了正常低效率因素的影响,在成本差异分析时直接将企业管理层的注意力引向非正常的、应采取针对性措施的低效率因素,从而达到有效控制成本的目的。

(三)标准成本控制与分析的内容

标准成本控制与分析,又称标准成本管理,是以标准成本为基础,将实际成本与标准成本进行对比,揭示成本差异形成的原因和责任,进而采取措施,对成本进行有效控制的管理方法。

标准成本控制与分析,包括标准成本制定、差异分析和差异处理三个有机组成部分。标准成本控制与分析的流程见图8-3。

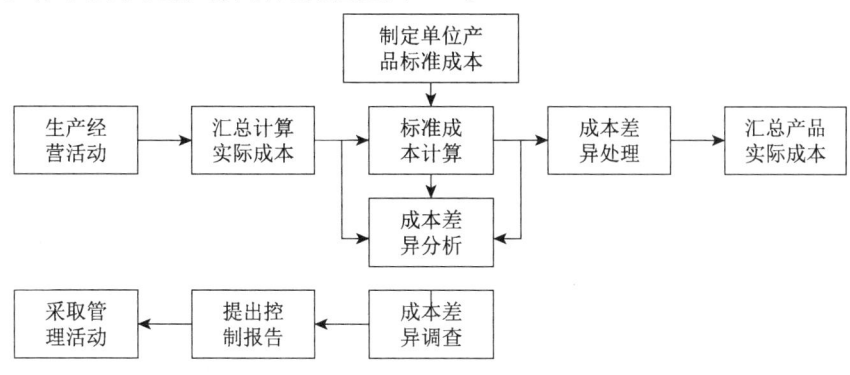

图 8-3 标准成本控制与分析流程

二、标准成本的制定

标准成本的制定,包括用量标准和价格标准两部分。

产品成本由直接材料、直接人工和制造费用三个项目组成。无论是确定哪一个项目的标准成本,都需要分别确定其用量标准和价格标准,两者的乘积就是每一成本项目的标准成本;将各项目的标准成本汇总,即得到单位产品的标准成本。

(一)直接材料标准成本的制定

直接材料的标准消耗量,是用统计方法、工业工程法或其他技术分析方法确定的。它是现有技术条件生产单位产品所需的材料数量,包括必不可少的消耗,以及各种难以避免的损失。公式如下:

$$直接材料标准成本 = \sum (单位产品材料用量标准 \times 材料价格标准)$$

例如,Y 旅游公司生产的 A 旅游产品,直接材料标准成本的制定,见表8-4。

表8-4 A 旅游产品直接材料标准成本的制定

标　　准	材料甲	材料乙
价格标准: 发票单价(元/千克) 装卸检验费(元/千克) 每千克标准价格(元)	1000 200 1200	1400 280 1680
用量标准: 设计用量(千克) 允许损耗量(千克) 单产标准用量(千克)	3.0 0.2 3.2	2.0 — 2.0
成本标准: 材料甲(3.2×1200)(元) 材料乙(2.0×1680)(元)	3840	3360
单位产品标准成本(元)	7200	

(二)直接人工标准成本的制定

直接人工的用量标准是单位产品的标准工时。确定单位产品所需的直接生产工时,需要按产品的加工工序分别进行,然后加以汇总。标准工时是指在现有生产技术条件下,生产单位产品所需的时间,包括直接加工操作必不可少的时间,以及必要的间歇和停工,如工间休息、调整设备时间、不可避免的废品耗用工时等。标准工时应以作业研究和工时研究为基础,参考有关统计资料来确定。

直接人工的价格标准是指标准工资率。它可能是预定的工资率,也可能是正常的工资率。如果采用计件工资制,标准工资率是预定的每件产品支付的工资除以标准工时,或者是预定的小时工资;如果采用月工资制,需要根据月工资总额和可用工时总量来计算标准工资率。

$$直接人工标准成本 = 工时用量标准 \times 工资率标准$$

其中:
$$工资率标准 = \frac{标准工资总额}{标准总工时}$$

例如,上述 Y 旅游公司生产的 A 旅游产品直接人工标准成本的制定,如表 8-5 所示。

表 8-5　A 旅游产品直接人工标准成本

小时工资率	第一工序	第二工序	第一车间合计
基本生产工人人数	60	40	100
每人每月工时(22 天×8 小时/天)	176	176	176
出勤率	98%	98%	98%
每人平均可用工时	172	172	172
每月总工时	10 320	6880	17 200
每月工资总额	83 600	55 600	139 200
每小时工资	8.10	8.08	8.09
单位产品工时:			
理想作业时间	62.5	86.0	148.5
调整设备时间	4.0	——	4.0
工间休息	16.0	10.0	26.0
其他	11.0	1.5	21.5
单位产品工时合计	93.5	106.5	200
直接人工标准成本	757.35	860.52	1 617.87

(三)制造费用标准成本

制造费用的标准成本按部门分别编制,然后将同一产品涉及的各部门单位制造费用标准加以汇总,得出整个产品制造费用标准成本。

$$制造费用标准成本 = 工时用量标准 \times 制造费用分配率标准$$

其中:
$$制造费用分配率标准 = \frac{标准制造费用总额}{标准总工时}$$

三、成本差异的计算及分析

成本差异是指一定时期生产一定数量的产品所发生的实际成本与相关的标准

成本之间的差额。成本差异计算分析的通用模式，如图8-4所示。

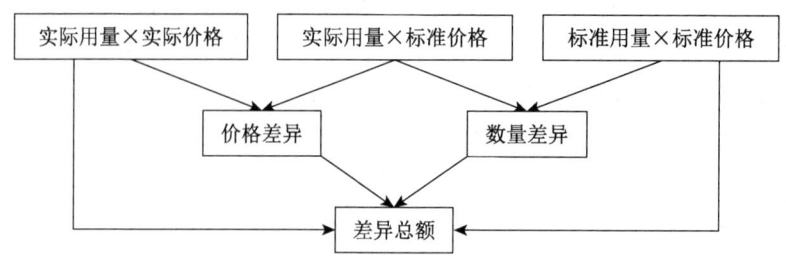

图8-4 成本差异计算分析的通用模式

$$总差异=实际产量下实际成本-实际产量下标准成本$$
$$=实际用量×实际价格-实际产量下标准用量×标准价格$$
$$=用量差异+价格差异$$

其中： 用量差异=标准价格×(实际用量-实际产量下标准用量)

价格差异=(实际价格-标准价格)×实际用量

(一)直接材料成本差异的计算分析

$$直接材料成本差异=实际产量下实际成本-实际产量下标准成本$$
$$=实际用量×实际价格-实际产量下标准用量×标准价格$$
$$=直接材料用量差异+直接材料价格差异$$

直接材料用量差异=(实际用量-实际产量下标准用量)×标准价格

直接材料价格差异=实际用量×(实际价格-标准价格)

例如，D旅游公司本月生产A旅游产品1000件，使用甲材料2510千克，材料实际单价为10 100元/千克；直接材料的单位产品标准耗用2.55千克/件，材料的标准价格为10 000元/千克。根据公式计算：

直接材料价格差异=2510×(10 100-10 000)=251 000(元) (超支)

直接材料用量差异=(2510-1000×2.55)×10 000=-400 000(元) (节约)

合计 -149 000元 (节约)

直接材料价格差异与用量差异之和，应当等于直接材料成本的总差异。

$$直接材料成本差异=实际成本-标准成本$$
$$=10\ 100×2510-1000×2.55×10\ 000$$
$$=25\ 351\ 000-25\ 500\ 000=-149\ 000(元)$$

$$直接材料成本差异=价格差异+用量差异$$
$$=251\ 000+(-400\ 000)=-149\ 000(元)$$

(二)直接人工成本差异的计算分析

直接人工成本差异＝实际总成本－实际产量下标准成本

＝实际工时×实际工资率－实际产量下标准工时×工资率标准

＝直接人工效率差异＋直接人工工资率差异

直接人工效率差异＝(实际工时－实际产量下标准工时)×工资率标准

直接人工工资率差异＝实际工时×(实际工资率－工资率标准)

例如，D旅游公司企业本月生产A旅游产品4000件，实际使用工时8900小时，支付工资44 500元；直接人工的标准成本是10元/件，即每件产品标准工时为2小时，工资率标准为5元/小时。按上述公式计算：

$$直接人工工资率差异 = 8900 \times \left(\frac{44\ 500}{8900} - 5\right) = 0$$

即工资率没有差异。

$$直接人工效率差异 = (8900 - 4000 \times 2) \times 5 = 4500(元)$$

即企业由于人工效率不高，多支付工资4500元。

工资率差异与人工效率差异之和，应当等于人工成本总差异，并可据此验算差异分析计算的正确性。

直接人工成本差异＝实际人工成本－标准人工成本

＝44 500－4000×10＝4500(元)

直接人工成本差异＝工资率差异＋人工效率差异

＝0＋4500＝4500(元)

第四节 作业成本与责任成本

一、作业成本管理

(一)作业成本计算法

作业成本计算法(Activity-Based Costing,ABC)不仅是一种成本计算方法，更是成本计算与成本管理的有机结合。作业成本法是一种以作业为基础，对各种主要的间接费用采用不同的间接费用分配率进行成本分析的成本核算方法，它是对传统成本核算方法的创新。作业成本法通过分析成本动因，在资源消耗与最终产出之间架起一座桥梁，以便提供更准确的成本信息，为从根本上降低成本指明方向。

作业成本计算法基于资源耗用的因果关系进行成本分配：根据作业活动耗用资源的情况，将资源耗费分配给作业；再依照成本对象消耗作业的情况，把作业成本分配给成本对象。

作业成本计算法的基本原理，如图8-5所示。

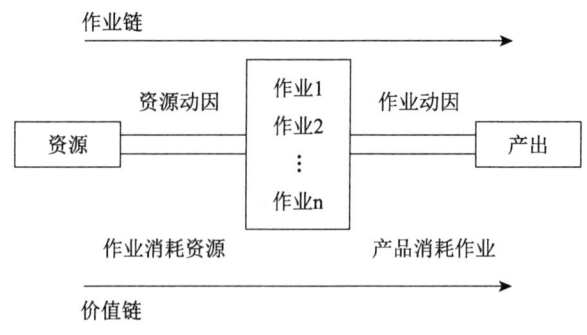

图 8-5 作业成本计算法的基本原理

(二)作业成本计算法与传统成本计算法的比较

作业成本计算法与传统成本计算法的直接材料成本与直接人工成本,都可以直接归集到成本对象,两者的区别集中在对间接费用的分配上。

作业成本计算法的核心是在计算产品成本时,先将制造费用归于每一作业,然后再由每一作业中心分摊到产品成本中。作业成本计算法与传统成本核算法的区别在于:传统成本核算将制造费用首先分摊于各生产部门,再按生产部门确定费用分配率,将费用分配到产品成本中;作业成本计算则先将制造费用归于每一作业或作业成本库,然后再由每一作业或作业成本库确定分配率,将费用分配到产品成本中。

(三)作业成本计算法的计算

根据作业成本计算法"作业耗用资源,产品耗用作业"的基本指导思想,产品成本计算过程可以分为两个阶段:

第一阶段,识别作业,根据作业消耗资源的方式,将作业执行中耗费的资源分派(追溯和间接分配)到作业,计算作业的成本。

第二阶段,根据产品所消耗的成本动因,将第一阶段计算的作业成本分派(追溯和间接分配)到各有关成本对象。

作业成本计算法的计算,如图 8-6 所示。

(四)作业成本管理

作业成本管理是以提高客户价值、增加企业利润为目的,基于作业成本法的新型集中化管理方法。它通过对作业及作业成本的确认、计量,最终计算产品成本,同时将成本计算深入到作业层次,对企业所有作业活动进行追踪并动态反映。此外,还要进行成本链分析,包括动因分析、作业分析等,从而为企业决策提供准确的信息,指导企业有效地执行必要的作业,消除和精简不能创造价值的作业,以达到降低成本、提高效率的目的。

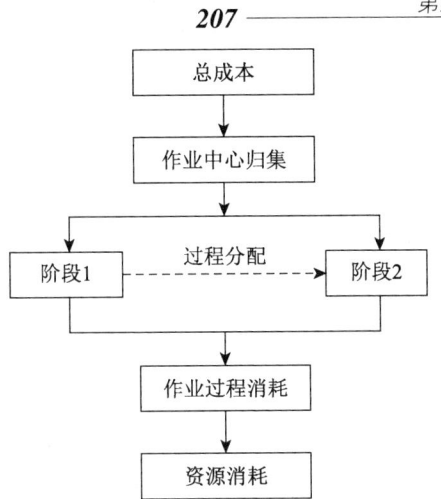

图 8-6 作业成本计算法下的成本费用计算

二、责任成本管理

责任成本管理,是指将企业内部划分成不同的责任中心,明确责任成本,并根据各责任中心的权、责、利关系来考核其工作业绩的一种成本管理模式。其中,责任中心也叫责任单位,是指企业内部具有一定权力并承担相应工作责任的部门或管理层次。

(一)责任中心及其考核

1. 责任中心的划分

按照企业内部责任中心的权责范围以及业务活动的不同特点,责任中心一般可以划分为成本中心、利润中心和投资中心三类。

(1)成本中心。成本中心是指有权发生并控制成本的单位。成本中心一般不会产生收入,通常只计量考核发生的成本。

(2)利润中心。利润中心是指既能控制成本,又能控制收入和利润的责任单位。它不但有成本发生,而且还有收入发生。因此,它要同时对成本、收入以及收入成本的差额即利润负责。利润中心有两种形式:一是自然利润中心;二是人为利润中心。

(3)投资中心。投资中心是指既能控制成本、收入和利润,又能对投入的资金进行控制的责任中心,其经理所拥有的自主权不仅包括制定价格、确定产品和生产方法等短期经营决策权,而且还包括投资规模和投资类型等投资决策权。投资中心是最高层次的责任中心,它拥有最大的决策权,也承担最大的责任。

2. 责任中心的考核

对责任中心的考核指标,主要有相对指标和比较指标。例如对成本中心,一般用成本(费用)变动额和成本(费用)变动率两项指标。计算公式为：

成本(费用)变动额＝实际责任成本(费用)－预算责任成本(费用)

成本(费用)变动率＝成本(费用)变动额÷预算责任成本(费用)×100%

在进行成本中心考核时，如果预算产量与实际产量不一致，应注意按弹性预算的方法先调整预算指标，然后，再按上述指标计算。

例如，A旅游公司的B宾馆为企业的成本中心，预算客房的销售量为2000间天，预算单位成本100元/间·天；实际销售量3000间天，实际单位成本80元/间·天。计算该成本中心的成本变动额和变动率。

成本变动额＝80×3000－100×2000＝4000(元)

成本变动率＝4000÷(100×2000)×100%＝2%

结果表明，该宾馆作为成本中心，其成本上升额为4000元，上升率为2%。

(二)内部转移价格的制定

1. 内部转移价格的意义

内部转移价格，是指企业内部有关责任单位之间提供产品或劳务的结算价格。内部转移价格直接关系到不同责任中心的获利水平，其制定可以有效地防止成本转移引起的责任中心之间的责任转嫁，使每个责任中心都能够作为单独的组织单位进行业绩评价，并且可以作为一种价格信号引导下级采取正确决策，保证局部利益和整体利益的一致。

2. 内部转移价格的制定

内部转移价格的制定，可以参照以下几种类型：

(1)市场价格。是根据产品或劳务的市场供应价格作为计价基础。在利润中心或投资中心之间转移产品或劳务，以市价为内部转让价格，最符合责任会计的要求。

(2)协商价格。也称为议价，是企业各责任中心以正常的市场价格为基础，通过定期共同协商，确定出的一个双方都愿意接受的作为计价标准的价格。

(3)双重价格。是只有买卖双方分别采用不同的内部转移价格作为计价基础的价格。如，对产品(半产品)的"出售"部门，可按协商的市场价格计价；而对"购买"部门，则按"出售"部门的单位变动成本计价；其差额由会计部门进行调整。

(4)以成本为基础的转移定价。以产品或劳务的成本作为内部转移价格，是许多企业过去最常用的办法。因为传统的会计观念认为，在企业内部各部门、各单位之间相互提供和接受产品或劳务，其性质为成本转移，并不引起增值，只有通过对外销售，才会由于实际收入超过成本而产生利润。

因此，即使在利润中心之间相互提供和接受产品，也应该按成本或以成本为基础进行转让。但由于成本的概念不同，以成本作为内部转移价格也有多种不同形式，它们对转移价格的制定、业绩评价将产生不同的影响。以成本为基础的内部转移价格方法有标准成本法、标准成本加成法和标准变动成本法。

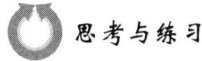

1.什么是成本管理？成本管理的基本环节有哪些？

2.什么是标准成本？如何制定标准成本？如何进行差异分析？

3.什么是量本利分析？保本分析、安全边际分析、多种产品量本利分析、目标利润分析和利润的敏感性分析应如何进行？

4.什么是作业成本、责任成本？企业如何应用？

5.某旅游公司生产一种旅游产品，单价20元/件，单位变动成本12元/件，固定成本80 000元/月，月实际销售量为25 000件。以一个月为计算期，计算企业的保本点销售量、安全边际、保本作业率、销售利润率。

6.已知某旅游公司2016年只生产和销售了A旅游产品，单价为10元/件，单位变动成本为6元/件，全年固定成本为30 000元，当年生产量为12 000件。

要求：计算保本作业率。

7.A旅游公司本月生产B旅游产品400万件，使用材料2500千克，材料单价为5.5万元/千克；直接材料的单位产品标准成本为30万元/件，即每件产品耗用6千克直接材料，每千克材料的标准价格为5万元。要求：计算本月直接材料成本差异。

8.某旅游公司本月生产A旅游产品400件，实际使用工时890小时，支付工资4539元；直接人工的标准成本是10元/件，即每件产品标准工时为2小时，标准工资率为5元/小时。要求：计算本月直接人工成本差异。

第九章

旅游企业收入与分配管理

本章重点
- 掌握企业收入与分配管理的内容和原则
- 掌握股利分配政策和企业利润分配制约因素
- 掌握股利支付形式和股权激励模式
- 了解销售预测方法、产品定价方法

第一节 收入与分配管理的主要内容

一、收入与分配管理的意义和原则

收入与分配,是企业资本的提供者对收益总额进行的分割,它主要是以企业的息税前利润(即利息、所得税和净利润)为对象在各利益主体间进行的分割。它是企业将一定时期内所创造的经营成果合理地在企业内、外部各利益相关者之间进行有效分配的过程。

企业的收入分配有广义和狭义两种概念。广义的收入分配是指对企业的收入和净利润进行分配,包括对企业收入的分配和对企业净利润的分配两个层次的内容。狭义的收入分配则仅仅是指对企业净利润的分配。本章所指收入与分配是广义的收入分配概念,即对企业收入和净利润的分配。

(一)收入与分配管理的作用

收入与分配管理作为现代企业财务管理的重要内容之一,对于维护企业与各相关利益主体的财务关系、提升企业价值具有重要意义。

1. 收入与分配管理集中体现了企业所有者、经营者与劳动者之间的利益关系

企业的所有者是企业权益资金的提供者,按照谁出资、谁受益的原则,投资者

应得的投资收益须通过企业的收入分配来实现,而获得投资收益的多少取决于企业盈利状况及利润分配政策。通过收入分配,投资者能实现预期的收益。同时,企业信誉提高,有利于企业未来融通资金。

企业的债权人在向企业投入资金的同时也承担了一定的风险,企业的收入分配应体现出对债权人利益的充分保护。除了按时支付到期本金、利息外,企业在进行收入分配时也要考虑债权人未偿付本金的保障程度,否则将在一定程度上削弱企业的偿债能力,降低财务弹性。

职工是价值的创造者,是企业收入和利润的源泉。在企业正常的生产经营活动中,职工不仅为自己创造了价值,还为社会创造了一定的价值,即利润。因此,企业在收入与分配中,必须体现企业所有者、经营者与劳动者之间的利益关系。

2. 收入与分配管理是企业再生产的条件以及优化资本结构的重要措施

企业在生产经营过程中所投入的各类资金,随着生产经营活动的进行不断地发生消耗和转移,形成成本费用,最终构成商品价值的一部分。销售收入的取得,为企业成本费用的补偿提供了前提,为企业简单再生产的正常进行创造了条件。通过收入分配,企业能形成一部分自行安排的资金,可以增强企业生产经营的财力,有利于企业扩大再生产。

收入分配还是企业优化资本结构的重要措施。由于留存收益是企业重要的权益资金来源,收入分配的多少,影响企业积累的多少,从而影响权益与负债的比例,即资本结构。企业价值最大化的目标要求企业的资本结构最优,因而收入分配便成了优化资本结构、降低资本成本的重要措施。

3. 收入与分配管理是国家建设资金的重要来源之一

利润代表企业的新创财富,是企业收入的重要构成部分。除了满足企业自身的生产经营性积累外,通过收入分配,国家财政也能够集中一部分企业利润,由国家有计划地分配使用,实现国家政治职能和经济职能,为社会经济的发展创造良好条件。

为了正确、合理地处理好企业各方利益相关者的需求,就必须对企业所实现的收益进行合理分配。

(二) 收入与分配管理的原则

收入分配作为企业一项重要的财务活动,关系着投资者、债权人等各方的利益,涉及企业的生存与发展,应当遵循以下原则:

1. 依法分配原则

企业的收入分配必须依法进行。为了规范企业的收入分配行为,维护各利益相关者的合法权益,国家颁布了相关法律、法规。严格规定了企业收入分配的基本要求、一般程序和重要比例,企业应当认真执行,不得违反。

2. 分配与积累并重原则

企业的收入分配必须坚持积累与分配并重的原则。企业通过经营活动赚取收益,既要保证企业简单再生产的持续进行,又要不断积累企业扩大再生产的财力基础。恰当处理分配与积累之间的关系,留存一部分净收益以供未来分配之需,在增强企业抵抗风险能力的同时,提高企业经营的稳定性与安全性。

3. 兼顾各方利益原则

企业的收入分配必须兼顾各方面的利益。企业是经济社会的基本单元,企业的收入分配涉及国家、企业股东、债权人、职工等多方面的利益。企业在进行收入分配时,应当统筹兼顾,维护各利益相关者的合法权益。正确处理它们之间的关系,协调其矛盾,保证企业的生存和长远发展。

4. 投资与收益对等原则

企业的收入分配必须坚持投资与收益对等原则,即企业进行收入分配应当体现"谁投资谁受益"、收益大小与投资比例相适应的原则。投资者因其投资行为而享有收益权,投资收益应同其投资比例对等。不允许发生任何一方随意多分多占的现象。这样才能从根本上实现收入分配中的公开、公平、公正,有效保护投资者的利益,提高投资者的积极性。

二、收入与分配管理的内容

收入与分配管理包括收入管理和分配管理两个部分。收入、成本费用和利润三者之间的关系可以简单表述为:

$$收入-成本费用=利润$$

企业收入的分配,首先是对成本费用进行补偿,然后,对其余额(即利润)按照一定的程序进行再分配。对成本费用的补偿随着企业再生产的进行自然完成,成本管理的有关内容已在前面章节作了详细介绍,不再赘述。本章主要介绍收入管理和利润分配管理两方面内容。

旅游企业的收入(Revenue)是指旅游企业在生产经营活动中,由于销售商品、提供劳务等取得的收入。包括客房出租、提供餐饮、组团接团、出售商品及其他服务项目所取得的收入。旅游企业利润分配(Assign Dividends)是企业对经营财务成果的分配。

(一)收入管理

销售收入是企业收入的主要构成部分,是企业能够持续经营的基本条件,销售收入的制约因素主要是销量与价格,销售预测分析与销售定价管理构成了收入管理的主要内容。

1. 销售预测分析

常见的预测分析方法主要有两类:一类是定性分析法,即非数量分析法,如营销员判断法、专家判断法和产品寿命周期分析法;另一类是定量分析法,也称数量分析法,一般包括趋势预测分析法和因果预测分析法两大类。

2. 销售定价管理

常见的定价方法主要有两类：一类是基于成本的定价方法，如全部成本费用加成定价法、目标利润法等；另一类是基于市场需求的定价方法，如需求价格弹性系数定价法、边际分析定价法等。

（二）利润分配管理

企业分配管理指的是对利润分配的管理。利润是收入弥补成本费用后的余额。若成本费用不包括利息和所得税，则利润表现为息税前利润；若成本费用包括利息而不包括所得税，则利润表现为利润总额；若成本费用包括了利息和所得税，则利润表现为净利润。

本章所指利润分配是指对净利润的分配。公司净利润的分配应按照下列顺序进行，并构成了分配管理的主要内容。

1. 弥补以前年度亏损

企业年度亏损可以用下一年度的税前利润弥补，下一年度不足弥补的，可以在五年之内用税前利润连续弥补，连续五年未弥补的亏损则用税后利润弥补。其中，税后利润弥补亏损可以用当年实现的净利润，也可以用盈余公积转入。

2. 提取法定公积金

根据《公司法》的规定，法定公积金的提取比例为当年税后利润（弥补亏损后）的10%。当年法定公积金的累积额已达注册资本的50%时，可以不再提取。法定公积金提取后，根据企业的需要，可用于弥补亏损或转增资本，但企业用法定公积金转增资本后，法定公积金的余额不得低于转增前公司注册资本的25%。

3. 提取任意公积金

经股东会或股东大会决议，还可以从税后利润中提取任意公积金。这是为了满足企业经营管理的需要，控制向投资者分配利润的水平，以及调整各年度利润分配的波动。

4. 向股东（投资者）分配股利（利润）

本质上来说，向股东（投资者）分配股利（利润）是企业对股东（投资者）的一种回报，一种经济利益责任。

第二节 收入管理

一、销售预测分析

销售预测分析是指通过市场调查，以有关的历史资料和各种信息为基础，运用科学的预测方法或管理人员的实际经验，对企业产品在计划期间的销售量或销售额做出预计或估量的过程。销售预测的方法有很多种，主要包括定性分析法和定量分析法。

(一)销售预测的定性分析法

销售预测的定性分析法包括:营销员判断法、专家判断法和产品寿命周期分析法。

1. 营销员判断法

营销员判断法,又称意见汇集法,是由企业熟悉市场情况及相关变化信息的经营管理人员对由营销人员调查得来的结果进行综合分析,从而做出预测的方法。

2. 专家判断法

专家判断法是通过组织专家会议,运用专家各方面专业知识和经验的判断能力,相互启发,集思广益,对成本等重大战略目标的决策进行预测的方法。专家判断法有三种形式:个别专家意见汇集法、专家小组法和德尔菲法。

(1)个别专家意见汇集法。是分别向每位专家征求本企业产品未来销售情况的个人判断和意见,然后综合专家意见确定预测值。

(2)专家小组法。是将专家分成若干小组,运用专家智慧进行判断和预测。该方法的缺点在于小组中其他专家的意见可能会受到权威专家的意见的影响,客观性得不到保证。

(3)德尔菲法(Delph Method)。是由20世纪40年代美国兰德公司设计提出的著名的定性分析法,它实质上是专家会议法的发展。它不同于专家会议法把一组专家召集在一起对预测对象发表意见,而是通过中间机构以匿名方式征求每个专家的意见,以消除专家间在个性、情感等方面的相互影响。经过几轮反复调查和总结,最后取得专家们一致的预测意见。德尔菲法的特点是匿名调查、统计处理、信息反馈。

例如,E旅游公司准备生产一款新的旅游纪念品,现请A、B两类专家进行销售预测,A类专家为技术专家,拟定加权权数为5;B类专家为管理专家,拟定加权权数为3。另外,本企业直接销售人员预测新产品市场最高销售量为260万件,拟定加权权数为2。A、B两类专家对新产品销售预测的分析判断如表9-1所示。

表9-1 新产品销售量专家调查表

状况	A类专家(权数5)			B类专家(权数3)		
	销售量(万件)	概率	期望值(万件)	销售量(万件)	概率	期望值(万件)
1	238	30%	71.40	230	10%	23.00
2	270	60%	162.00	238	50%	119.00
3	290	10%	29.00	270	40%	108.00
合计		100%	262.40		100%	250.00

根据表9-1中的资料,考虑本企业销售人员的意见,新的旅游纪念品销售预测值为:

$$新产品预测销售量 = \frac{262.40 \times 5 + 250 \times 3 + 260 \times 2}{5 + 3 + 2} = 258.20(万件)$$

3. 产品寿命周期分析法

产品寿命周期分析法是利用产品在不同寿命周期上销售量的变化趋势进行销售预测。它根据产品的寿命周期的四个阶段:萌芽期、成长期、成熟期和衰退期,判断产品所处的阶段并做出预测。

(二)销售预测的定量分析法

销售预测的定量分析法,也称数量分析法,是指在预测对象有关资料完备的基础上,运用一定的数学方法,建立预测模型,做出预测。它一般包括趋势预测分析法和因果预测分析法两大类。

1. 趋势预测分析法

趋势预测分析法主要包括算术平均法、加权平均法、移动平均法、指数平滑法等。

(1)算术平均法。即将若干历史时期的实际销售量或销售额作为样本值,求出其算术平均数,并将该平均数作为下期销售量的预测值。计算公式为:

$$Y = \frac{\sum_{i=1}^{n} X_i}{n}$$

式中,Y是预测值;X_i是第i期的实际销售量;n为期数。

算术平均法适用于每月销售量波动不大的产品的销售预测。

例如,W旅游公司20×1—20×8年A线路(季节性旅游)组团销售量资料如表9-2所示。

表9-2 A线路组团销售量资料

年 份	20×1	20×2	20×3	20×4	20×5	20×6	20×7	20×8
销售量(人)	3200	3300	3100	3300	3400	3500	3400	3600

根据算术平均法的计算公式,公司20×9年的A线路预测组团销售量为:

$$预测销售量(Y) = \frac{3200 + 3300 + 3100 + 3300 + 3400 + 3500 + 3400 + 3600}{8}$$

$$= 3350(人)$$

(2)加权平均法。是将若干期的历史资料(实际销售量或销售额)作为样本值,将各个样本值按照一定的权数计算得出加权平均数,并将加权平均数作为下期销售量的预测值。由于市场变化一般较大,离预测期越近的样本值对其影响越大,而

离预测期越远的则越小,所以权数的选取应遵循"近大远小"的原则。计算公式为:

$$Y = \sum_{i=1}^{n} W_i X_i$$

式中,Y 是预测值;W_i 是第 i 期的权数($0 < W_i \leqslant W_{i+1} < 1$,且 $\sum_{i=1}^{n} W_i = 1$);X_i 是第 i 期的实际销售量;n 是期数。

例如,沿用 W 旅游公司 A 线路产品的资料,假设 W 旅游公司 20×1—20×8 年各期数据及权数如表 9-3 所示。

表 9-3　A 线路销售量资料及权数

年 份	20×1	20×2	20×3	20×4	20×5	20×6	20×7	20×8
销售量(人)	3200	3300	3100	3300	3400	3500	3400	3600
权数	5%	6%	8%	10%	12%	15%	19%	25%

根据加权平均法的计算公式,W 旅游公司 A 线路 20×9 年的预测组团销售量为:

$$\text{预测销售量}(Y) = \sum_{i=1}^{n} W_i X_i = 3200 \times 5\% + 3300 \times 6\% + \cdots + 3400 \times 19\% + 3600 \times 25\%$$
$$= 3415(\text{人})$$

加权平均法较算术平均法更为合理,计算也较方便,在实践中应用较多。

(3) 移动平均法。移动平均法是从 n 期的时间数列销售量中选取 m 期(m 数值固定,且 $m < n/2$)数据作为样本值,求其 m 期的算术平均数,并不断向后移动计算观测期平均值,以最后一个 m 期的平均数作为未来第 $n+1$ 期销售预测值的一种方法。这种方法假设预测值主要受最近 m 期销售量的影响。其计算公式为:

$$Y_{n+1} = \frac{X_{n-(m-1)} + X_{n-(m-2)} + \cdots + X_{n-1} + X_n}{m}$$

为了使预测值更能反映销售量变化的趋势,可以对上述结果按趋势值进行修正,计算公式为:

$$\overline{Y}_{n+1} = Y_{n+1} + (Y_{n+1} - Y_n)$$

由于移动平均法只选用了 n 期数据中的最后 m 期作为计算依据,故代表性较差,计算起来也比较麻烦,适用于销售量略有波动的产品预测。

例如,仍然沿用 W 旅游公司 A 线路的资料,要求分别用移动平均法和修正的移动平均法预测 W 公司 20×9 年的销售量(设定样本期为 3 期)。根据有关资料,分析计算如下:

①根据移动平均法的计算公式,W 旅游公司 20×9 年的预测销售量为:

$$Y_{n+1} = \frac{3500 + 3400 + 3600}{3} = 3500(人)$$

②根据修正的移动平均法计算公式,W 旅游公司 20×9 年修正的预测销售量为:

$$\overline{Y}_{n+1} = 3500 + (3500 - 3600) = 3400(人)$$

(4)指数平滑法。这实质上是一种加权平均法,是以事先确定的平滑指数 a 及 $(1-a)$ 作为权数进行加权计算,预测销售量的一种方法。计算公式为:

$$Y_{n+1} = aX_n + (1 - a)Y_n$$

式中,Y_{n+1} 是未来第 $n+1$ 期的预测值;Y_n 是第 n 期预测值,即预测前期的预测值;X_n 是第 n 期的实际销售量,即预测前期的实际销售量;a 是平滑指数;n 为期数。

平滑指数的取值通常在 0.3~0.7 之间,取值大小决定了前期实际值与预测值对本期预测值的影响。采用较大的平滑指数,预测值可以反映样本值新近的变化趋势;采用较小的平滑指数,则反映了样本值变动的长期趋势。因此,在销售量波动较大或进行短期预测时,选择较大平滑指数;在销售量波动较小或进行长期预测时,选择较小平滑指数。

例如,仍然沿用 W 旅游公司 A 线路的销售资料,W 旅游公司 20×8 年实际销售量为 3600 人,原预测销售量为 3350 人,平滑指数 $a=0.5$。要求用指数平滑法预测公司 20×9 年的销售量。

根据指数平滑法的计算公式,W 旅游公司 20×9 年的预测销售量为:

预测销售量 $Y_{n+1} = aX_n + (1 - a)Y_n$
$= 0.5\times3600+(1-0.5)\times3350 = 3475(人)$

该方法运用比较灵活,适用范围较广,但在平滑指数的选择上具有一定的主观随意性。

2. 因果预测分析法

因果预测分析法是指利用影响产品销售量(因变量)的相关因素(自变量)以及它们之间的函数关系,进行产品销售预测的方法。因果预测分析法最常用的是回归直线分析法。

回归直线法,也称一元回归分析法。它假定影响预测对象销售量的因素只有一个,建立销售量 y 与其影响因素 x 之间的函数关系 $y=f(x)$,利用已知资料数据,对函数中自变量 x 进行估计和检验,得到预测模型。假设已知变量(即自变量)为 x,所需预测的未知变量为 y(即因变量),则一元线性回归预测方程为:

$$y = a + bx$$

参数 a 与 b 用下列最小二乘公式估算：

$$b = \frac{n\sum xy - \sum x \sum y}{n\sum x^2 - (\sum x)^2}$$

$$a = \frac{\sum y - b\sum x}{n}$$

求出 a、b 的值后,带入 $y = a + bx$,结合自变量 x 的取值,即可求得预测对象 y 的预测销售量或销售额。

例如,G 旅游公司的 G 旅游纪念品 20×1—20×6 年各年的销售量与广告费资料如表 9-4 所示。

表 9-4 20×1—20×6 年销售量与广告费资料

年份	20×1	20×2	20×3	20×4	20×5	20×6
广告费(元)	10 000	8000	10 000	9000	11 000	12 000
销售量(件)	160 000	120 000	150 000	140 000	170 000	180 000

根据资料,用回归直线法计算参数,如表 9-5 所示。

表 9-5 参数计算表

年 份	广告费 x(千元)	销售量 y(万件)	x^2	xy	y^2
20×1	10	16	100	160	256
20×2	8	12	64	96	144
20×3	10	15	100	150	225
20×4	9	14	81	126	196
20×5	11	17	121	187	289
20×6	12	18	144	216	324
$n = 6$	$\sum x = 60$	$\sum y = 92$	$\sum x^2 = 610$	$\sum xy = 935$	$\sum y^2 = 1434$

计算 a、b 值如下：

$$x = \frac{60}{6} = 10(千元), y = \frac{92}{6} = 15.33(万件)$$

$$b = \frac{6 \times 935 - 60 \times 92}{6 \times 610 - 60^2} = 1.5$$

$$a = 15.33 - 1.5 \times 10 = 0.33$$

如果该企业 20×7 年预计支出广告费 13 000 元,则预测 G 旅游纪念品销售量为:

$$y = 0.33 + 1.5 \times 13 = 19.83(万件)$$

二、销售定价管理

销售定价不仅影响产品的边际贡献,而且影响产品的销售数量与市场地位,进而对企业收入产生复杂而直接的影响。正确制定销售定价策略,直接关系到企业的生存和发展。

(一)影响销售定价的因素

销售定价管理是指在调查分析的基础上,选用合适的产品定价方法,为销售的产品制定最为恰当的售价。影响销售定价的因素包括:

1. 价值因素

价格是价值的货币表现,价值的大小决定着价格的高低,而价值量的大小又是由生产产品的社会必要劳动时间决定的。因此,提高社会劳动生产率,缩短生产产品的社会必要劳动时间,可以相对地降低产品价格。

2. 成本因素

成本是影响定价的基本因素。企业必须获得可以弥补已发生成本费用的足够多的收入,才能长期生存发展下去。虽然短期内的产品价格有可能会低于成本,但从长期来看,产品价格应等于总成本加上合理的利润,否则企业无利可图,难以长久生存。

3. 市场供求因素

市场供求变动对价格的变动具有重大影响。当一种产品的市场供应大于需求时,就会引起价格下降;而当其供应小于需求时,则会推动价格的提升。市场供求关系是永远矛盾着的两个方面,因此,产品价格也会随着供求关系变动而不断波动。

4. 竞争因素

产品竞争程度不同,对定价的影响也不同。竞争越激烈,对价格的影响也越大。在完全竞争的市场,企业几乎没有定价的主动权;在不完全竞争的市场,竞争的强度主要取决于产品生产的难易程度和供求形势。为了做好定价决策,企业必须充分了解竞争对手的情况,最重要的是竞争对手的定价策略。

5. 政策法规因素

各个国家对市场物价的高低和变动都有限制和法律规定,同时国家会通过生产市场、货币金融等手段间接调节价格。企业在制定定价策略时一定要很好地了解本国及所在国有关方面的政策和法规。

(二)企业的定价目标

旅游企业的销售定价管理是指在调查分析的基础上选用合适的产品定价方法,为销售的产品制定最为恰当的售价,以实现经济效益最大化的过程。旅游企业

的定价目标主要包括:

1. 实现利润最大化

企业销售各种产品(或服务)都必须确定合理的产品销售价格。产品(或服务)价格的高低直接影响到销售量的大小,进而影响到企业的盈利水平。单价水平过高,导致销售量降低,如果达不到保本点,企业就会亏损;单价水平过低,虽然会起到促销作用,但单位毛利降低,使企业的盈利水平下降。因此,企业定价必须以实现利润最大化为基础。

2. 保持或提高市场占有率

销售定价不仅影响产品的边际贡献,而且影响产品的销售数量与市场地位,进而对企业收入产生复杂而直接的影响。因此,企业定价必须以保持或提高市场占有率为主要目标。

3. 稳定价格

销售定价管理是指在调查分析的基础上选用合适的产品定价方法,价格要相对稳定,否则就会丢失市场。

4. 应付和避免竞争

销售价格的高低,价格策略运用得恰当与否,都会影响到企业正常的生产经营活动,甚至企业的生存和发展。良好的销售定价管理,可以使企业的产品(或服务)更富有吸引力,扩大市场占用率,改善企业的相对竞争地位。

5. 树立企业形象及产品品牌

价格还与树立企业形象及产品品牌有关。公司发展到一定程度,其整体公司形象的传播和发展就显得非常重要,如果不注重价格管理,随意涨价,品牌形象就会受到影响。

(三)产品定价方法

产品定价方法包括:以成本为基础的定价方法和以市场需求为基础的定价方法两类。

1. 以成本为基础的定价方法

有三种成本可以作为定价基础,即变动成本、制造成本和完全成本。

变动成本是指其总额会随业务量的变动而变动的成本。变动成本可以作为增量产量的定价依据,但不能作为一般产品的定价依据。

制造成本是指企业为生产产品或提供劳务等发生的直接费用支出,一般包括直接材料、直接人工和制造费用。由于它不包括各种期间费用,因此不能正确反映企业产品的真实价值消耗和转移。

完全成本是指企业为生产、销售一定种类和数量的产品所发生的费用总额,包括制造成本和管理费用、销售费用及财务费用等各种期间费用。在完全成本基础上制定价格,既可以保证企业简单再生产的正常进行,又可以使劳动者为社会劳动所创造的价值得以全部实现。因此,当前产品定价的基础,多数采用产品的完全成本。

(1)全部成本费用加成定价法。在全部成本费用的基础上,加合理利润来定价。合理利润的确定,在工业企业一般是根据成本利润率,而在商业企业、旅游企业则一般是根据销售利润率来进行。在考虑税金的情况下,计算公式为:

①成本利润率定价:

$$成本利润率 = \frac{预测利润总额}{预测成本总额} \times 100\%$$

$$单位产品价格 = \frac{单位成本 \times (1 + 成本利润率)}{1 - 适用税率}$$

②销售利润率定价:

$$销售利润率 = \frac{预测利润总额}{预测销售总额} \times 100\%$$

$$单位产品价格 = \frac{单位成本}{1 - 销售利润率 - 适用税率}$$

式中,单位成本是指单位完全成本,可用单位制造成本加上单位产品负担的期间费用来确定。

例如,E 旅游公司生产的 A 旅游产品,预计单位产品的制造成本为 200 元/件。计划销售 10 000 件,计划期的期间费用总额为 100 万元,A 产品适用的消费税税率 10%、增值税税率 17%,企业规定成本利润率必须达到 20%。用完全成本加成定价法测算的单位产品价格(不含增值税价格)为:

$$A 旅游产品单位产品价格 = \frac{\left(200 + \frac{1\ 000\ 000}{10\ 000}\right) \times (1 + 20\%)}{1 - 10\%} = 400(元/件)$$

这时再考虑增值税,含税价格为:

$$含税价格 = \frac{不含税价格}{1 - 增值税税率} = \frac{400}{1 - 17\%} = 481.93(元/件)$$

(2)保本点定价法。是按照能够保本的原理来制定产品销售价格,即能够保持既不盈利也不亏损的销售价格水平。采用保本点定价的产品价格应是企业的最低价格。

$$单位产品价格 = \frac{单位固定成本 + 单位变动成本}{1 - 适用税率} = \frac{单位完全成本}{1 - 适用税率}$$

例如,T 旅游公司生产的 B 旅游食品,本期计划销售量为 10 000 箱,应负担的固定成本总额为 50 000 元,单位产品变动成本为 600 元/箱,适用的消费税税率 8%,增值税税率为 17%,根据上述资料,运用保本点定价法来测算的单位 B 产品不含税价格为:

$$B\text{ 产品不含税价格} = \frac{\frac{50\ 000}{10\ 000} + 600}{1 - 8\%} = \frac{605}{0.92} = 657.61(\text{元}/\text{箱})$$

再考虑增值税 17%,则含税价格为:

$$\text{含税价格} = \frac{\text{不含税价格}}{1 - \text{增值税税率}} = \frac{657.61}{1 - 17\%} = 792.30(\text{元}/\text{箱})$$

(3) 目标利润法。是根据预期目标利润和产品销售量、产品成本、适用税率等因素来确定产品销售价格的方法。计算公式为:

$$\text{单位产品价格} = \frac{\text{目标利润总额} + \text{完全成本总额}}{\text{产品销售量} \times (1 - \text{适用税率})}$$

$$= \frac{\text{单位目标利润} + \text{单位完全成本}}{1 - \text{适用税率}}$$

例如,W 旅游公司生产 C 旅游纪念品,本期计划销售量为 10 000 件,目标利润总额为 400 万元,完全成本总额为 8000 万元,适用的消费税税率为 8%、增值税税率 17%,根据上述资料,运用目标利润法来测算的单位 C 旅游产品的不含税价格为:

$$\text{单位 C 产品不含税价格} = \frac{4\ 000\ 000 + 80\ 000\ 000}{10\ 000 \times (1 - 8\%)} = 9130.43(\text{元}/\text{件})$$

再考虑增值税 17%,则含税价格为:

$$\text{含税价格} = \frac{\text{不含税价格}}{1 - \text{增值税税率}} = \frac{9130.43}{1 - 17\%} = 11\ 000.52(\text{元}/\text{件})$$

即要保证目标利润总额 400 万元,每件销售价格必须在 11 000.52 元。

(4) 变动成本定价法。变动成本定价法是指企业在确定价格时,产品成本仅以变动成本计算。此处所指变动成本是指完全变动成本,包括变动制造费用和变动期间费用。公式为:

$$\text{单位产品价格} = \frac{\text{单位变动成本} \times (1 + \text{成本利润率})}{1 - \text{适用税率}}$$

例如,D 旅游公司生产的 T 旅游纪念品,设计生产能力为 20 000 件/月,计划生产 18 000 件/月,预计单位产品的变动成本为 200 元/件,计划期的固定成本费用总额为 360 000 元,该产品适用的消费税税率为 10%、增值税税率 17%,成本利润率要求达到 20%。假定本月接到一额外订单,订购 1000 件的 T 旅游纪念品,单价 350 元/件。问:该企业计划内 T 旅游产品的单位价格(含税价格)是多少? 企业是否应接受这一额外订单?

根据上述资料计算,企业计划内生产 T 产品的价格为:

$$\text{单位 T 产品不含税价} = \frac{\left(200 + \frac{360\ 000}{18\ 000}\right) \times (1 + 20\%)}{1 - 10\%} = 293.33(\text{元}/\text{件})$$

$$含税价格 = \frac{不含税价格}{1 - 增值税税率} = \frac{293.33}{1 - 17\%} = 353.41(元/件)$$

$$追加生产的 T 产品不含税价 = \frac{200 \times (1 + 20\%)}{1 - 10\%} = 266.67(元/件)$$

$$含税价格 = \frac{不含税价格}{1 - 增值税税率} = \frac{266.67}{1 - 17\%} = 321.30(元/件)$$

即:额外订单含税价格为 321.30 元/件,低于其订购价格 350 元/件,故应接受这一额外订单。

2. 以市场需求为基础的定价方法

以成本为基础的定价方法,主要关注企业的成本状况而不考虑市场需求状况,因而这种方法制定的产品价格不一定满足企业销售收入或利润最大化的要求。最优价格应是企业取得最大销售收入或利润时的价格。以市场需求为基础的定价方法可以契合这一要求,主要有需求价格弹性系数定价法和边际分析定价法等。

(1)需求价格弹性系数定价法。指企业可以根据需求价格弹性关系,通过价格的升降来作用于市场需求。

产品在市场上的供求变动关系,实质上体现在价格的刺激和制约作用上。需求增大导致价格上升,刺激企业生产;而需求减小,则会引起价格下降,从而制约了企业的生产规模。从另一个角度看,企业也可以根据这种关系,通过价格的升降来作用于市场需求。在其他条件不变的情况下,某种产品的需求量随其价格的升降而变动的程度,就是需求价格弹性系数。

计算公式为:
$$E = \frac{\Delta Q / Q_0}{\Delta P / P_0}$$

式中, E 是某种产品的需求价格弹性系数; ΔP 是价格变动量; ΔQ 是需求变动量; P_0 是基期单位产品价格; Q_0 为基期需求量。

运用需求价格弹性系数确定产品的销售价格时,计算公式为:
$$P = \frac{P_0 Q_0^\alpha}{Q^\alpha}$$

式中, P_0 是基期单位产品价格; Q_0 是基期需求量; P 为单位产品价格; Q 是预计销售量; α 是需求价格弹性系数绝对值的倒数,即 $\frac{1}{|E|}$。

例如,Q 旅游公司生产销售 R 旅游纪念产品,20×9 年的前三个季度中,实际销售价格(含税)和销售数量如表 9-6 所示。若企业在第四季度要完成 40 000 件的销售任务,销售价格(含税)应为多少?

表 9-6 前三季度 R 产品销售价格和销售数量

项　目	第一季度	第二季度	第三季度
销售价格(元/件)	7500	8000	7800
销售数量(件)	38 590	33 780	35 580

根据上述资料,R 产品的销售价格(含税)的计算过程为:

$$E_1 = \frac{(33\ 780 - 38\ 590) \div 38\ 590}{(8000 - 7500) \div 7500} = \frac{-0.1246}{0.0667} = -1.87$$

$$E_2 = \frac{(35\ 580 - 33\ 780) \div 33\ 780}{(7800 - 8000) \div 8000} = \frac{0.0533}{-0.025} = -2.13$$

$$E = \frac{E_1 + E_2}{2} = \frac{-1.87 - 2.13}{2} = -2$$

$$\alpha = \frac{1}{|E|} = \frac{1}{|-2|} = \frac{1}{2}$$

$$P = \frac{P_0 Q_0^\alpha}{Q^\alpha} = \frac{7800 \times 35\ 580^{1/2}}{40\ 000^{1/2}} = 7356.44(元/件)$$

即:该公司第四季度要完成 40 000 件的销售任务,单位产品的销售价格(含税价格)为 7356.44 元/件。

(2)边际分析定价法。指基于微分极值原理,通过分析不同价格与销售量组合下的产品边际收入、边际成本和边际利润之间的关系,进行定价决策的一种定量分析方法。

边际是指自变量每增加或减少一个单位所带来的因变量的差异。那么,产品边际收入、边际成本和边际利润就是指销售量每增加或减少一个单位所形成的收入、成本和利润的差额。按照微分极值原理,如果利润函数的一阶导数等于零,即边际利润等于零,边际收入等于边际成本,那么,利润将达到最大值。此时的价格就是最优销售价格。

当收入函数和成本函数均可微时,直接对利润函数求一阶导数,即可得到最优售价;当收入函数或成本函数为离散型函数时,可以通过列表法,分别计算各种价格与销售量组合下的边际利润,在边际利润大于或等于零的组合中,边际利润最小时的价格就是最优售价。

(四)价格运用策略

企业之间的竞争在很大程度上表现为企业产品在市场上的竞争。市场占有率的大小是衡量产品市场竞争能力的主要指标。除了提升产品质量之外,根据具体情况合理运用不同的价格策略,可以有效地提高产品的市场占有率和企业的竞争能力。主要的价格策略有:

1. 折让定价策略

折让定价策略是指在一定条件下,以降低产品的销售价格来刺激购买者,从而达到扩大产品销售量的目的。价格的折让主要表现是折扣,一般表现为单价折扣、数量折扣、现金折扣、推广折扣和季节折扣等形式。单价折扣,是指给予所有购买者以价格折扣,而不管其购买数量的多少。数量折扣,即按照购买者购买数量的多少所给予的价格折扣。购买数量越多,则折扣越大;反之,则越小。现金折扣,即按照购买者付款期限长短所给予的价格折扣,其目的是鼓励购买者尽早偿还货款,以加速资金周转。推广折扣,是指企业为了鼓励中间商帮助推销本企业产品而给予的价格优惠。季节折扣,即企业为鼓励购买者购买季节性商品所给予的价格优惠。企业采用折让定价策略,可以鼓励购买者提早采购,减轻企业的仓储压力,加速资金周转。

2. 心理定价策略

心理定价策略是指针对购买者的心理特点而采取的一种定价策略,主要有声望定价、尾数定价、双位定价和高位定价等。声望定价,是指企业按照其产品在市场上的知名度和消费者中的信任程度来制定产品价格的一种方法。一般地,声望越高,价格越高,这就是产品的"名牌效应"。尾数定价是在制定产品价格时,价格的尾数取接近整数的小数(如199.9元)或带有一定谐音的数(158元)等。它一般只适用于价值较小的中低档日用消费品定价。双位定价,是指在向市场以挂牌价格销售时,采用两种不同的标价来促销的一种定价方法。比如:某产品标明"原价158元,现促销价99元"。尾数定价策略适用于市场接受程度较低或销路不太好的产品。高位定价,即根据消费者"价高质优"的心理特点实行高标价促销的方法。但高位定价必须是优质产品,不能弄虚作假。

3. 组合定价策略

组合定价策略是针对相关产品组合所采取的一种方法。它根据相关产品在市场竞争中的不同情况,使互补产品价格有高有低,或使组合售价优惠。对于具有互补关系的相关产品,可以采取降低部分产品价格而提高互补产品价格,促进销售,提高利润,如便宜的整车与高价的配件等。对于具有配套关系的相关产品,可对组合购买实行优惠,如西服套装的上衣和裤子等。组合定价策略可以扩大销售量、节约流通费用,有利于企业整体效益的提高。

4. 寿命周期定价策略

寿命周期定价策略是根据产品从进入市场到退出市场的生命周期,分阶段确定不同价格的定价策略。产品在市场中的寿命周期一般分为推广期、成长期、成熟期和衰退期。推广期产品需要获得消费者的认同,为进一步占有市场,应采用低价促销策略;成长期的产品有了一定的知名度,销售量稳步上升,可以采用中等价格;成熟期的产品市场知名度处于最佳状态,可以采用高价促销,但由于市场需求接近饱和,竞争激烈,定价时必须考虑竞争者的情况,以保持现有市场销售量;衰退期的产品市场竞争力下降,销售量下滑,应该降价促销或维持现价并辅之以折扣等其他手段,同时,积极开发新产品,保持企业的市场竞争优势。

第三节 纳税管理

纳税管理贯穿财务管理的各个组成部分,成为现代财务管理的重要内容。

一、纳税筹划

纳税筹划(Tax Planning)是纳税人希望降低自己的税负,而又不影响其享受政府的公共服务的一种管理方法。由于税法存在差异性和不合理性,甚至缺陷和漏洞,税收的执法不严、不公,税负过重等,会促使纳税人进行纳税筹划。从理性角度看,纳税筹划是纳税人的本能反应。纳税人的异化反击,可以促进税法的不断健全和逐步完善,促进执法水平的不断提高。

(一)纳税筹划的原则

1. 合法性原则

合法性原则指纳税筹划一定不能违反税法,即违反税法的行为不属于纳税筹划范畴。合法性包括合法与不违法两层含义。因此,以避税为名、行偷(逃)税之实的"筹划"根本不是纳税筹划(当然也不是避税)。企业进行纳税筹划,应该以国家现行税法及相关法规等为法律依据,要在熟知税法规定的前提下,利用税制构成要素中的税负弹性等进行纳税筹划,从中选择最优的纳税方案。

2. 系统性原则

纳税筹划的目的,是纳税人在法律允许的范围内,通过对经营、投资、理财等经济活动的事先筹划和安排,充分利用税法提供的优惠和差别待遇,以减轻税负,达到整体税后收益最大化。因此,纳税筹划是企业的系统工作,必须全盘考虑。

3. 经济性原则

经济性原则就是要考虑成本效益。指纳税筹划要保证取得的效益大于其筹划成本。在考虑目前利益时,不仅要考虑各种筹划方案在经营过程中的显性收入和显性成本,而且还要考虑纳税筹划成本。纳税筹划成本可分为显性成本和隐性成本。显性成本是在纳税筹划中实际发生的相关费用,隐性成本是纳税人因采用纳税筹划方案而放弃的潜在利益,对企业来说,它是一种机会成本。

4. 先行性原则

由于税制具有复杂性、频变性,这就意味着纳税义务不能自动履行,纳税人必须先行、及时、正确、全面地掌握所涉税种的纳税规定,规避纳税风险,规避任何法定纳税义务之外的纳税成本(损失)的发生,避免因涉税而造成的名誉损失。

(二)纳税筹划的方法

通过纳税筹划合理合法地使纳税人少纳税或不纳税,必须掌握纳税筹划的方法。主要是:

1. 减少应纳税额

减少应纳税额主要包括利用税收优惠政策和转让定价筹划法。

(1)利用税收优惠政策。税法中的减免税等税收优惠规定,为纳税人节税筹划提供了可能性。例如,国家规定,加强环境保护、发展循环经济、建设节约型社会,已成为全国人民的共识,是构建和谐社会的重要内容。为此,我国所得税税法确定了对企业从事环境保护、节能节水项目的所得减免企业所得税,对企业综合利用资源取得的收入减计收入,对企业购置环境保护、节能节水、安全生产等专用设备投资实行税额抵免等的重要优惠政策。国家对企业从事规定的符合条件的环境保护、节能节水项目的所得,从项目取得第一笔生产经营收入所属纳税年度起,第1年至第3年免征企业所得税,第4年至第6年减半征收企业所得税。

例如,A公司是高新技术企业,生产符合国家规定的资源利用产品,取得收入5000万元,减按90%计入收入总额,即按5000×90% = 4500万元计入收入。即可减计应税收入500万元。

$$节税 = 500 \times 25\% = 125(万元)$$

即A公司利用税收优惠政策可以节税125万元。

又如,改革开放以来,我国不少行业和企业在提高自主创新能力方面取得了突出成绩,形成了核心竞争力,赢得了较好的发展空间。但总体而言,目前,我国企业的技术创新能力低下。据有关资料统计,全国规模以上工业企业研究开发投入占销售额的比重平均仅为0.78%,拥有技术开发机构的企业仅占25%,大部分企业没有研发活动。其后果一方面是难以为社会经济的发展提供有力支撑;另一方面则是严重影响了我国企业的国际竞争能力和盈利能力。

为建设创新型国家,实现自主创新,贯彻落实国家科技发展规划纲要精神,鼓励企业自主创新,我国对企业研发费用实行加计扣除优惠政策。加计扣除的具体规定是:企业为开发新技术、新产品、新工艺发生的研究开发费用,未形成无形资产计入当期损益的,在按照规定实行100%扣除的基础上,按照研究开发费用的50%加计扣除(实际共可扣除150%);形成无形资产的,按照无形资产成本的150%摊销。

例如,A公司预计20×9年应纳税所得额为1000万元,所得税税率为25%。本年度为开发新技术、新产品、新工艺发生的研究开发费用200万元(未形成无形资产,已经计入当期损益),则在计算所得税时,筹划如下:

按照国家所得税的优惠政策,企业的研究开发费用在按照规定实行100%扣除的基础上,可以按照研究开发费用的50%加计扣除:

预计本年的应纳所得税=1000×25%=250(万元)

预计本年的税后净利润=1000-250=750(万元)

由于研究开发费用200万元(已经计入费用),可再加计扣除50%,即200×50%=100(万元)。扣除后,应纳税所得额=1000-100=900(万元)。

本年的应纳所得税=900×25%=225(万元)

本年的税后净利润=1000-225=775(万元)

节税=250-225=25(万元)

即A公司利用研发费用加计扣除的税收优惠政策,可节税25万元。

(2)转让定价筹划法。转让定价又称转移价格,是指在经济活动中,有经济联系的企业各方为均摊利润或转移利润而在产品交换或买卖过程中,不依照市场买卖规则和市场价格进行交易,而依据它们之间的共同利益或为了最大限度地维护它们之间的收入进行的产品或劳务价格转让。转让定价普遍运用于母子公司、总分公司及有利益联系的关联企业之间。这种价格的制定一般不取决于市场供求,而是服务于公司整体利润的要求。

转让定价的作用,可以降低或者拖延缴纳公司的所得税;减少从价计征的关税,主要通过分包、拆装增减批量等方式实现;集团公司通过转让定价利用高税区与低税区的税率差别实现税负最小;转让定价在一定条件下,可以实现货币转让逃避外汇管制的束缚。

转让价格制定的方法主要有:一是以内部成本为基础的转让价格,采用产品实际成本定价或采用标准成本定价;二是以市场价格为基础的转让价格,采用市场交易价格定价或采用成本利润加成定价。

转让定价筹划主要是通过关联交易进行。关联企业一般以持股或有较为密切的业务关系为特征,因为这些特征反映了企业之间参与管理和控制的程度。转让定价之所以被广泛运用,是因为任何一个商品生产者和经营者及交易双方均有权力根据自身的需要确定所生产和经营产品的价格标准,只要交易双方是自愿的,别人就无权干涉,这是一种合法行为。

例如,R旅游公司的RR子公司系中外合资电子玩具公司,主要生产儿童电子玩具,除产品包装外,其余电子器材、配件全部进口,产品90%外销,进口材料和产品外销均由香港发展公司负责,儿童电子玩具的单位平均成本为20.35元/件,而平均售价仅为22.70元/件。该公司自开业投产以来年年亏损,而企业规模却年年扩大。该公司将所得转移至香港,避免了内地的税收。而香港又是一个天然避税港,它实行的税收管辖权为收入来源地管辖权,对来自内地的所得可免征税。

又如,W集团总部的所得税税率为25%,其一子公司为WW子公司,雇用残疾人被认定为福利企业,暂免征收企业所得税。W集团总部把成本8万元,原应按12万元作价的一批货物,压低到按10万元作价,销售给WW子公司;WW公司最后以

14万元的价格出售到集团之外。这样,可以比较一下互惠定价与正常定价下,W集团总体的税负水平:

W集团原应负担的税收=(12-8)×25%=1(万元)

降低互惠价格后,W集团实际负担的税收=(10-8)×25%=0.5(万元)

比较可知,采用互惠价格后,W集团可以实现的节税额=1-0.5=0.5(万元)

2. 递延纳税

递延纳税是指纳税人根据税法的规定可将应纳税款推迟一定期限缴纳。递延纳税虽不能减少应纳税额,但纳税期的推迟可以使纳税人无偿使用这笔款项而不需支付利息,对纳税人来说等于是降低了税收负担。纳税期的递延有利于资金的周转,节省了利息的支出,还可使纳税人享受通货膨胀带来的好处。

递延纳税有两种形式:一种形式是政府就某种税收直接规定允许延期缴纳税款,可称之为直接递延纳税;另一种形式是政府允许企业实行固定资产加速折旧,可以称这种延期纳税形式为间接递延纳税。

二、纳税管理的内容

1. 筹资纳税管理

企业以向金融机构借款进行融资为主的纳税筹划,其融资成本主要是利息负担。借款利息一般可以作为财务费用在税前列支,在税前冲减企业应纳税所得额,起到一定的节税功能。借款的缺点是到期必须还本付息,当企业资不抵债时可能要面临破产清算,风险较大。此外,借款方式属于间接筹资,存在着中间商,而中间商的盈利特征不可避免地使借款筹资的成本增加。因此,筹资纳税管理的重点是选择融资成本低、风险小又有抵税功能的融资方式。

2. 投资纳税管理

投资是为未来获得收益的现时资金流出。投资纳税管理考虑的重点,是在选择投资项目时,考虑其投资成本、同时又考虑项目建成后的折旧等,在符合国家税收法律、法规、政策的前提下,努力做好投资纳税筹划,从而达到节税和增强企业发展后劲的目的。

3. 营运纳税管理

营运纳税管理包括采购、生产、销售等方面。

(1)采购。从采购来讲,主要影响流转税中增值税进项税额,因此,必须考虑供应方是否是一般纳税人、对方的增值税税率等。

(2)生产。生产过程是各种原材料、人工工资和相关费用转移到产品的全过程,纳税筹划可以考虑以下方面:①存货的税务管理。我国企业会计准则规定,存货计价可以采用先进先出法、加权平均法、个别计价法等计价方法。不同的计价方法为税收筹划提供了可操作空间。如果企业处在所得税的免税期,可以选择先进先出法,以减少当期材料成本,扩大当期利润。如果企业盈利能力很强,为减轻税负可以采用加大产品中材料费用的存货计价方法以减少当期利润,推迟纳税。②固定资产的税务管理。企业可以采用直线折旧法或加速折旧法进行固定资产后续计量,不同的折旧方法影响当期费用和产品成本。如果采用直线折旧法,企业各期税负均衡;如果采用加速折旧法,企业生产前期利润较少,从而纳税较少,生产后期利润较多,从而纳税较多,加速折旧法起到了延期纳税的作用。③人工工资的税务管理。企业所得税法规定,企业实际发生的合理工资薪金支出,在企业所得税税前扣除时,不再受计税工资或工效挂钩扣除限额的限制,可以全额据实扣除。因此,企业在安排工资、薪金支出的同时,应当充分考虑工资、薪金支出对企业所得税和个人所得税的影响。④费用的税务管理。不同的费用分摊方法会扩大或缩小产品成本,从而影响企业利润水平和税收,企业可以通过选择有利的分摊方法来进行税收筹划。

(3)销售。销售的方式多种多样,但总体上主要有两种类型:现销方式和赊销方式。不同销售结算方式纳税义务的发生时间是不同的,这就为企业进行税收筹划提供了可能。企业在不能及时收到货款的情况下,可以采用委托代销、分期收款等销售方式,等收到货款时再开具发票、承担纳税义务,从而起到延缓纳税的作用。

4. 利润分配纳税管理

利润分配纳税管理,主要考虑以下方面:

(1)股东是法人。由于企业法人获得的股利分配,应计入企业利润总额,合并缴纳企业所得税,因此,纳税筹划中主要考虑能否有抵减的空间或者投资高于被投资方向的部分补税。

(2)股东是个人。如果股东是个人,一般情况下,资本利得免征个人所得税,如买卖股票所得、资本公积金转增股东所得等;经营所得则应按规定代扣代交个人所得税。股份公司可以采取不直接分配股息,而使股票增值,从而避免投资者(股东)分回的利润(股息、红利)补缴所得税。而股份制企业可以把税后利润的大部分作为公司的追加投资,使公司的资产总额增加,在不增发股票的前提下提高公司股票的市场价值,为投资者带来更多的好处。

5. 重组纳税管理

重组即资产重组,是指企业资产的拥有者、控制者与企业外部的经济主体进行的,对企业资产的分布状态进行重新组合、调整、配置的过程,或对设在企业资产上的权利进行重新配置的过程。包括企业合并和分立、资产剥离或所拥有股权出售、资产置换等公司资产(含股权、债权等)与公司外部资产或股权互换的活动。

重组涉税主要关注流转税、印花税、契税、企业所得税等。以流转税中的增值税为例,根据《国家税务总局关于纳税人资产重组有关增值税问题的公告》(国家税务总局公告2011年第13号)规定:"纳税人在资产重组过程中,通过合并、分立、出售、置换等方式,将全部或者部分实物资产以及与其相关联的债权、负债和劳动力一并转让给其他单位和个人,不属于增值税的征税范围,其中涉及的货物转让,不征收增值税。"

例如,A旅游公司持有B旅游公司100%的股权。20×7年5月,A公司和C公司签订了一份吸收合并企业协议,协议约定,A公司将其持有B公司的全部产权转让给C公司后,B公司注销。B公司全部资产、债权、债务和劳动力转移到C公司。而B公司注销是一种吸收合并行为,这一行为应适用《国家税务总局关于纳税人资产重组有关增值税问题的公告》(国家税务总局公告2011年第13号)的规定,不征收增值税。

但是,如果B公司将其全部资产、债权、债务等转让给C公司,以换取C公司股权和非股权支付,B公司并不注销,则是C公司收购B公司资产的行为,这一行为实际属于整体资产转让,B公司在资产转让中,涉及应税货物所有权的转移,应照章征收增值税。

第四节 分配管理

一、股利政策

股利政策是指在法律允许的范围内,企业是否发放股利、发放多少股利以及何时发放股利的方针及对策。股利政策的最终目标是使公司价值最大化。

企业的净收益可以支付给股东,也可以留存在企业内部。股利政策的关键问题是确定分配和留存的比例。股利政策不仅会影响股东的财富,而且会影响企业在资本市场上的形象以及企业股票的价格,更会影响企业的长短期利益。因此,合理的股利政策对企业及股东来讲是非常重要的。企业应当确定适当的股利政策,并使其保持连续性,以便股东据以判断其发展的趋势。在实际工作中,通常有以下股利政策可供选择:

(一)剩余股利政策

剩余股利政策是指公司在有良好的投资机会时,根据目标资本结构,测算出投资所需的股权资本额,先从盈余中留用,然后将剩余的盈余作为股利来分配,即净利润首先满足公司的股权资金需求。如果还有剩余,就派发股利;如果没有,则不派发股利。

例如,设S旅游公司20×8年的税后净利润为2000万元,20×9年的投资计划需要资金2200万元。公司目标资本结构为权益资本占60%,债务资本占40%。那么按照目标资本结构的要求,公司投资方案所需的权益资本数额为:

$$投资方案所需权益资本 = 2200 \times 60\% = 1320(万元)$$

公司当年全部可用于分派的盈利为 2000 万元,除了可以满足上述投资方案所需的权益性资本额以外,还有剩余可以用于分派股利。20×8 年可以发放的股利数额为:

$$可发放的股利 = 2000 - 1320 = 680(万元)$$

假设该公司当年流通在外的普通股为 1000 万股,那么每股股利为:

$$每股股利 = 680 \div 1000 = 0.68(元/股)$$

(二)固定或稳定增长的股利政策

固定或稳定增长的股利政策是指公司将每年派发的股利额固定在某一特定水平或是在此基础上维持某一固定比率逐年稳定增长。公司只有在确信未来盈余不会发生逆转时才会宣布实施固定或稳定增长的股利政策。

(三)固定股利支付率政策

固定股利支付率政策是指公司将每年净利润的某一固定百分比作为股利分派给股东。这一百分比通常称为股利支付率,股利支付率一经确定,一般不得随意变更。

(四)低正常股利加额外股利政策

低正常股利加额外股利政策,是指公司事先设定一个较低的正常股利额,每年除了按正常股利额向股东发放股利外,还在公司盈余较多、资金较为充裕的年份向股东发放额外股利。但是,额外股利并不固定化,不意味着公司永久地提高了股利支付水平。

二、利润分配制约因素

企业的利润分配涉及相关各方的切身利益,受众多不确定因素的影响,在确定分配政策时,应当考虑各种相关因素的影响,主要包括法律、公司、股东及其他因素。

(一)法律因素

法律因素对企业的利润分配的制约主要包括:资本保全约束,资本积累约束,超额累积利润约束,偿债能力约束等。

(二)公司因素

公司因素对企业的利润分配的制约主要包括:现金流量,资产的流动性,盈余的稳定性,投资机会,筹资因素,其他因素等。

(三)股东因素

股东因素对企业利润分配的制约主要包括:控制权,稳定的收入,避税等。

(四)其他因素

其他因素对企业利润分配的制约主要包括:债务契约,通货膨胀等。

三、股利支付形式与程序

(一)股利支付形式

股利支付形式包括:现金股利、财产股利、负债股利、股票股利。

1. 现金股利

现金股利(Cash Dividends)是指以现金支付股利的形式,它是企业最常见的、也是最易被投资者接受的股利支付方式。这种形式能满足大多数投资者希望得到一定数额的现金这种实在收益的要求。但这种形式增加了企业现金流出量,增加企业的支付压力,在特殊情况下,有悖于留存现金用于企业投资与发展的初衷。因此,采用现金股利形式时,企业必须具备两个基本条件:一是企业要有足够的未指明用途的留存收益(未分配利润);二是企业要有足够的现金。因此,公司在支付现金股利前需筹备充足的现金。

2. 财产股利

财产股利(Property Dividends)是以现金以外的资产支付的股利,主要是以公司所拥有的其他企业的有价证券,如债券、股票,作为股利支付给股东。

3. 负债股利

负债股利(Scrip Dividends)也称期票股利,是公司以负债形式支付的股利,通常以公司的应付票据支付给股东,不得已情况下也有发行公司债券抵付股利的。

财产股利和负债股利实际上是现金股利的替代。这两种股利方式目前在我国公司实务中很少使用,但并非法律所禁止。

4. 股票股利

股票股利(Stock Dividends)是公司以发行的股票作为股利支付的方式。股票股利并不直接增加股东的财富,不导致公司现金的流出或负债的增加,也不因此而增加公司的财产,但会引起所有者权益各项目的结构发生变化。发放股票股利后,如果盈利总额与市盈率不变,会由于普通股的增加而引起每股收益和每股股利的下降。但由于股东所持有的股份的比例不变,每位股东所持有的股票市场价值总额仍然保持不变,因而股票股利不涉及公司的现金流。

例如,S旅游公司在发放股票股利前,股东权益情况见表9-7。

表9-7 S公司发放股票股利前的股东权益

普通股(20万股流通在外,每股面值1元)	20万元
资本公积	40万元
未分配利润	200万元
股东权益合计	260万元

若 S 旅游公司宣布发放 10%的股票股利,即发放 2 万股普通股股票,并规定现有股东每持 10 股可得 1 股新发放股票。若股票当时市价每股 20 元,随着股票股利的发放,需从"未分配利润"项目划转出的资金为:20×200 000×10%＝40(万元)

由于股票面值不变,此次再发放 2 万股普通股,只应增加"普通股"项目 2 万元,其余的 38 万元(40 万元-2 万元),则应作为股票溢价转至"资本公积"项目,而公司股东权益总额保持不变。发放股票股利后,公司股东权益各项目见表 9-8。

表 9-8　S 旅游公司发放股票股利后的股东权益

普通股(22 万股流通在外,每股面值 1 元)	22 万元
资本公积	78 万元
未分配利润	160 万元
股东权益合计	260 万元

表 9-7 与表 9-8 的比较说明,发放股票股利,不会对公司股东权益总额产生影响,但会发生资金在各股东权益项目间的再分配。发放股票股利后,如果盈利总额不变,会由于普通股股数增加而引起每股收益和每股市价的下降;但又由于股东所持股份的比例不变,每位股东所持股票的市场价值总额仍保持不变。

股票股利是一种比较特殊的股利。股票股利对公司来说,并没有现金流出企业,也不会导致公司的财产减少,而只是将公司的留存收益转化为股本。但股票股利会增加流通在外的股票数量,同时,降低股票的每股价值,它不会改变公司股东权益总额,但会改变股东权益的构成。它不会引起公司资产的流出或负债的增加,而只涉及股东权益内部结构的调整,即在减少未分配利润项目金额的同时,增加公司股本额,同时还可能引起资本公积的增减变化,但它们之间是此消彼长的,股东权益总额并不改变。

接上例,设 S 旅游公司本年盈余为 44 万元,T 股东持有 2 万股 S 公司的普通股股票,发放股票股利对 T 的影响,如表 9-9 所示。

表 9-9　S 旅游公司股票股利后的对 T 股东的影响

项　目	发放前	发放后
每股收益(EPS,元/股)	44÷20＝2.2	44÷22＝2
每股市价(元/股)	20	20÷(1+10%)＝18.18
持股比例(%)	2÷20＝10%	2.2÷22＝10%
持股总价值(万元)	20×2＝40	18.18×2.2＝40

发放股票股利对每股收益的影响,可以通过对原股收益、每股市价的调整直接算出:

$$\text{发放股票股利后的每股收益} = \frac{E_0}{1 + D_S}$$

式中，E_0 为发放股票股利前的每股收益；D_S 为股票股利发放率。以本例资料计算，有：

$$\text{发放股票股利后的每股收益} = \frac{E_0}{1 + D_S} = \frac{2.2}{1 + 10\%} = 2(\text{元/股})$$

发放股票股利对每股市价的影响如下：

$$\text{发放股票股利后的每股市价} = \frac{M}{1 + D_S}$$

式中，M 为股利分配权转移日的每股市价；D_S 为股票股利发放率。以本例资料计算：

$$\text{发放股票股利后的每股市价} = 20 \div (1 + 10\%) = 18.18(\text{元})$$

股票股利对股东来讲，其意义主要有以下几点：①如果公司在发放股票股利后同时发放现金股利，股东会因所持股数的增加而得到更多的现金。②有时公司发放股票股利后其股价并不成比例下降，这可使股东得到股票价值相对上升的好处。③发放股票股利通常是成长中的公司所为，因此，投资者往往认为发放股票股利预示着公司将会有较大发展，利润将大幅度增长，足以抵消增发股票带来的消极影响，这种心理会稳定住股价甚至反致略有上升。④在股东需要现金时，还可以将分得的股票股利出售，有些国家税法规定，出售股票所需缴纳的资本利得（价值增值部分）税率，比收到现金股利所需缴纳的所得税率低，这使得股东可以从中获得纳税上的好处。

(二)股利支付程序

公司股利的发放先由董事会提出分配方案，然后提交股东大会决议，股东大会决议通过分配预案后，要向股东宣布发放股利的方案，并确定股权登记日、除息日和股利发放日。

1. 董事会提出分配方案

股利支付前，首先要由公司董事会制定分红预案，包括本次分红的数量、分红的方式、股东大会召开的时间、地点及表决方式等。以上内容由公司董事会向社会公开发布。

2. 提交股东大会决议通过

董事会提出分配方案，必须经过股东大会决议通过分配预案后，才能向股东宣布发放股利的方案，并确定股权登记日、除息日和股利发放日。

3. 宣布日

董事会制定的分红预案，经过股东大会讨论通过，公布正式分红方案及实施的时间。

4. 股权登记日

这是由公司在宣布分红方案时确定的一个具体日期。凡是在此指定日期收盘之前,取得了公司股票,成为公司在册股东的投资者都可以作为股东享受公司分派的股利。在此日之后取得股票的股东则无权享受已宣布的股利。

5. 除息日

在除息日,股票的所有权和领取股息的权利分离,股利权利不再从属于股票。所以,在这一天购入公司股票的投资者不能享有已宣布发放的股利。另外,由于失去了附息的权利,除息日的股价会下跌。下跌的幅度约等于分派的股息。

6. 股利发放日

在这一天,公司按公布的分红方案向股权登记日在册的股东实际支付股利。

四、股权激励

股权激励(Stock Ownership Incentive)是一种通过经营者获得公司股权形式,使他们能够以股东的身份参与企业决策、分享利润、承担风险,从而勤勉尽责地为公司的长期发展服务的一种激励方法。现阶段,股权激励模式主要有:股票期权模式、限制性股票模式、股票增值权模式、业绩股票激励模式和虚拟股票模式等。

1. 股票期权模式

股票期权是指股份公司赋予激励对象(如经理人员)在未来某一特定日期内以预先确定的价格和条件购买公司一定数量股份的选择权。持有这种权利的经理人可以按照该特定价格购买公司一定数量的股票,也可以放弃购买股票的权利,但股票期权本身不可转让。

2. 限制性股票模式

限制性股票指公司为了实现某一特定目标,先将一定数量的股票赠予或以较低价格售予激励对象。只有当实现预定目标后,激励对象才可将限制性股票抛售并从中获利;若预定目标没有实现,公司有权将免费赠予的限制性股票收回或者将售出股票以激励对象购买时的价格回购。

3. 股票增值权模式

股票增值权模式是指公司授予经营者一种权利,如果经营者努力经营企业,在规定的期限内,公司股票价格上升或业绩上升,经营者就可以按一定比例获得这种由股价上扬或业绩提升所带来的收益,收益为行权价与行权日二级市场股价之间的差价或净资产的增值额。激励对象不用为行权支付现金,行权后由公司支付现金、股票或股票和现金的组合。

4. 业绩股票激励模式

业绩股票激励模式指公司在年初确定一个合理的年度业绩目标,如果激励对象经过大量努力后,在年末实现了公司预定的年度业绩目标,则公司给予激励对象一定数量的股票,或奖励其一定数量的奖金来购买本公司的股票。业绩股票在锁定一定年限以后才可以兑现。

思考与练习

1. 简述企业收入与分配管理的内容。

2. 什么是股利分配政策?企业利润分配的制约因素有哪些?

3. 什么是股利支付形式?股利支付应如何进行?

4. 某旅游公司生产 A 旅游产品,预计单位产品的制造成本为 150 元/件,计划销售 7 万件,计划期的期间费用总额为 35 万元,该旅游产品适用的消费税税率为 5%,增值税税率 17%,企业的目标成本利润率为 25%。

要求:按完全成本加成定价法测算 A 产品的单位价格(不含税价格、含税价格)。

5. 华强公司 20×1—20×9 年的产品销售量资料如下:

年份	20×1	20×2	20×3	20×4	20×5	20×6	20×7	20×8	20×9
销售量(箱)	1950	1980	1890	2010	2070	2100	2040	2260	2110
权数	0.03	0.05	0.07	0.08	0.1	0.13	0.15	0.18	0.21

要求:(1)用算术平均法预测公司 2×10 年的销售量;(2)用加权平均法预测公司 2×10 年的销售量;(3)设平滑指数 $a=0.6$,利用指数平滑法预测公司 2×10 年的销售量。

第十章

旅游企业财务分析与评价

本章重点
- 掌握财务分析的因素分析法
- 了解财务分析的作用和内容
- 掌握各类财务报表分析指标的计算公式
- 了解综合绩效评价方法和程序

第一节 财务分析与评价的主要内容与方法

一、财务分析的作用和内容

财务分析(Financial Reports Analysis)是根据企业财务报表等信息资料,采用专门方法,系统分析和评价企业财务状况、经营成果以及未来发展趋势的过程。

(一)财务分析的作用

通过报表分析可判断企业的财务实力;评价和考核企业的经营业绩,揭示财务活动存在的问题;挖掘企业潜力,寻求提高企业经营管理水平和经济效益的途径;评价企业的发展趋势。因此,财务分析具有重要的现实意义。

(二)财务分析的内容

为了满足不同需求者的需求,财务分析一般应包括以下内容:偿债能力分析、营运能力分析、盈利能力分析、发展能力分析和现金流量分析等。

二、财务分析的方法

(一)比较分析法

财务报表的比较分析法(Comparative Analysis Method),是指对两个或两个以上的可比数据进行对比,找出企业财务状况、经营成果中差异与问题。根据比较对象的不同,比较分析法分为趋势分析法、横向比较法和预算差异分析法。比较分析法的具体运用主要有重要财务指标的比较、会计报表的比较和会计报表项目构成的比较三种方式。

1. 重要财务指标的比较

重要财务指标的比较是指将不同时期财务报告中的相同指标或比率进行比较，直接观察其增减变动情况及变动幅度，考察其发展趋势，预测其发展前景。

不同时期财务指标的比较，主要有以下两种方法：

（1）定基动态比率。是以某一时期的数额为固定的基期数额而计算的动态比率。计算公式：

$$定基动态比率 = \frac{分析期数额}{固定基期数额} \times 100\%$$

例如，S旅游公司20×6年的净利润为100万元，20×7年的净利润为120万元，20×8年的净利润为150万元。以20×6年为固定基期，分析20×7年、20×8年利润增长的比率。则：

20×7年的定基动态比率＝120÷100×100%＝120%

20×8年的定基动态比率＝150÷100×100%＝150%

（2）环比动态比率。是以每一分析期的前期数额为基期数额而计算的动态比率。公式：

$$环比动态比率 = \frac{分析期数额}{前期数额} \times 100\%$$

仍以上题的数据为例，以20×6年为固定基期，分析20×7年、20×8年利润增长比率。则：

20×7年的环比动态比率＝120÷100×100%＝120%

20×8年的环比动态比率＝150÷120×100%＝125%

2. 会计报表的比较

财务报表的比较，是将连续数期的财务报表金额并列起来，比较其相同指标的增减变动金额和幅度，据以判断企业财务状况、经营成果和现金流量发展变化的一种方法。运用该方法进行比较分析时，最好是既计算有关指标增减变动的绝对值，又计算其增减变动的相对值。这样可以有效地避免分析结果的片面性。会计报表的比较，具体包括资产负债表比较、利润表比较和现金流量表比较等。

例如，S旅游公司利润表中反映20×6年的净利润为50万元，20×7年的净利润为100万元，20×8年的净利润为160万元。

通过绝对值分析：

20×7年与20×6年相比，净利润增长了100－50＝50（万元）。

20×8年与20×7年相比，净利润增长了160－100＝60（万元）。

说明20×8年的效益增长好于20×7年。

通过相对值分析:

20×7 年与 20×6 年相比净利润增长率为:(100-50)÷50×100% = 100%。

20×8 年与 20×7 年相比净利润增长率为:(160-100)÷100×100% = 60%。

则说明 20×8 年的效益增长明显不及 20×7 年。

3. 会计报表项目构成的比较

它是以会计报表中的某个总体指标为100%,再计算出其各组成项目占该总体指标的百分比,从而来比较各个组成项目百分比的增减变动,以此来判断有关财务活动的变化趋势。这种方式较前两种更能准确地分析企业财务活动的发展趋势。它既可用于同一企业不同时期财务状况的纵向比较,又可用于不同企业之间的横向比较。同时,这种方法还能消除不同时期(不同企业)之间业务规模差异的影响,有利于分析企业的耗费和盈利水平,但资本结构的计算较为复杂。

比较分析法的优点是简便、直观,但应注意:所对比指标的计算口径必须一致;剔除偶发性项目的影响;运用例外原则对某项有显著变动的指标做重点分析,研究其产生的原因,以便采取措施和对策,趋利避害。

(二)比率分析法

比率分析法(Ratio Analysis Method)是通过计算各种比率指标来确定财务活动变动程度的方法。比率指标的类型主要有构成比率、效率比率和相关比率三类。

1. 构成比率

构成比率又称结构比率,是某项财务指标的各组成部分数值占总体数值的百分比,反映部分与总体的关系。利用构成比率,可以考察总体中某个部分的形成和安排是否合理,以便协调各项财务活动。计算公式:

$$构成比率 = \frac{某个组成部分数值}{总体数值} \times 100\%$$

2. 效率比率

效率比率是用来计算某项财务活动中所费与所得的比率,反映投入与产出、耗费与收入的比例关系。利用效率比率指标可以进行得失比较,从而考察经营成果,评价经济效益的水平。如将利润项目与营业成本、营业收入、资本等项目加以对比,可以计算出成本利润率、营业净利率、资本金利润率等指标,进而从不同角度比较企业盈利能力的高低及其增减变化情况,分析考察企业财务成果,评价企业经营状况和经济效益水平。如:

$$成本利润率 = \frac{利润总额}{成本费用总额} \times 100\%$$

3. 相关比率

相关比率是以与某个项目有关但又不同的项目作为对比所得的比率,以反映有关经济活动中财务指标间的相互关系。利用相关比率指标,可以考察有联系的业务安排得是否合理,能否保障企业生产经营活动顺畅运行。如,将流动资产与流动负债相比,计算出流动比率,据以判断企业的短期偿债能力:

$$流动比率 = \frac{流动资产}{流动负债} \times 100\%$$

比率分析法具有计算简便、计算结果容易判断的优点,同时可对不同规模、不同行业的企业进行比较,但采用这一方法时应当注意以下几点:

第一,对比项目的相关性。计算比率的分子和分母必须具有相关性及逻辑关系,确保计算的比率能够说明问题,具有财务意义。在构成比率指标中,部分指标必须是总体指标这个大系统中的一个小系统;在效率指标中,投入与产出必须有因果关系;在相关比率指标中,两个对比指标也要有内在联系,才能评价有关经济活动之间是否协调均衡,安排是否合理。

第二,对比口径的一致性。计算比率的分子和分母必须在计算时间、范围、计算价格、计量单位等方面保持口径一致,具有可比性。通常,计算比率的分子、分母必须来自同一企业、同一时期的财务报表。

第三,采用的比率指标要有对比的标准。财务比率能从指标的联系中,揭示企业财务活动的内在关系.但它所提供的只是企业某一时点或某一时期的实际情况。为了分析评价,在对采用的比率指标进行分析时要有对比的标准,以便对企业的财务状况做出正确的评价。通常用作对比的标准有:目标标准、历史标准、行业标准及公认标准等。

(三)因素分析法

因素分析法(Factor Analysis Method)是依据分析指标与其影响因素的关系,从数量上确定各因素对分析指标影响方向和影响程度的一种方法。因素分析法具体有两种:连环替代法和差额分析法。

1. 连环替代法

连环替代法,是将分析指标分解为各个可以计量的因素,并根据各个因素之间的依存关系,顺次用各因素的比较值(通常为实际值)替代基准值(通常为标准值或计划值),据以测定各因素对分析指标的影响。

例如,S旅游公司A产品的材料费用总额本期实际数比计划数增加(超支)316 000元,请用连环替代法根据表10-1中的资料,计算各因素变动对材料费用总额的影响程度。

表10-1 A产品材料消耗资料表

项 目	单 位	计划数	实际数	差 异
产品产量	件	200	190	−10
材料单耗	千克	300	320	+20

续表

项　目	单　位	计划数	实际数	差　异
材料单价	元/千克	15	20	+5
材料费用总额	元	900 000	1 216 000	+316 000

根据表10-1的资料,材料费用总额实际数比计划数增加(超支)了316 000元,这是分析对象。运用连环替代法,计算各因素对材料费用总额的影响程度如下:

计划指标:200×300×15 = 900 000(元)　　　　①
第一次替代:190×300×15 = 855 000(元)　　　　②
第二次替代:190×320×15 = 912 000(元)　　　　③
第三次替代:190×320×20 = 1 216 000(元)　　　④

因素分析:

②-① = 855 000 - 900 000 = -45 000(元)　　　产量下降的影响
③-② = 912 000 - 855 000 = 57 000(元)　　　　单耗增加的影响
④-③ = 1 216 000 - 912 000 = 304 000(元)　　 价格提高的影响
加总 = -45 000 + 57 000 + 304 000 = 316 000(元)　全部因素的影响

2. 差额分析法

差额分析法,是连环替代法的一种简化形式,是利用各个因素的比较值与基准值之间的差额,来计算各因素对分析指标的影响。

以上例数据为例,采用差额分析法计算确定各因素变动对A产品材料费用的影响。

(1)产量下降对材料费用的影响为:

$$(190-200)×300×15 = -45\ 000(元)$$

(2)材料单耗增加对材料费用影响:

$$190×(320-300)×15 = 57\ 000(元)$$

(3)材料价格提高对材料费用影响:

$$190×320×(20-15) = 304\ 000(元)$$

运用因素分析法,可全面分析各因素对某一经济指标的影响,又可单独分析某个因素对某一经济指标的影响,在财务报表分析中应用广泛。运用时,应注意以下问题:

第一,因素分解的关联性。即构成经济指标的各因素确实是形成该项指标差异的内在原因,它们之间存在着客观的因果关系。

第二,因素替代的顺序性。在实际工作中,往往是按照先数量、后质量,先实物量、后价值量,先原始、后派生,先主要、后次要,先分子、后分母的顺序替代,不可随意加以颠倒。

第三,顺序替代的连环性。在计算每一个因素变动的影响时,都是在前一次计算的基础上进行,并采用连环比较的方法确定因素变化影响的结果。

第四,计算结果的假定性。由于因素分析法计算的每一个因素变动的影响值会因替代计算顺序的不同而有差别,因而计算结果具有一定程序上的假定性和近似性。

三、财务评价

财务评价,是对企业财务状况和经营情况进行的总结、考核和评价。它以企业的财务报表和其他财务分析资料为依据,注重对企业财务分析指标的综合考核。财务综合评价的方法有很多,传统的评价方法主要有杜邦分析法、沃尔评分法等。目前我国企业经营绩效评价主要使用的是功效系数法。

运用科学的财务绩效评价手段,实施财务绩效综合评价,不仅可以真实反映企业经营绩效状况,判断企业的财务管理水平,而且有利于适时揭示财务风险,引导企业持续、快速、健康地发展。

第二节 基本的财务报表分析

基本的财务报表分析内容包括偿债能力分析、营运能力分析、盈利能力分析、发展能力分析和现金流量分析五个方面。

财务报表分析的主要依据是财务会计报表及相关资料,为了便于说明,本节各项财务比率的计算分析,主要以 A 旅游公司为实例,A 公司 20×9 年的资产负债表、利润表如表 10-2 和表 10-3 所示。

表 10-2 资产负债表

编制单位:A 旅游公司　　　　　　20×9 年 12 月 31 日　　　　　　单位:万元

资产	年初数	年末数	负债及所有者权益	年初数	年末数
流动资产:			流动负债:		
货币资金	1600	1800	短期借款	4000	4600
交易性金融资产	2000	1000	应付账款	2000	2400
应收账款	2400	2600	预收账款	600	800
预付账款	80	140	其他应付款	200	200
存货	8000	10 400	流动负债合计	6800	8000
其他流动资产	120	160	非流动负债:		
流动资产合计	14 200	16 100	长期借款:	4000	5000
长期股权投资	800	800	负债合计	10 800	13 000
固定资产净值	24 000	28 000	股东权益:		
无形资产	1000	1100	股本	24 000	24 000
			盈余公积	3200	3200
			未分配利润	2000	5800
			股东权益合计	29 200	33 000

续表

资产	年初数	年末数	负债及所有者权益	年初数	年末数
资产合计	40 000	46 000	负债及股东权益合计	40 000	46 000

表 10-3　利润表

编制单位:A 旅游公司　　　　　20×9 年度　　　　　　　　单位:万元

项　目	上年实际	本年累计
一、业务收入	36 000	40 000
减:业务成本	21 400	24 400
业务税金及附加	2160	2400
减:营业费用	3240	3800
管理费用	1600	2000
财务费用	400	600
加:公允价值变动收益	1200	2000
投资收益	600	600
二、营业利润	90 000	94 000
加:营业外收入	200	300
减:营业外支出	1200	1300
三、利润总额	8000	8400
减:所得税费用(税率25%)	2000	2100
四、净利润	6000	6300

一、偿债能力分析

偿债能力,是指企业偿还到期债务(包括本息)的能力。对偿债能力进行分析,有利于债权人进行正确的借贷决策;有利于投资者进行正确的投资决策;有利于企业经营者进行正确的经营决策;有利于正确评价企业的财务状况。

偿债能力指标包括短期偿债能力指标和长期偿债能力指标。

(一)短期偿债能力指标

短期偿债能力,衡量的是对流动负债的清偿能力。短期偿债能力比率也称为变现能力比率或流动性比率,主要考察的是流动资产对流动负债的清偿能力。企业短期偿债能力的衡量指标主要有营运资本、流动比率、速动比率和现金比率。

1. 营运资本

营运资本即净营运资本,是指流动资产超过流动负债的部分。是企业在某一时点流动资产归还和抵偿流动负债后的剩余。计算公式:

$$营运资本 = 流动资产 - 流动负债$$

计算营运资本使用的"流动资产"和"流动负债",通常可以直接取自资产负债表。如果流动资产与流动负债相等,并不足以保证偿债。因为债务的到期与流动资产的现金生成不可能同步同量。企业必须保持流动资产大于流动负债,即保持有一定数额的净营运资本作为缓冲,以防止流动负债"穿透"流动资产。

当流动资产大于流动负债时,营运资本为正数,表明长期资本的数额大于长期资产。超出部分被用于流动资产。净营运资本的数额越大,财务状况就越稳定,反之,表明长期资本小于长期资产,有部分长期资产需由流动负债提供资金来源。

2. 流动比率

流动比率是流动资产与流动负债的比率,它表明企业每一元流动负债有多少流动资产作为偿还保证。反映企业用可在短期内转变为现金的流动资产偿还到期流动负债的能力,是企业短期偿债能力的一个存量比率指标。计算公式如下:

$$流动比率 = \frac{流动资产}{流动负债}$$

流动资产一般包括现金、有价证券、应收账款及库存现金,流动资产的变现能力一般较强。流动负债一般包括应付账款、短期应付票据、本年到期的债务、应付未付的所得税及其他未付开支。偿付流动负债需要现金支付。如果一个公司遇到财务困难,它会延缓应付账款的支付,拖欠银行贷款等。为了支付到期的债务,企业必须在相应的时间使流动资产转化为足以支付债务的现金。流动资产是可以设定在短期内转化为现金的,它可以以接近设定的价格转化为现金。流动资产与流动负债之间保持一定的比例,是保持企业具备一定偿债能力所必需的。若流动负债上升速度过快,会使流动比率下降。

一般情况下,流动比率越高,说明企业短期偿债能力越强。国际上通常认为,流动比率的下限为1,而流动比率等于2时较为适当。流动比率过低,表明企业可能难以按期偿还债务。流动比率过高,表明企业流动资产占用较多,会影响资金的使用效率和企业的筹资成本,进而影响盈利能力。

运用流动比率分析企业的短期偿债能力时,应注意几个问题:

(1)虽然流动比率越高,企业偿还短期债务的流动资产保证程度越强,但这并不等于说企业有足够的现金或存款用来偿债。

(2)从短期债权人的角度看,自然希望流动比率越高越好。但从企业经营角度看,过高的流动比率通常意味着企业闲置现金的持有量过多,必然造成企业机会成本的增加和盈利能力的降低。企业应尽可能将流动比率维持在不使货币资金闲置的水平。

(3)流动比率是否合理,不同行业、不同企业以及同一企业不同时期的评价标准是不同的。因此,不应用统一的标准来评价各企业流动比率合理与否。

例如,根据表 10-2 的资料,A 公司 20×9 年的流动比率为:

$$年初流动比率 = \frac{14\,200}{6800} = 2.09$$

$$年末流动比率 = \frac{16\,100}{8000} = 2.01$$

该公司 20×9 年年初和年末的流动比率均超过一般公认标准,反映该公司具有较强的短期偿债能力。

3. 速动比率

速动比率是企业速动资产与流动负债的比率。它假定速动资产是可以用于偿债的资产,表明每一元流动负债有多少速动资产作为偿还保障。其中,速动资产是指流动资产减去变现能力较差且不稳定的存货、1 年内到期的非流动资产以及其他流动资产后的余额。由于剔除了存货等这些变现能力较弱且不稳定的资产,因此,速动比率较之流动比率能够更加准确、可靠地评价企业资产的流动性及其偿还短期负债的能力。计算公式:

$$速动比率 = \frac{速动资产}{流动负债}$$

其中:

速动资产=货币资金+交易性金融资产+应收账款+应收票据
　　　　=流动资产-存货-1 年内到期的非流动资产-其他流动资产

一般情况下,速动比率越高,说明企业偿还流动负债的能力越强。通常认为,速动比率等于 1 时较为适当。速动比率小于 1,表明企业面临很大的偿债风险;速动比率大于 1,表明企业会因现金及应收账款占用过多而增加企业的机会成本。

运用速动比率进行短期偿债能力分析时,应注意的是:

(1)速动比率过大或过小都有其负面影响。速动比率过大,虽然说明企业具有较强的偿债能力,但同时说明企业流动资产利用效益低下;反之,如果企业速动比率过小,则会使其面临短期债务无法偿还的风险。

(2)尽管速动比率较之流动比率更能反映出流动负债偿还的安全性和稳定性,但并不能认为速动比率较低的企业的流动负债到期绝对不能偿还。实际上,如果企业存货流转顺畅,变现能力较强,即使速动比率较低,只要流动比率高,企业仍然能偿还到期的债务本息。

(3)不同行业的速动比率略有差异。

(4)企业债务结构上的差异,会导致企业不同时期在债务偿还规模上存在较大差异,从而导致速动比率在不同时期的差异。

例如,根据表 10-2 的资料,A 旅游公司 20×9 年的速动比率为:

$$年初速动比率 = \frac{14\,200 - 8000}{6800} = 0.91$$

$$年末速动比率 = \frac{16\,100 - 10\,400}{8000} = 0.71$$

分析表明,该企业 20×9 年末的速动比率比年初有所降低。虽然该企业流动比率超过一般公认标准,但流动资产中存货所占比重过大,导致企业速动比率未达到一般公认标准。说明企业的实际偿债能力并不理想,须采取措施加以扭转。

4. 现金比率

速动资产中,流动性最强、可直接用于偿债的资产称为现金资产。现金资产包括货币资金、交易性金融资产等。它们与其他速动资产有区别,其本身就是可以直接偿债的资产,而非速动资产需要等待不确定的时间,才能转换为确定数额的现金。现金比率是指现金资产与流动负债的比率,它假设现金是可以偿债的资产,表明一元流动负债有多少现金作为偿还保障。计算公式为:

$$现金比率 = \frac{货币资金 + 交易性金融资产}{流动负债} \times 100\%$$

短期偿债能力的分析中,还要注意影响短期偿债能力的表外因素。如表 10-4 所示。

表 10-4 影响短期偿债能力的因素(表外因素)

增强短期偿债能力的因素	(1)可动用的银行贷款指标; (2)准备很快变现的非流动资产; (3)偿债能力的声誉
降低短期偿债能力的因素	(1)与担保有关的或有负债,如果数额较大且可能发生,就应在评价偿债能力时给予关注; (2)经营租赁合同中承诺的付款,很可能是需要偿付的义务; (3)建造合同、长期资产购置合同中的分阶段付款也是一种承诺,应视同需要偿还的债务

(二)长期偿债能力指标

长期偿债能力是指企业在较长的期间偿还债务的能力。长期偿债能力衡量的是企业对所有负债的清偿能力。主要有五项:资产负债率、产权比率、权益乘数、或有负债比率和利息保障倍数。

1. 资产负债率

资产负债率又称负债比率,是指企业负债总额对资产总额的比率,它反映企业资产对债权人权益的保障程度。计算公式:

$$资产负债率(负债比率) = \frac{负债总额}{资产总额} \times 100\%$$

资产负债率是国际公认的衡量企业负债偿还能力和经营风险的重要指标,比较保守的经验判断一般为不高于50%,国际上一般公认60%比较好。一般情况下,资产负债率越小,表明企业偿债能力越强。

例如,根据表10-2的资料,A公司20×9年的资产负债率为:

$$年初资产负债率 = \frac{10\ 800}{40\ 000} \times 100\% = 27\%$$

$$年末资产负债率 = \frac{13\ 000}{46\ 000} \times 100\% = 28.26\%$$

该企业20×9年年初、年末的资产负债率均不高,说明企业长期偿债能力较强。如果企业未来有较强的盈利能力,还可适当提高负债率以充分发挥财务杠杆作用。

2. 产权比率

产权比率是指企业负债总额与所有者权益总额的比率。反映企业股东权益对债权人权益的保障程度。计算公式:

$$产权比率 = \frac{负债总额}{股东权益总额} \times 100\%$$

一般情况下,产权比率越低,说明企业长期偿债能力越强,债权人权益的保障程度越高,承担的风险越小,但企业不能充分地发挥负债的财务杠杆效应。所以,企业在评价产权比率适度与否时,应从提高盈利能力与增强偿债能力两个方面综合进行,即在保障债务偿还安全的前提下,应尽可能提高产权比率。

例如,根据表10-2的资料,A公司20×9年的产权比率为:

$$年初产权比率 = \frac{10\ 800}{29\ 200} \times 100\% = 37.0\%$$

$$年末产权比率 = \frac{13\ 000}{33\ 000} \times 100\% = 39.4\%$$

该企业20×9年年初、年末的产权比率都不高,同资产负债率的计算结果相互印证表明企业的长期偿债能力较强,债权人的保障程度较高。

3. 权益乘数

权益乘数是指资产总额与股东权益的比率,表示一元股东权益拥有的总资产。公式如下:

$$权益乘数 = \frac{资产总额}{股东权益} = 1 + 产权比率 = \frac{1}{1 - 资产负债率}$$

权益乘数越大,表明所有者投入企业的资本占全部资产的比重越小,企业负债程度越高;反之,该比率越小,表明所有者投入企业的资本占全部资产的比重越大,企业的负债程度越低,债权人权益受保护的程度也就越高。

4. 或有负债比率

或有负债比率是指企业或有负债总额对股东权益总额的比率,反映股东权益

应对可能发生的或有负债的保障程度。计算公式如下:

$$或有负债比率 = \frac{或有负债总额}{股东权益总额} \times 100\%$$

或有负债总额=已贴现商业承兑汇票金额+对外保险金额+未决诉讼、未决仲裁金额(除贴现或担保引起的诉讼或仲裁)+其他或有负债金额

一般情况下,或有负债比率越低,表明企业的长期偿债能力越强,股东权益应对或有负债的保障程度越高;或有负债比率越高,表明企业承担的相关风险越大。

例如,根据表10-2的资料,同时假设A公司20×9年年初和年末的或有事项只是对外提供担保,担保金额分别为300万元和250万元,该公司或有负债比率为:

$$年初或有负债比率 = \frac{300}{29\,200} \times 100\% = 1.03\%$$

$$年末或有负债比率 = \frac{250}{33\,000} \times 100\% = 0.76\%$$

A公司年末的或有负债比率比年初有所降低,表明公司应对或有负债可能引起的连带偿还等风险的能力增强。

5. 利息保障倍数

利息保障倍数(也称已获利息倍数),是指企业一定时期息税前利润与利息支出的比率。反映了盈利能力对债务偿付的保障程度。其中,息税前利润总额指利润总额与利息支出的合计数,利息支出指实际支出的借款利息、债券利息等。计算公式:

$$利息保障倍数 = \frac{息税前利润总额}{利息费用} \times 100\%$$

其中:

息税前利润总额=利润总额+利息支出=净利润+所得税+利息支出

利息保障倍数不仅反映了企业盈利能力的大小,也是衡量企业长期偿债能力大小的重要指标。一般情况下,已获利息倍数越高,表明企业长期偿债能力越强。国际上通常认为,该指标为3时较为合适。从长期来看,若要维持正常偿债能力,已获利息倍数至少应当大于1。如果已获利息倍数过小,企业将面临亏损以及偿债的安全性与稳定性下降的风险。

例如,据表10-3,假定表中财务费用全部为利息费用,A公司已获利息倍数为:

$$20×8年利息保障倍数 = \frac{8000 + 400}{400} = 21$$

$$20×9年利息保障倍数 = \frac{8400 + 600}{600} = 15$$

从以上计算来看,应当说企业20×8年和20×9年的已获利息倍数都较高,有较强的偿付负债利息的能力。不过,还需结合企业往年的情况和行业的特点进行判断。

(三)影响偿债能力的其他因素

影响长期偿债能力的其他因素主要有四个：一是企业的可动用的银行贷款指标或授信额度。企业可动用的银行贷款指标或授信额度大,偿债能力强,否则就弱。二是企业资产质量。三是或有事项和承诺事项,包括债务担保和未决诉讼。债务担保是需要根据有关资料判断担保责任带来的潜在长期负债问题。未决诉讼一旦判决败诉,便会影响企业的偿债能力。四是经营租赁,即当企业的经营租赁量比较大、期限比较长或具有经常性时,就形成了一种长期性筹资。这些因素都会影响企业的偿债能力,因此,在评价企业长期偿债能力时也要考虑其潜在影响。

二、营运能力分析

营运能力主要指企业资产运用、循环的效率高低。营运能力指标是通过投入与产出(主要指收入)之间的关系反映。

(一)流动资产营运能力分析

反映流动资产营运能力的指标主要有应收账款周转率、存货周转率和流动资产周转率。

1. 应收账款周转率

应收账款周转率是企业一定时期营业收入或销售收入与平均应收账款余额的比率,反映企业应收账款变现速度的快慢和管理效率的高低。计算公式：

$$应收账款周转率(周转次数) = \frac{营业收入}{平均应收账款余额}$$

$$平均应收账款余额 = \frac{应收账款余额年初数 + 应收账款余额年末数}{2}$$

$$应收账款周转率(周转天数) = \frac{平均应收账款余额 \times 360}{营业收入}$$

$$= \frac{360}{应收账款周转次数}$$

应收账款周转率反映了企业应收账款变现速度的快慢及管理效率的高低。一般地,应收账款周转率越高,平均收账期间就越短,应收账款的回收速度就越快,表明收账迅速、账龄较短、资产流动性强、短期偿债能力强,可以减少坏账损失等;否则,企业的营运资金则过多地呆滞在应收账款上,影响其正常的资金周转。

例如,据表10-2、表10-3中的资料,假定A旅游公司20×7年年末应收账款余额为2200万元,该公司20×8年、20×9年的应收账款周转率可以计算如下：

20×8年：

$$平均应收账款 = \frac{2200 + 2400}{2} = 2300(万元)$$

$$应收账款周转率 = \frac{36\,000}{2300} = 15.65(次)$$

$$应收账款周转天数 = \frac{360}{15.65} = 23(天)$$

20×9 年：

$$平均应收账款 = \frac{2400 + 2600}{2} = 2500(万元)$$

$$应收账款周转率 = \frac{40\,000}{2500} = 16(次)$$

$$应收账款周转天数 = \frac{360}{16} = 22.5(天)$$

以上计算结果表明，该企业 20×9 年应收账款周转率比 20×8 年有所改善，周转次数由 15.65 次提高为 16 次，周转天数由 23 天缩短为 22.5 天。说明企业的营运能力有所增强，对流动资产的变现能力和周转速度也会起到促进作用。

2. 存货周转率

存货周转率(Inventory Turnover Ratio)是指企业一定时期的营业成本与存货平均余额之间的比率。反映企业生产经营各环节的管理状况以及企业的偿债能力和盈利能力。它是衡量企业从取得存货、投入生产到销售收回(包括现金销售和赊销)等环节中，存货运营效率的一个综合性指标。计算公式如下：

$$存货周转率(周转次数) = \frac{营业成本}{平均存货余额}$$

$$平均存货余额 = \frac{存货余额年初数 + 存货余额年末数}{2}$$

存货周转天数(Inventory Turnover Period)的计算与平均收账期相同。公式如下：

$$存货周转率(周转天数) = \frac{平均存货余额 \times 360}{营业成本} = \frac{360}{存货周转次数}$$

存货周转率越高表明存货周转速度越快，存货的资金占用水平越低，流动性越强，存货转换为现金、应收账款的速度越快，因此，提高存货周转率可以提高企业的变现能力；而存货周转速度越慢，则变现能力越差。

例如，根据表 10-2、表 10-3 的资料，假定 A 旅游公司 20×7 年年末存货余额为 7600 万元，该公司 20×8 年、20×9 年存货周转率计算如下：

20×8 年：

$$平均存货余额 = \frac{7600 + 8000}{2} = 7800(万元)$$

$$存货周转率(周转次数) = \frac{21\,400}{7800} = 2.74(次)$$

$$存货周转率(周转天数) = \frac{360}{2.74} = 131(天)$$

20×9 年：

$$平均存货余额 = \frac{8000 + 10\,400}{2} = 9200(万元)$$

$$存货周转率(周转次数) = \frac{24\,400}{9200} = 2.65(次)$$

$$存货周转率(周转天数) = \frac{360}{2.65} = 136(天)$$

计算结果表明，该企业 20×9 年存货周转率比上年有所延缓，次数由 2.74 次降为 2.65 次，周转天数由 131 天增加为 136 天。反映出企业 20×9 年存货管理效率不如上年，原因可能是当年存货增长幅度过快。

例如，S 旅游公司全年销售总额为 5000 万元（全部为赊销），销售毛利 30%，如果公司计划本年度存货周转率为 5，平均存货应为多少？如果公司计划应收账款平均占用资金 500 万元，那么，应收账款必须在多少天内收回？

$$平均存货余额 = \frac{5000 \times (1 - 30\%)}{5} = 700(万元)$$

$$存货周转率(周转次数) = \frac{5000}{500} = 10(次)$$

$$存货周转率(周转天数) = \frac{360}{10} = 36(天)$$

3. *流动资产周转率*

流动资产周转率（Turnover Rate of Current Assets）是企业一定时期营业收入与平均流动资产余额的比率。它反映的是全部流动资产的利用效率。计算公式如下：

$$流动资产周转率(周转次数) = \frac{营业收入}{平均流动资产余额}$$

$$平均流动资产余额 = \frac{流动资产余额年初数 + 流动资产余额年末数}{2}$$

$$流动资产周转率(周转天数) = \frac{平均流动资产余额 \times 360}{营业收入} = \frac{360}{流动资产周转次数}$$

例如，根据表 10-2、表 10-3 的资料，假定 A 旅游公司 20×7 年年末流动资产余额为 12 000 万元，该公司 20×8 年、20×9 年流动资产周转率计算如下：

20×8 年：

$$平均流动资产余额 = \frac{12\,000 + 14\,200}{2} = 13\,100(万元)$$

$$流动资产周转率 = \frac{36\,000}{13\,100} = 2.75(次)$$

$$流动资产周转天数 = \frac{360}{2.75} = 131(天)$$

20×9 年：

$$平均流动资产余额 = \frac{14\,200 + 16\,100}{2} = 15\,150(万元)$$

$$流动资产周转率 = \frac{40\,000}{15\,150} = 2.64(次)$$

$$流动资产周转天数 = \frac{360}{2.64} = 136(天)$$

由此可见，该公司 20×9 年流动资产周转速度比 20×8 年延缓了 5 天，流动资金占用增加，增加占用的数额可计算如下：

$$\frac{(136-131) \times 400}{360} \approx 556(万元)$$

(二)固定资产营运能力分析

固定资产周转率是指企业年销售收入与固定资产平均额的比率。计算公式：

$$固定资产周转率 = \frac{营业收入}{平均固定资产余额}$$

$$平均固定资产余额 = \frac{固定资产余额年初数 + 固定资产余额年末数}{2}$$

$$固定资产周转率(周转天数) = \frac{平均固定资产余额 \times 360}{营业收入} = \frac{360}{固定资产周转次数}$$

一般情况下，固定资产周转率高，表明企业固定资产利用充分，企业固定资产投资得当，固定资产结构分布合理，能够充分发挥固定资产的使用效率；反之，如果固定资产周转率低，则表明企业固定资产使用效率低，提供的生产成果少，企业的营运能力差。

例如，根据表 10-2、表 10-3 的资料，假定 A 公司 20×7 年年末固定资产净值为 23 600 万元，该公司 20×8 年、20×9 年固定资产周转率计算如下：

20×8 年：

$$平均固定资产余额 = \frac{23\,600 + 24\,000}{2} = 23\,800(万元)$$

$$固定资产周转率 = \frac{36\,000}{23\,800} = 1.51(次)$$

20×9 年:

$$平均固定资产余额 = \frac{24\,000 + 28\,000}{2} = 26\,000(万元)$$

$$固定资产周转率 = \frac{40\,000}{26\,000} = 1.54(次)$$

以上计算结果表明,公司 20×9 年固定资产周转率比上年有所加快,主要原因是固定资产净值的增加幅度低于销售收入净额增长幅度。这表明企业的营运能力有所提高。

(三)总资产营运能力分析

总资产周转率是企业销售收入与企业资产平均额的比率。计算公式:

$$总资产周转率 = \frac{营业收入}{平均资产余额}$$

$$平均资产余额 = \frac{资产余额年初数 + 资产余额年末数}{2}$$

$$总资产周转率(周转天数) = \frac{平均资产余额 \times 360}{营业收入} = \frac{360}{总资产周转次数}$$

例如,根据表 10-2、表 10-3 的资料,假定 A 公司 20×7 年年末总资产余额为 38 000万元,该公司 20×8 年、20×9 年总资产周转率计算如下:

20×8 年:

$$平均资产余额 = \frac{38\,000 + 40\,000}{2} = 39\,000(万元)$$

$$总资产周转率 = \frac{36\,000}{39\,000} = 0.92(次)$$

20×9 年:

$$平均资产余额 = \frac{40\,000 + 46\,000}{2} = 43\,000(万元)$$

$$总资产周转率 = \frac{40\,000}{43\,000} = 0.93(次)$$

以上计算结果表明,公司 20×9 年全部资产周转率比 20×8 年有所加快。这是由于该公司固定资产平均净值的增长(9.24%)虽低于销售收入的增长程度(11.11%),流动资产平均余额的增长程度(15.6%)却高于销售收入的增长程度,所以总资产的利用效果有了提高,但幅度不大。

三、盈利能力分析

反映企业盈利能力的指标,有销售毛利率、销售净利率、资产净利率和净资产收益率。

(一)销售毛利率

销售毛利率是营业毛利与营业收入之比。销售毛利率越高,表明产品的盈利能力越强。将销售毛利率与行业水平进行比较,可以反映企业产品的市场竞争地位。

$$销售毛利率 = \frac{营业收入-营业成本}{营业收入} \times 100\%$$

根据表10-3的资料,该公司20×8年度和20×9年度的销售毛利率的计算如下:

20×8年:

$$销售毛利率 = \frac{8400}{36\,000} \times 100\% = 23.3\%$$

20×9年:

$$销售毛利率 = \frac{8800}{40\,000} \times 100\% = 22\%$$

结果表明,A公司的营业利润率有所下降。通过分析可以看出,这种下降趋势主要是由于公司20×9年成本费用增加所致,由于下降的幅度不大,可见公司的经营方向和产品结构仍符合现有市场需要。

(二)销售净利率

销售净利率是净利润与营业收入之比。销售净利率反映每1元营业收入最终赚取了多少利润,用于反映产品最终的盈利能力。计算公式如下:

$$销售净利率 = \frac{净利润}{营业收入} \times 100\%$$

根据表10-3的资料,设该公司20×8年度和20×9年度的净利润为6000万元、6300万元。则销售净利率的计算如下:

20×8年:

$$销售净利率 = \frac{6000}{36\,000} \times 100\% = 16.67\%$$

20×9年:

$$销售净利率 = \frac{6300}{40\,000} \times 100\% = 15.75\%$$

结果表明,A公司20×9年度的销售净利率比20×8年度有所降低,是因为在营业收入有较大增长的情况下,净利润才略有增长。

(三)资产净利率

资产净利率是净利润与平均总资产的比率,反映每1元资产创造的净利润。资产净利率反映企业资产的利用效果,资产净利率越高,表明企业资产的利用

效果越好。影响资产净利率的因素是营业净利率和总资产周转率。计算公式:

$$资产净利率 = \frac{净利润}{平均资产总额} \times 100\%$$

例如,根据表 10-3 的资料,A 公司 20×8 年度和 20×9 年度资产净利率计算如下:

20×8 年:

$$资产净利率 = \frac{6000}{39\ 000} \times 100\% = 15.38\%$$

20×9 年:

$$资产净利率 = \frac{6300}{43\ 000} \times 100\% = 14.65\%$$

结果表明,A 公司 20×9 年度的资产净利率比 20×8 年度有所降低,是因为在净利润略有增长的情况下,资产有较大增长。

(四)净资产收益率

净资产收益率又叫权益净利率或权益报酬率,是净利润与平均所有者权益的比值,表示每 1 元所有者权益资本赚取的净利润,反映所有者权益资本经营的盈利能力。计算公式如下:

$$净资产收益率 = \frac{净利润}{平均净资产} \times 100\%$$

$$平均净资产 = \frac{所有者权益年初数 + 所有者权益年末数}{2}$$

例如,根据表 10-2、表 10-3 的资料,同时假设 A 公司 20×7 年度的年末资产净额为 26 000 万元。该公司 20×8 年度和 20×9 年度净资产收益率计算如下:

20×8 年:

$$净资产收益率 = \frac{6000}{(26\ 000 + 29\ 200) \div 2} \times 100\% = 21.74\%$$

20×9 年:

$$净资产收益率 = \frac{6300}{(29\ 200 + 33\ 000) \div 2} \times 100\% = 20.26\%$$

结果表明,该公司 20×9 年净资产收益率比上年降低了 1.48 个百分点,主要是由于该公司所有者权益的增长快于净利润的增长所引起的。所有者权益增长率为:(31 100-27 600)÷27 600×100% = 12.68%;而利润的增长率为:(6300-6000)÷6000×100% = 5%。

四、发展能力分析

衡量企业发展能力的指标主要有:销售收入增长率、总资产增长率、营业利润增长率、资本保值增值率和资本积累率等。

(一)销售收入增长率

该指标反映的是相对化的销售收入增长情况,是衡量企业经营状况和市场占有能力、预测企业经营业务拓展趋势的重要指标。计算公式:

$$销售收入增长率 = \frac{本年销售收入增长额}{上年销售收入总额} \times 100\%$$

本年销售收入增长额=本年销售收入总额-上年销售收入总额

销售收入增长率是衡量企业经营状况和市场占有能力、预测企业经营业务拓展趋势的重要指标。不断增加营业收入,是企业生存发展的基础和条件。营业收入增长率大于零,表明企业本年营业收入有所增长,该指标值越高,表明企业营业收入的增长速度越快,企业市场前景越好;若该指标小于零,则说明产品或服务不畅、质次价高,或是存在售后服务方面的问题,导致市场份额萎缩。该指标在实际操作时,应结合企业历年的营业收入水平、企业市场占有率、行业未来发展等因素进行判断。

例如,根据表10-3的资料,A公司20×9年度的销售收入增长率的计算如下:

$$销售收入增长率 = \frac{40\,000 - 36\,000}{36\,000} \times 100\% = 11.1\%$$

(二)总资产增长率

总资产增长率,是企业本年资产增长额同年初资产总额的比率,反映企业本期资产规模的增长情况。计算公式:

$$总资产增长率 = \frac{本年总资产增长额}{年初资产总额} \times 100\%$$

其中,本年总资产增长额=年末资产总额-年初资产总额。

例如,根据表10-2的资料,A公司20×9年度的总资产增长率计算如下:

$$总资产增长率 = \frac{46\,000 - 40\,000}{40\,000} \times 100\% = 15\%$$

(三)营业利润增长率

营业利润增长率,是企业本年营业利润增长额与上年营业利润总额的比率,反映企业营业利润的增减变动情况。计算公式:

$$营业利润增长率 = \frac{本年营业利润增长额}{上年营业利润总额} \times 100\%$$

其中,本年营业利润增长额=本年营业利润总额-上年营业利润总额。

例如,根据表10-3的资料,A公司20×9年度的营业利润增长率的计算如下:

$$营业利润增长率 = \frac{94\,000 - 90\,000}{90\,000} \times 100\% = 4.44\%$$

(四)资本保值增值率

资本保值增值率是指扣除客观因素影响后的所有者权益的期末总额与期初总额之比。

$$资本保值增值率 = \frac{扣除客观因素后的年末所有者权益总额}{年初所有者权益总额} \times 100\%$$

一般认为,资本保值增值率越高,表明企业的资本保全状况越好,所有者权益增长越快,债权人的债务越有保障。该指标通常应当大于100%。

例如,根据表10-3的资料,同时假设不存在客观因素,A公司20×9年度的资本保值增值率的计算如下:

$$资本保值增值率 = \frac{33\ 000}{29\ 200} \times 100\% = 113.01\%$$

(五)资本积累率

资本积累率,是企业本年所有者权益增长额与年初所有者权益的比率,反映企业当年资本的积累能力。计算公式如下:

$$资本积累率 = \frac{本年所有者权益增长额}{年初所有者权益总额} \times 100\%$$

其中,本年所有者权益增长额=所有者权益年末数-所有者权益年初数。

例如,根据表10-2的资料,A公司20×9年的资本积累率计算如下:

$$资本积累率 = \frac{33\ 000 - 29\ 200}{29\ 200} \times 100\% = 13.01\%$$

五、现金流量分析

现金流量分析一般包括现金流量的结构分析、流动性分析、获取现金能力分析、财务弹性分析及收益质量分析。这里主要从获取现金能力及收益质量两方面介绍现金流量比率。

(一)获取现金能力的分析

获取现金的能力,可通过经营活动现金流量净额与投入资源之比来反映。投入资源可以是销售收入、资产总额、营运资金、净资产或普通股股数等。

1. 销售现金比率

销售现金比率是指企业经营活动现金流量净额与销售收入的比值。计算公式如下:

$$销售现金比率 = \frac{经营活动现金流量净额}{销售收入} \times 100\%$$

2. 每股营业现金净流量

每股营业现金净流量是通过企业经营活动现金流量净额与普通股股数之比来

反映的。计算公式如下：

$$\text{每股营业现金净流量} = \frac{\text{经营活动现金流量净额}}{\text{普通股股数}}$$

3. 全部资产现金回收率

全部资产现金回收率是通过企业经营活动现金流量净额与企业平均资产总额之比来反映的，它说明了企业全部资产产生现金的能力。计算公式如下：

$$\text{全部资产现金回收率} = \frac{\text{经营活动现金流量净额}}{\text{企业平均净资产}}$$

其中，企业平均净资产 $= \dfrac{\text{所有者权益年初数} + \text{所有者权益年末数}}{2}$。

(二) 收益质量分析

收益质量是指会计收益与公司业绩之间的相关性。如果会计收益能如实反映公司业绩，则其收益质量高；反之，则收益质量不高。收益质量分析，主要包括净收益营运指数分析与现金营运指数分析。

1. 净收益营运指数

净收益营运指数是指经营净收益与全部净收益的比值。通过与该指标的历史指标比较和行业平均指标比较，可以考察一个公司的收益质量情况。计算公式如下：

$$\text{净收益营运指数} = \frac{\text{经营净收益}}{\text{全部净收益}}$$

其中：经营净收益 = 净利润 - 非经营净收益

如果营运指数小于1，经营净收益额小于全部净收益额，说明全部净收益额中包含其他收益额，比值越小，说明主营业务盈利能力越不及其他业务盈利能力。

2. 现金营运指数

现金营运指数是指经营现金流量与经营所得现金的比值。计算公式：

$$\text{现金营运指数} = \frac{\text{经营现金流量}}{\text{经营所得现金}}$$

其中，经营现金流量等于经营所得现金减去应收账款、存货等经营性营运资产净增加。

经营所得现金是经营净收益与非付现费用之和，等于经营净收益加上各项折旧、减值准备等非付现费用。现金营运指数是反映企业现金回收质量、衡量风险的指标。

理想的现金营运指数应为1，小于1的现金营运指数反映了公司部分收益没有取得现金，而是停留在实物或债权形态，而实物或债权资产的风险远大于现金。现金营运指数越小，以实物或债权形式存在的收益占总收益的比重越大，收益质量越差。

第三节 上市公司财务分析

一、上市公司特殊财务分析指标

(一) 每股收益

每股收益是综合反映企业盈利能力的重要指标,可以用来判断和评价管理层的经营业绩。每股收益有基本每股收益和稀释每股收益。

1. 基本每股收益

$$基本每股收益 = \frac{归属于普通股股东的净利润}{发行在外的普通股加权平均数}$$

其中:

$$发行在外的普通股加权平均数 = 期初发行在外普通股股数 \times \frac{已发行时间}{报告期时间}$$
$$- 当期已回购普通股股数 \times \frac{已回购时间}{报告期时间}$$

2. 稀释每股收益

稀释每股收益,是在考虑潜在普通股稀释性影响的基础上,对基本每股收益的分子、分母进行调整后,再计算的每股收益。

企业存在稀释性潜在普通股的,应当计算稀释每股收益。稀释性潜在普通股指假设当期转换为普通股会减少每股收益的潜在普通股。潜在普通股主要包括:可转换公司债券、认股权证和股份期权等。

(二) 每股股利

每股股利是企业现金股利总额与企业发行在外的普通股股数的比值。计算公式是:

$$每股股利 = \frac{现金股利总额}{发行在外的普通股股数}$$

(三) 市盈率

市盈率是股票每股市价与每股收益的比率,反映普通股股东为获取 1 元净利润所愿意支付的股票价格。

$$市盈率 = \frac{每股市价}{每股收益}$$

例如,根据表 10-2、表 10-3 的资料,同时假定 A 公司发行在外的普通股股数为 15 000 股,20×8 年和 20×9 年年末的每股市价分别为 5 元和 6 元。市盈率的计算如下:

20×8 年：

$$市盈率 = \frac{5}{6000 \div 15\,000} = 12.5$$

20×9 年：

$$市盈率 = \frac{6}{6300 \div 15\,000} = 14.29$$

市盈率是股票市场上反映股票投资价值的重要指标，该比率的高低反映了市场上投资者对股票投资收益和投资风险的预期。该公司 20×9 年市盈率比 20×8 年上升，说明投资者对公司发展前景进一步看好。

影响企业股票市盈率的因素：第一，上市公司盈利能力的成长性。第二，投资者所获取报酬率的稳定性。第三，利率水平的波动。

（四）每股净资产

每股净资产，又称每股账面价值，是指企业净资产与发行在外的普通股股数之间的比率。

$$每股净资产 = \frac{企业净资产}{发行在外的普通股股数}$$

（五）市净率

市净率是每股市价与每股净资产的比率，是投资者用以衡量、分析个股是否具有投资价值的工具之一。

$$市净率 = \frac{每股市价}{每股净资产}$$

二、管理层讨论与分析

上市公司"管理层讨论与分析"主要包括两部分：报告期间经营业绩变动的解释与前瞻性信息。大家可以在网上找一家上市公司的年报，认真阅读其内容，尤其是"管理层讨论与分析"，会较全面地了解公司的实际情况，此处不再赘述。

第四节 财务评价与考核

一、企业综合绩效分析的方法

企业综合绩效分析的最终目的在于全面、准确、客观地揭示与披露企业财务状况和经营管理的成果，并借以对企业经济效益的优劣做出系统的、合理的评价。所谓企业综合绩效分析，就是将各项财务报表分析指标作为整体，系统、全面地对企业经营状况、财务状况进行解剖与分析，给出一个总的、全面的评价。

企业综合绩效分析方法有很多,传统的分析方法主要有杜邦分析法和沃尔评分法等。

(一)杜邦分析法

杜邦分析法,是利用各主要财务比率指标间的内在联系,对企业财务状况及经济效益进行综合系统分析评价的方法。该体系是以净资产收益率为起点,以总资产净利率和权益乘数为核心,重点揭示企业盈利能力及权益乘数对净资产收益率的影响,以及各相关指标间的相互影响作用关系。杜邦体系各主要指标之间的关系如下:

$$权益净利率 = 资产净利率 \times 权益乘数$$
$$= 营业净利率 \times 总资产周转率 \times 权益乘数$$

在具体运用杜邦体系进行分析时,可以采用因素分析法,首先确定营业净利率、总资产周转率和权益乘数的基准值,然后顺次代入这三个指标的实际值,分别计算分析这三个指标的变动对净资产收益率的影响方向和程度。还可以使用因素分析法进一步分解各个指标,并分析其变动的深层次原因,找出解决的方法。

例如,根据表10-2、表10-3的资料,A公司20×9年度杜邦财务报表分析体系的各项指标如图10-1所示。

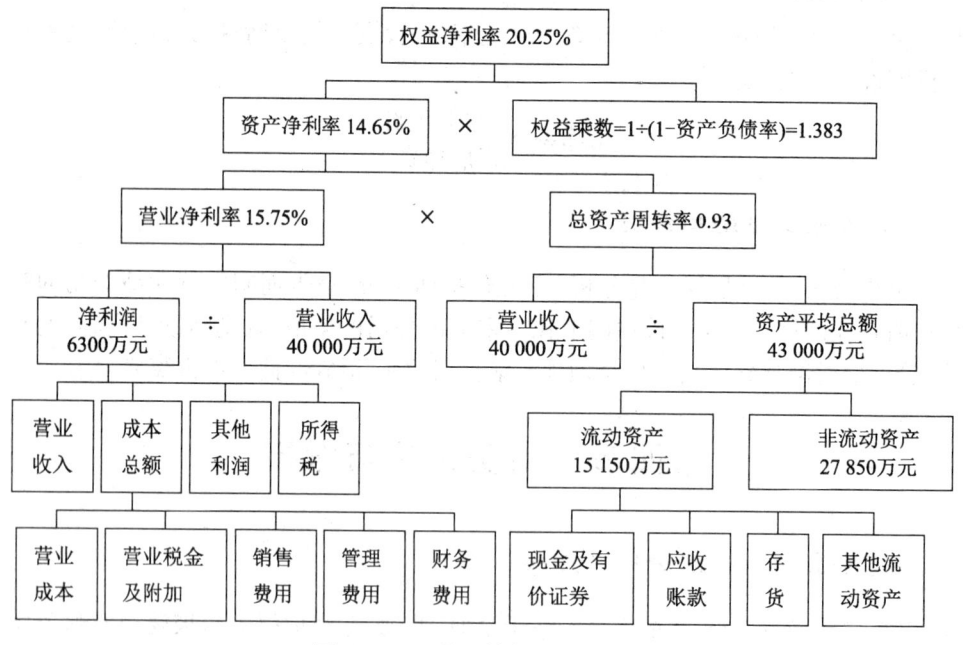

图10-1 A公司杜邦系统分析图

从杜邦分析图中,可以了解到:

(1)权益净利率是一个综合性最强的财务比率,是杜邦财务体系的核心。该指标反映了所有者投入资本的盈利能力,它取决于企业的资产净利率和权益乘数。权益净利率反映企业运用资产进行生产经营活动的效率高低,而权益乘数则主要反映企业的筹资情况,即企业资金来源结构。

(2)资产净利率是影响权益报酬率的最重要财务比率,也是整个财务报表分析中十分重要的财务指标,综合性也很强。它是营业净利率和资产周转率的乘积。因此,要进一步从营业活动和资产管理两方面来分析。

(3)营业净利率反映了企业净利润与销售收入之间的关系,提高销售净利率是提高企业盈利的关键。一般来说,营业收入增加,企业的净利润会随之增加,但要想提高营业净利率,必须一方面提高营业收入,另一方面降低各种成本费用,这样才能使净利润的增长高于营业收入的增长,从而使营业净利率得到提高。

(4)资产周转率揭示出企业运用资产实现营业收入的综合能力。对资产周转率的分析,可以从资产的构成比例是否恰当、资产的使用效率是否正常、资产的运用效果是否理想等方面进行详细分析。

(5)权益乘数主要受资产负债率的影响。负债比例大,权益乘数就高,说明企业有较高的负债程度,能给企业带来较大的杠杆利益,同时也给企业带来较大的风险。因此企业既要合理使用全部资产,又要妥善安排资本结构。

由此可见,净资产收益率与企业的销售规模、成本水平、资产运营、资本结构等有着密切的联系,这些相关因素构成一个相互依存的系统,只有将这个系统内的各相关因素安排协调好,才能使净资产收益率达到最大,才能实现股东财富最大化的理财目标。

杜邦分析法的指标设计也具有一定的局限性,它更偏重企业所有者的利益。从杜邦指标体系来看,在其他因素不变的情况下,资产负债率越高,净资产收益率就越高。这是因为利用较多的负债,利用财务杠杆作用的结果,但是没有考虑财务风险的因素,负债越多,财务风险越大,偿债压力就越大。因此,还要结合其他指标进行综合分析。

(二)沃尔评分法

沃尔评分法是企业财务综合分析的先驱者之一亚历山大·沃尔发明的,所以称沃尔评分法。他选择七种财务比率,分别给定了其在总评价中所占的比重,总分为100分;然后,确定标准比率,并与实际比率相比较,评出每项指标的得分,求出总评分。

1. 沃尔评分法的基本步骤

选择评价指标并分配指标权重;确定各项评价指标的标准值与标准系数;对各项评价指标计分并计算综合分数;形成评价结果。

例如,使用沃尔评分法评价上例 A 公司经营业绩,基本步骤如下。

(1)选择评价指标并分配指标权重(见表 10-5)。

表 10-5　沃尔评分法的指标权重分配

选择的指标	分配的权重
一、偿债能力	20
1. 资产负债率	12
2. 已获利息倍数	8
二、盈利能力指标	38
1. 净资产收益率	25
2. 资产净利率	13
三、营运能力指标	18
1. 总资产周转率	9
2. 流动资产周转率	9
四、发展能力指标	24
1. 营业增长率	12
2. 资本积累率	12
	100

(2)确定各项评价指标的标准值(见表 10-6)。

表 10-6　指标标准值

选择的指标	指标的标准值
一、偿债能力	
1. 资产负债率	60%
2. 已获利息倍数	3
二、盈利能力指标	
1. 净资产收益率	25%
2. 资产净利率	16%
三、营运能力指标	
1. 总资产周转率	2
2. 流动资产周转率	5
四、发展能力指标	
1. 营业增长率	10%
2. 资本积累率	15%

(3)对各项评价指标计分并计算综合分数。

$$各项评价指标得分 = 各项指标的权重 \times \left(\frac{指标的实际值}{标准值}\right)$$

$$综合分数 = \sum 各项评价指标得分$$

计算的综合分数,如表10-7所示。

表10-7 A公司沃尔评分法计算的综合分数

选择指标	分配权重 ①	指标标准值 ②	指标实际值 ③	实际得分 ④=①×③÷②
一、偿债能力	20			
1. 资产负债率	12	60%	28.26%	5.65
2. 已获利息倍数	8	3	15	40
二、盈利能力指标	38			
1. 净资产收益率	25	25%	16.2%	16.2
2. 资产净利率	13	16%	9.21%	7.48
三、营运能力指标	18			
1. 总资产周转率	9	2	0.93	4.19
2. 流动资产周转率	9	5	2.64	4.75
四、发展能力指标	24			
1. 营业增长率	12	10%	11.1%	13.32
2. 资本积累率	12	15%	13.01%	10.41
综合得分	100			102

(4)形成评价结果。在最终评价是,如果综合得分大于100,则说明企业的财务状况较好;反之,则说明企业的财务状况比同行业平均水平或本企业历史先进水平差。由于A公司的综合得分为102,大于100,说明其财务状况较为良好。

2.沃尔评分法的不足之处

原始意义上的沃尔比重分析法存在两个缺陷:一是不能证明为什么要选择这七项指标;二是当某项指标严重异常时会对总分产生不合逻辑的重大影响。现代社会与沃尔的时代相比已有很大变化。一般认为,在选择指标时,偿债能力、营运能力、盈利能力和发展能力指标均应当选到,除此之外还应当适当选取一些非财务指标作为参考。

二、综合绩效评价

综合绩效评价(Performance Evaluation)是综合分析的一种,一般是站在企业所有者(投资人)的角度进行的。我国目前对国有企业的综合绩效评价的方法是功效系数法。

(一)综合绩效评价的内容

企业综合绩效评价由财务绩效定量评价和管理绩效定性评价两部分组成。

1. 财务绩效定量评价

财务绩效定量评价是指对企业一定期间的盈利能力、资产质量、债务风险和经营增长四个方面进行定量对比分析和评价。

2. 管理绩效定性评价

管理绩效定性评价指标包括企业发展战略的确立与执行、经营决策、发展创新、风险控制、基础管理、人力资源、行业影响、社会贡献等方面。

(二)综合绩效评价指标

企业综合绩效评价的功效系数法,评价指标由22个财务绩效定量评价指标和8个管理绩效定性评价指标组成。

1. 财务绩效定量评价指标

财务绩效定量评价指标由反映企业盈利能力、资产质量状况、债务风险状况和经营增长状况共计四个方面的基本指标和修正指标构成。

其中,基本指标反映企业一定期间财务业绩的主要方面,并得出企业财务业绩定量评价的基本结果。修正指标是根据财务指标的差异性和互补性,对基本指标的评价结果作进一步的补充和矫正。

2. 管理绩效定性评价指标

企业管理绩效定性评价指标包括战略管理、发展创新、经营决策、风险控制、基础管理、人力资源、行业影响、社会贡献共计八个方面的指标,主要反映企业在一定经营期间所采取的各项管理措施及其管理成效。

(三)企业综合绩效评价标准

综合绩效评价标准分为财务绩效定量评价标准和管理绩效定性评价标准。

企业管理绩效定性评价指标应当根据评价工作需要作进一步细化,能够量化的应当采用量化指标进行反映,通常由政府等权威部门统一测算和发布(见表10-8)。

表 10-8　业绩评价指标及其权重

评价内容与权数		财务业绩(70%)				管理业绩(30%)	
		基本指标	权数	修正指标	权数	评议指标	权数
盈利能力状况	34	净资产收益率 总资产收益率	20 14	营业利润率 盈余现金保障倍数 成本费用利润率 资本收益率	10 9 8 7	战略管理 发展创新 经营决策 风险控制 基础管理 人力资源 行业影响 社会贡献	18 15 16 13 14 8 8 8
资产质量状况	22	总资产周转率 应收账款周转率	10 12	不良资产比率 流动资产比率 资产现金回收率	9 7 6		
债务风险状况	22	资产负债率 已获利息倍数	12 10	速动比率 现金流动负债比率 带息负债比率 或有负债比率	6 6 5 5		
经营增长状况	22	营业增长率 资本保值增长率	12 10	营业利润增长率 总资产增长比率 技术投入比率	10 7 5		

(四)企业综合绩效评价工作程序

财务绩效定量评价工作具体包括提取评价基础数据、基础数据调整、评价计分、形成评价结果等内容。

管理绩效定性评价工作的程序,具体包括收集整理绩效评价资料、聘请咨询专家、召开专家评议会、形成定性评价结论等内容。

(五)企业综合绩效评价结果与评价报告

企业综合绩效评价结果以评价得分、评价类型和评价级别表示。综合绩效评价报告正文应当包括:评价目的、评价依据与评价方法、评价过程、评价结果以及评价结论需要说明的重大事项等内容。综合绩效评价报告的附件应当包括:企业经营业绩分析报告、评价结果、计分表、问卷调查结果分析、专家咨询报告、评价基础数据及调整情况等内容。

思考与练习

1.什么是财务分析的因素分析法?其计算公式如何表示?

2.基本的财务报表分析,主要包括哪些内容?

3.什么是杜邦分析法?其指标关系及含义是什么?

4.如何进行企业综合绩效评价?简述其内容和程序。

5.D 公司全部流动资产为 60 万元,流动比率为 1.5。该公司刚完成以下两项交易:①购入商品 16 万元以备销售,其中 8 万元为赊购。②购置运输车辆一部,价值 5 万元,其中 3 万元以银行存款支付,其余开出 3 月期应付票据一张。要求计算:每笔交易后的流动比率。

6.A 旅游公司有关资料如下:

(1)20×8 年年末,A 公司简化资产负债表如下表所示(单位:万元):

资产	金额	负债与所有者权益	金额
货币资金	30	应付票据	25
应付账款	60	应收账款	55
存货	80	应付职工薪酬	10
长期投资	30	长期借款	100
固定资产净额	300	股本	250
		未分配利润	60
总计	500	总计	500

(2)该公司 20×8 年度销售收入为 1500 万元,净利润为 75 万元。

要求计算:销售利润率;总资产周转率(用年末数计算);权益乘数。

7.D 旅游公司 20×8 年流动资产为 120 万元,年初存货为 60 万元,年初应收账款为 38 万元。年末的有关资料为:流动负债 70 万元,流动比率 2.2,速动比率 1.2,现金比率 0.6。全年应收账款周转率为 5 次,全年销售成本 156 万元,销售收入中赊销收入所占的比重为 40%。假定该企业流动资产仅包括速动资产与存货。

要求计算:年末流动资产、年末存货和年末应收账款、流动资产周转率、存货周转率等指标。

附表1

复利终值系数表 $(1+i)^n, (F/P, i, n)$

n\i	1%	2%	3%	4%	5%	6%	7%	8%	9%	10%
1	1.010	1.020	1.030	1.040	1.050	1.060	1.070	1.080	1.090	1.100
2	1.020	1.040	1.061	1.082	1.102	1.124	1.145	1.166	1.188	1.210
3	1.030	1.061	1.093	1.125	1.158	1.191	1.225	1.260	1.295	1.331
4	1.041	1.082	1.126	1.170	1.216	1.262	1.311	1.360	1.412	1.464
5	1.051	1.104	1.159	1.217	1.276	1.338	1.403	1.469	1.539	1.611
6	1.062	1.126	1.194	1.265	1.340	1.419	1.501	1.587	1.677	1.772
7	1.072	1.149	1.230	1.316	1.407	1.504	1.606	1.714	1.828	1.949
8	1.083	1.172	1.267	1.369	1.477	1.594	1.718	1.851	1.993	2.144
9	1.094	1.195	1.305	1.423	1.551	1.689	1.838	1.999	2.172	2.358
10	1.105	1.219	1.344	1.480	1.629	1.791	1.967	2.159	2.367	2.594
11	1.116	1.243	1.384	1.539	1.710	1.898	2.105	2.332	2.580	2.853
12	1.127	1.268	1.426	1.601	1.796	2.012	2.252	2.518	2.813	3.138
13	1.138	1.294	1.469	1.665	1.886	2.133	2.410	2.720	3.066	3.452
14	1.149	1.319	1.513	1.732	1.980	2.261	2.579	2.937	3.342	3.797
15	1.161	1.346	1.558	1.801	2.079	2.397	2.759	3.172	3.642	4.177
16	1.173	1.373	1.605	1.873	2.183	2.540	2.952	3.426	3.970	4.595
17	1.184	1.400	1.653	1.948	2.292	2.693	3.159	3.700	4.328	5.054
18	1.196	1.428	1.702	2.026	2.407	2.854	3.380	3.996	4.717	5.560
19	1.208	1.457	1.754	2.107	2.527	3.026	3.617	4.316	5.142	6.116
20	1.220	1.486	1.806	2.191	2.653	3.207	3.870	4.661	5.604	6.727
21	1.232	1.516	1.860	2.279	2.786	3.400	4.141	5.034	6.109	7.400
22	1.245	1.546	1.916	2.370	2.925	3.604	4.430	5.437	6.659	8.140
23	1.257	1.577	1.974	2.465	3.072	3.820	4.741	5.871	7.258	8.954
24	1.270	1.608	2.033	2.563	3.225	4.049	5.072	6.341	7.911	9.850
25	1.282	1.641	2.094	2.666	3.386	4.292	5.427	6.848	8.623	10.835
26	1.295	1.673	2.157	2.772	3.556	4.549	5.807	7.396	9.399	11.918
27	1.308	1.707	2.221	2.883	3.733	4.822	6.214	7.988	10.245	13.110
28	1.321	1.741	2.288	2.999	3.920	5.112	6.649	8.627	11.167	14.421
29	1.335	1.776	2.357	3.119	4.116	5.418	7.114	9.317	12.172	15.863
30	1.348	1.811	2.427	3.243	4.322	5.743	7.612	10.063	13.268	17.449
35	1.417	2.000	2.814	3.946	5.516	7.686	10.677	14.785	20.414	28.102
40	1.489	2.208	3.262	4.801	7.040	10.286	14.974	21.725	31.409	45.259
45	1.565	2.438	3.782	5.841	8.985	13.765	21.002	31.920	48.327	72.890
50	1.645	2.692	4.384	7.107	11.467	18.420	29.457	46.902	74.358	117.39

续表

n\i	11%	12%	13%	14%	15%	16%	17%	18%	19%	20%
1	1.110	1.120	1.130	1.140	1.150	1.160	1.170	1.180	1.190	1.200
2	1.232	1.254	1.277	1.300	1.323	1.346	1.369	1.392	1.416	1.440
3	1.368	1.405	1.443	1.482	1.521	1.561	1.602	1.643	1.685	1.728
4	1.518	1.574	1.630	1.689	1.749	1.811	1.874	1.939	2.005	2.074
5	1.685	1.762	1.842	1.925	2.011	2.100	2.192	2.288	2.386	2.488
6	1.870	1.974	2.082	2.195	2.313	2.436	2.565	2.700	2.840	2.986
7	2.076	2.211	2.353	2.502	2.660	2.826	3.001	3.185	3.379	3.583
8	2.305	2.476	2.658	2.853	3.059	3.278	3.511	3.759	4.021	4.300
9	2.558	2.773	3.004	3.252	3.518	3.803	4.108	4.435	4.785	5.160
10	2.839	3.106	3.395	3.707	4.046	4.411	4.807	5.234	5.695	6.192
11	3.152	3.479	3.836	4.226	4.652	5.117	5.624	6.176	6.777	7.430
12	3.498	3.896	4.335	4.818	5.350	5.936	6.580	7.288	8.064	8.916
13	3.883	4.363	4.898	5.492	6.153	6.886	7.699	8.599	9.596	10.699
14	4.310	4.887	5.535	6.261	7.076	7.988	9.007	10.147	11.420	12.839
15	4.785	5.474	6.254	7.138	8.137	9.266	10.539	11.974	13.590	15.407
16	5.311	6.130	7.067	8.137	9.358	10.748	12.330	14.129	16.172	18.488
17	5.895	6.866	7.986	9.276	10.761	12.468	14.426	16.672	19.244	22.186
18	6.544	7.690	9.024	10.575	12.375	14.463	16.879	19.673	22.901	26.623
19	7.263	8.613	10.197	12.056	14.232	16.777	19.748	23.214	27.252	31.948
20	8.062	9.646	11.523	13.743	16.367	19.461	23.106	27.393	32.429	38.338
21	8.949	10.804	13.021	15.668	18.822	22.574	27.034	32.324	38.591	46.005
22	9.934	12.100	14.714	17.861	21.645	26.186	31.629	38.142	45.923	55.206
23	11.026	13.552	16.627	20.362	24.891	30.376	37.006	45.008	54.649	66.247
24	12.239	15.179	18.788	23.212	28.625	35.236	43.297	53.109	65.032	79.497
25	13.585	17.000	21.231	26.462	32.919	40.874	50.658	62.669	77.388	95.396
26	15.080	19.040	23.991	30.167	37.857	47.414	59.270	73.949	92.092	114.48
27	16.739	21.325	27.109	34.390	43.535	55.000	69.345	87.260	109.59	137.37
28	18.580	23.884	30.633	39.204	50.066	63.800	81.134	102.97	130.41	164.84
29	20.624	26.750	34.616	44.693	57.575	74.009	94.927	121.50	155.19	197.81
30	22.892	29.960	39.116	50.950	66.212	85.850	111.07	143.37	184.68	237.38
35	38.575	52.800	72.068	98.100	133.18	180.31	243.50	328.00	440.70	590.67
40	65.001	93.051	132.78	188.88	267.86	378.72	533.87	750.38	1051.7	1469.8
45	109.53	163.99	244.64	363.68	538.77	795.44	1170.5	1716.7	2509.7	3657.3
50	184.56	289.00	450.74	700.23	1083.7	1670.7	2566.2	3927.4	5988.9	9100.4

续表

n\i	21%	22%	23%	24%	25%	26%	27%	28%	29%	30%
1	1.210	1.220	1.230	1.240	1.250	1.260	1.270	1.280	1.290	1.300
2	1.464	1.488	1.513	1.538	1.563	1.588	1.613	1.638	1.664	1.690
3	1.772	1.816	1.861	1.907	1.953	2.000	2.048	2.097	2.147	2.197
4	2.144	2.215	2.289	2.364	2.441	2.520	2.601	2.684	2.769	2.856
5	2.594	2.703	2.815	2.932	3.052	3.176	3.304	3.436	3.572	3.713
6	3.138	3.297	3.463	3.635	3.815	4.002	4.196	4.398	4.608	4.827
7	3.797	4.023	4.259	4.508	4.768	5.042	5.329	5.629	5.945	6.275
8	4.595	4.908	5.239	5.590	5.960	6.353	6.768	7.206	7.669	8.157
9	5.560	5.987	6.444	6.931	7.451	8.005	8.595	9.223	9.893	10.604
10	6.728	7.305	7.926	8.594	9.313	10.086	10.915	11.806	12.761	13.786
11	8.140	8.912	9.749	10.657	11.642	12.708	13.862	15.112	16.462	17.922
12	9.850	10.872	11.991	13.215	14.552	16.012	17.605	19.343	21.236	23.298
13	11.918	13.264	14.749	16.386	18.190	20.175	22.359	24.759	27.395	30.288
14	14.421	16.182	18.141	20.319	22.737	25.421	28.396	31.691	35.339	39.374
15	17.449	19.742	22.314	25.196	28.422	32.030	36.062	40.565	45.587	51.186
16	21.114	24.086	27.446	31.243	35.527	40.358	45.799	51.923	58.808	66.542
17	25.548	29.384	33.759	38.741	44.409	50.851	58.165	66.461	75.862	86.504
18	30.913	35.849	41.523	48.039	55.511	64.072	73.870	85.071	97.862	112.46
19	37.404	43.736	51.074	59.586	69.389	80.731	93.815	108.89	126.24	146.19
20	45.259	53.358	62.821	73.864	86.736	101.72	119.14	139.38	162.85	190.05
21	54.764	65.096	77.269	91.592	108.42	128.17	151.31	178.41	210.08	247.06
22	66.264	79.418	95.041	113.57	135.53	161.49	192.17	228.36	271.00	321.18
23	80.180	96.889	116.90	140.83	169.41	203.48	244.05	292.30	349.59	417.54
24	97.017	118.21	143.79	174.63	211.76	256.39	309.95	347.14	450.98	542.80
25	117.39	144.21	176.86	216.54	264.70	323.05	393.63	478.90	581.76	705.64
26	142.04	175.94	217.54	268.51	330.87	407.04	499.92	613.00	750.47	917.33
27	171.87	214.64	267.57	332.95	413.59	512.87	634.89	784.64	968.10	1192.5
28	207.97	261.86	329.11	412.86	516.99	646.21	806.31	1004.3	1248.9	1550.3
29	251.64	319.47	404.81	511.95	646.23	814.23	1024.0	1285.6	1611.0	2015.4
30	304.48	389.76	497.91	634.82	807.79	1025.9	1300.5	1645.5	2078.2	2620.0
35	789.75	1053.4	1401.8	1861.1	2465.2	3258.1	4296.7	5653.9	7424.0	9727.9
40	2048.4	2847.0	3946.4	5455.9	7523.2	10347	14195	19426	26520	36118
45	5313.0	7694.7	11110	15994	22958	32860	46899	66749	94740	134106
50	13780	20796	31279	46890	70065	104358	154948	229349	338443	497929

附表2

复利现值系数表 $\dfrac{1}{(1+i)^n}, (P/F, i, n)$

n\i	1%	2%	3%	4%	5%	6%	7%	8%	9%	10%
1	0.990	0.980	0.971	0.962	0.952	0.943	0.935	0.926	0.917	0.909
2	0.980	0.961	0.943	0.925	0.907	0.890	0.873	0.857	0.842	0.826
3	0.971	0.942	0.915	0.889	0.864	0.840	0.816	0.794	0.772	0.751
4	0.961	0.924	0.888	0.855	0.823	0.792	0.763	0.735	0.708	0.683
5	0.951	0.906	0.863	0.822	0.784	0.747	0.713	0.681	0.650	0.621
6	0.942	0.888	0.837	0.790	0.746	0.705	0.666	0.630	0.596	0.564
7	0.933	0.871	0.813	0.760	0.711	0.665	0.623	0.583	0.547	0.513
8	0.923	0.853	0.789	0.731	0.677	0.627	0.582	0.540	0.502	0.467
9	0.914	0.837	0.766	0.703	0.645	0.592	0.544	0.500	0.460	0.424
10	0.905	0.820	0.744	0.676	0.614	0.558	0.508	0.463	0.422	0.386
11	0.896	0.804	0.722	0.650	0.585	0.527	0.475	0.429	0.388	0.350
12	0.887	0.788	0.701	0.625	0.557	0.497	0.444	0.397	0.356	0.319
13	0.879	0.773	0.681	0.601	0.530	0.469	0.415	0.368	0.326	0.290
14	0.870	0.758	0.661	0.577	0.505	0.442	0.388	0.340	0.299	0.263
15	0.861	0.743	0.642	0.555	0.481	0.417	0.362	0.315	0.275	0.239
16	0.853	0.728	0.623	0.534	0.458	0.394	0.339	0.292	0.252	0.218
17	0.844	0.714	0.605	0.513	0.436	0.371	0.317	0.270	0.231	0.198
18	0.836	0.700	0.587	0.494	0.416	0.350	0.296	0.250	0.212	0.180
19	0.828	0.686	0.570	0.475	0.396	0.331	0.277	0.232	0.194	0.164
20	0.820	0.673	0.554	0.456	0.377	0.312	0.258	0.215	0.178	0.149
21	0.811	0.660	0.538	0.439	0.359	0.294	0.242	0.199	0.164	0.135
22	0.803	0.647	0.522	0.422	0.342	0.278	0.226	0.184	0.150	0.123
23	0.795	0.634	0.507	0.406	0.326	0.262	0.211	0.170	0.138	0.112
24	0.788	0.622	0.492	0.390	0.310	0.247	0.197	0.158	0.156	0.102
25	0.780	0.610	0.478	0.375	0.295	0.233	0.184	0.146	0.116	0.092
26	0.772	0.598	0.464	0.361	0.281	0.220	0.172	0.135	0.106	0.084
27	0.764	0.586	0.450	0.347	0.268	0.207	0.161	0.125	0.098	0.076
28	0.757	0.574	0.437	0.333	0.255	0.196	0.150	0.116	0.090	0.069
29	0.749	0.563	0.424	0.321	0.243	0.185	0.141	0.107	0.082	0.063
30	0.742	0.552	0.412	0.308	0.231	0.174	0.131	0.099	0.075	0.057
35	0.706	0.500	0.355	0.253	0.181	0.130	0.094	0.068	0.049	0.036
40	0.672	0.453	0.307	0.208	0.142	0.097	0.067	0.046	0.032	0.022
45	0.639	0.410	0.264	0.171	0.111	0.073	0.048	0.031	0.021	0.014
50	0.608	0.372	0.228	0.141	0.087	0.054	0.034	0.021	0.013	0.009

续表

n\i	11%	12%	13%	14%	15%	16%	17%	18%	19%	20%
1	0.901	0.893	0.885	0.877	0.870	0.862	0.855	0.847	0.840	0.833
2	0.812	0.797	0.783	0.769	0.756	0.743	0.731	0.718	0.706	0.694
3	0.731	0.712	0.693	0.676	0.658	0.641	0.624	0.609	0.593	0.579
4	0.659	0.636	0.613	0.592	0.572	0.552	0.534	0.516	0.499	0.482
5	0.593	0.567	0.543	0.519	0.497	0.476	0.456	0.437	0.419	0.402
6	0.535	0.507	0.480	0.456	0.432	0.410	0.390	0.370	0.352	0.335
7	0.482	0.452	0.425	0.400	0.376	0.354	0.333	0.314	0.296	0.279
8	0.434	0.404	0.376	0.351	0.327	0.305	0.285	0.266	0.249	0.233
9	0.391	0.361	0.333	0.300	0.284	0.263	0.243	0.225	0.209	0.194
10	0.352	0.322	0.295	0.270	0.247	0.227	0.208	0.191	0.176	0.162
11	0.317	0.287	0.261	0.237	0.215	0.195	0.178	0.162	0.148	0.135
12	0.286	0.257	0.231	0.208	0.187	0.168	0.152	0.137	0.124	0.112
13	0.258	0.229	0.204	0.182	0.163	0.145	0.130	0.116	0.104	0.093
14	0.232	0.205	0.181	0.160	0.141	0.125	0.111	0.099	0.088	0.078
15	0.209	0.183	0.160	0.140	0.123	0.108	0.095	0.084	0.074	0.065
16	0.188	0.163	0.141	0.123	0.107	0.093	0.081	0.071	0.062	0.054
17	0.170	0.146	0.125	0.108	0.093	0.080	0.069	0.060	0.052	0.045
18	0.153	0.130	0.111	0.095	0.081	0.069	0.059	0.051	0.044	0.038
19	0.138	0.116	0.098	0.083	0.070	0.060	0.051	0.043	0.037	0.031
20	0.124	0.104	0.087	0.073	0.061	0.051	0.043	0.037	0.031	0.026
21	0.112	0.093	0.077	0.064	0.053	0.044	0.037	0.031	0.026	0.022
22	0.101	0.083	0.068	0.056	0.046	0.038	0.032	0.026	0.022	0.018
23	0.091	0.074	0.060	0.049	0.040	0.033	0.027	0.022	0.018	0.015
24	0.082	0.066	0.053	0.043	0.035	0.028	0.023	0.019	0.015	0.013
25	0.074	0.059	0.047	0.038	0.030	0.024	0.020	0.016	0.013	0.010
26	0.066	0.053	0.042	0.033	0.026	0.021	0.017	0.014	0.011	0.009
27	0.060	0.047	0.037	0.029	0.023	0.018	0.014	0.011	0.009	0.007
28	0.054	0.042	0.033	0.026	0.020	0.016	0.012	0.010	0.008	0.006
29	0.048	0.037	0.029	0.022	0.017	0.014	0.011	0.008	0.006	0.005
30	0.044	0.033	0.026	0.020	0.015	0.012	0.009	0.007	0.005	0.004
35	0.026	0.019	0.014	0.010	0.008	0.006	0.004	0.003	0.002	0.002
40	0.015	0.011	0.008	0.005	0.004	0.003	0.002	0.001	0.001	0.001
45	0.009	0.006	0.004	0.003	0.002	0.001	0.001	0.001	0.000	0.000
50	0.005	0.003	0.002	0.001	0.001	0.001	0.000	0.000	0.000	0.000

续表

n\i	21%	22%	23%	24%	25%	26%	27%	28%	29%	30%
1	0.826	0.820	0.813	0.806	0.800	0.794	0.787	0.781	0.775	0.769
2	0.683	0.672	0.661	0.650	0.640	0.630	0.620	0.610	0.601	0.592
3	0.564	0.551	0.537	0.524	0.512	0.500	0.488	0.477	0.466	0.455
4	0.467	0.451	0.437	0.423	0.410	0.397	0.384	0.373	0.361	0.350
5	0.386	0.370	0.355	0.341	0.328	0.315	0.303	0.291	0.280	0.269
6	0.319	0.303	0.289	0.275	0.262	0.250	0.238	0.227	0.217	0.207
7	0.263	0.249	0.235	0.222	0.210	0.198	0.188	0.178	0.168	0.159
8	0.218	0.204	0.191	0.179	0.168	0.157	0.148	0.139	0.130	0.123
9	0.180	0.167	0.155	0.144	0.134	0.125	0.116	0.108	0.101	0.094
10	0.149	0.137	0.126	0.116	0.107	0.099	0.092	0.085	0.078	0.073
11	0.123	0.112	0.103	0.094	0.086	0.079	0.072	0.066	0.061	0.056
12	0.102	0.092	0.083	0.076	0.069	0.062	0.057	0.052	0.047	0.043
13	0.084	0.075	0.068	0.061	0.055	0.050	0.045	0.040	0.037	0.033
14	0.069	0.062	0.055	0.049	0.044	0.039	0.035	0.032	0.028	0.025
15	0.057	0.051	0.045	0.040	0.035	0.031	0.028	0.025	0.022	0.020
16	0.047	0.042	0.036	0.032	0.028	0.025	0.022	0.019	0.017	0.015
17	0.039	0.034	0.030	0.026	0.023	0.020	0.017	0.015	0.013	0.012
18	0.032	0.028	0.024	0.021	0.018	0.016	0.014	0.012	0.010	0.009
19	0.027	0.023	0.020	0.017	0.014	0.012	0.011	0.009	0.008	0.007
20	0.022	0.019	0.016	0.014	0.012	0.010	0.008	0.007	0.006	0.005
21	0.018	0.015	0.013	0.011	0.009	0.008	0.007	0.006	0.005	0.004
22	0.015	0.013	0.011	0.009	0.007	0.006	0.005	0.004	0.004	0.003
23	0.012	0.010	0.009	0.007	0.006	0.005	0.004	0.003	0.003	0.002
24	0.010	0.008	0.007	0.006	0.005	0.004	0.003	0.003	0.002	0.002
25	0.009	0.007	0.006	0.005	0.004	0.003	0.003	0.002	0.002	0.001
26	0.007	0.006	0.005	0.004	0.003	0.002	0.002	0.002	0.001	0.001
27	0.006	0.005	0.004	0.003	0.002	0.002	0.002	0.001	0.001	0.001
28	0.005	0.004	0.003	0.002	0.002	0.002	0.001	0.001	0.001	0.001
29	0.004	0.003	0.002	0.002	0.002	0.001	0.001	0.001	0.001	0.000
30	0.003	0.003	0.002	0.002	0.001	0.001	0.001	0.001	0.000	0.000
35	0.001	0.001	0.001	0.001	0.000	0.000	0.000	0.000	0.000	0.000
40	0.000	0.000	0.000	0.000	0.000	0.000	0.000	0.000	0.000	0.000
45	0.000	0.000	0.000	0.000	0.000	0.000	0.000	0.000	0.000	0.000
50	0.000	0.000	0.000	0.000	0.000	0.000	0.000	0.000	0.000	0.000

附表3

年金终值系数表 $\frac{(1+i)^n-1}{i}, (F/A,i,n)$

n\i	1%	2%	3%	4%	5%	6%	7%	8%	9%	10%
1	1.000	1.000	1.000	1.000	1.000	1.000	1.000	1.000	1.000	1.000
2	2.010	2.020	2.030	2.040	2.050	2.060	2.070	2.080	2.090	2.100
3	3.030	3.060	3.091	3.122	3.153	3.184	3.215	3.246	3.278	3.310
4	4.060	4.122	4.184	4.246	4.310	4.375	4.440	4.506	4.573	4.641
5	5.101	5.204	5.309	5.416	5.526	5.637	5.751	5.867	5.985	6.105
6	6.152	6.308	6.468	6.633	6.802	6.975	7.153	7.336	7.523	7.716
7	7.214	7.434	7.662	7.898	8.142	8.394	8.654	8.923	9.200	9.487
8	8.286	8.583	8.892	9.214	9.549	9.897	10.260	10.637	11.028	11.436
9	9.369	9.755	10.159	10.583	11.027	11.491	11.978	12.488	13.021	13.579
10	10.462	10.950	11.464	12.006	12.578	13.181	13.816	14.487	15.193	15.937
11	11.567	12.169	12.808	13.486	14.207	14.972	15.784	16.645	17.560	18.531
12	12.683	13.412	14.192	15.026	15.917	16.870	17.888	18.977	20.141	21.384
13	13.809	14.680	15.618	16.627	17.713	18.882	20.141	21.495	22.953	24.523
14	14.947	15.974	17.086	18.292	19.599	21.015	22.550	24.215	26.019	27.975
15	16.097	17.293	18.599	20.024	21.579	23.276	25.129	27.152	29.361	31.772
16	17.258	18.639	20.157	21.825	23.657	25.673	27.888	30.324	33.003	35.950
17	18.430	20.012	21.762	23.698	25.840	28.213	30.840	33.750	36.974	40.545
18	19.615	21.412	23.414	25.645	28.132	30.906	33.999	37.450	41.301	45.599
19	20.811	22.841	25.117	27.671	30.539	33.760	37.379	41.446	46.018	51.159
20	22.019	24.297	26.870	29.778	33.066	36.786	40.995	45.762	51.160	57.275
21	23.239	25.783	28.676	31.969	35.719	39.993	44.865	50.423	56.765	64.002
22	24.472	27.299	30.537	34.248	38.505	43.392	49.006	55.457	62.873	71.403
23	25.716	28.845	32.453	36.618	41.430	46.996	53.436	60.893	69.532	79.543
24	26.973	30.422	34.426	39.083	44.502	50.816	58.177	66.765	76.790	88.497
25	28.243	32.030	36.459	41.646	47.727	54.865	63.249	73.106	84.701	98.347
26	29.526	33.671	38.553	44.312	51.113	59.156	68.676	79.954	93.324	109.18
27	30.821	35.344	40.710	47.084	54.669	63.706	74.484	87.351	102.72	121.10
28	32.129	37.051	42.931	49.968	58.403	68.528	80.698	95.339	112.97	134.21
29	33.450	38.792	45.219	52.966	62.323	73.640	87.347	103.97	124.14	148.63
30	34.785	40.568	47.575	56.085	66.439	79.058	94.461	113.28	136.31	164.49
35	41.660	49.994	60.462	73.652	90.320	111.43	138.24	172.32	215.71	271.02
40	48.886	60.402	75.401	95.026	120.80	154.76	199.64	259.06	337.88	442.59
45	56.481	71.893	92.720	121.03	159.70	212.74	285.75	386.51	525.86	718.90
50	64.463	84.579	112.80	152.67	209.35	290.34	406.53	573.77	815.08	1163.9

续表

n\i	11%	12%	13%	14%	15%	16%	17%	18%	19%	20%
1	1.000	1.000	1.000	1.000	1.000	1.000	1.000	1.000	1.000	1.000
2	2.110	2.120	2.130	2.140	2.150	2.160	2.170	2.180	2.190	2.200
3	3.342	3.374	3.407	3.440	3.473	3.506	3.539	3.572	3.606	3.640
4	4.710	4.779	4.850	4.921	4.993	5.066	5.141	5.215	5.291	5.368
5	6.228	6.353	6.480	6.610	6.742	6.877	7.014	7.154	7.297	7.442
6	7.913	8.115	8.323	8.536	8.754	8.977	9.207	9.442	9.683	9.930
7	9.783	10.089	10.405	10.730	11.067	11.414	11.772	12.142	12.523	12.916
8	11.859	12.300	12.757	13.233	13.727	14.240	14.773	15.327	15.902	16.499
9	14.164	14.776	15.416	16.085	16.786	17.519	18.285	19.086	19.923	20.799
10	16.722	17.549	18.420	19.337	20.304	21.321	22.393	23.521	24.709	25.959
11	19.561	20.655	21.814	23.045	24.349	25.733	27.200	28.755	30.404	32.150
12	22.713	24.133	25.650	27.271	29.002	30.850	32.824	34.931	37.180	39.581
13	26.212	28.029	29.985	32.089	34.352	36.786	39.404	42.219	45.244	48.497
14	30.095	32.393	34.883	37.581	40.505	43.672	47.103	50.818	54.841	59.196
15	34.405	37.280	40.417	43.842	47.580	51.660	56.110	60.965	66.261	72.035
16	39.190	42.753	46.672	50.980	55.717	60.925	66.649	72.939	79.850	87.442
17	44.501	48.884	53.739	59.118	65.075	71.673	78.979	87.068	96.022	105.93
18	50.396	55.750	61.725	68.394	75.836	84.141	94.406	103.74	115.27	128.12
19	56.939	63.440	70.749	78.969	88.212	98.603	110.28	123.41	138.17	154.74
20	64.203	72.052	80.947	91.025	102.44	115.38	130.03	146.63	165.42	186.69
21	72.265	81.699	92.470	104.77	118.81	134.84	153.14	174.02	197.85	225.03
22	81.214	92.503	105.49	120.44	137.63	157.41	180.17	206.34	236.44	271.03
23	91.148	104.60	120.20	138.30	159.28	183.60	211.80	244.49	282.36	326.24
24	102.17	118.16	136.83	158.66	184.17	213.98	248.81	289.49	337.01	392.48
25	114.41	133.33	155.62	181.87	212.79	249.21	292.11	342.60	402.04	471.98
26	128.00	150.33	176.85	208.33	245.71	290.09	342.76	405.27	479.43	567.38
27	143.08	169.37	200.84	238.50	283.57	337.50	402.03	479.22	571.52	681.85
28	159.82	190.70	227.95	272.89	327.10	392.50	471.38	566.48	681.11	819.22
29	178.40	214.58	258.58	312.09	377.17	456.30	552.51	669.45	811.52	984.07
30	199.02	241.33	293.20	356.79	434.75	530.31	647.44	790.95	966.71	1181.9
35	341.59	431.66	546.68	693.57	881.17	1120.7	1426.5	1816.7	2314.2	2948.3
40	581.84	767.09	1013.7	1342.0	1779.1	2360.8	3134.5	4163.2	5529.8	7343.9
45	986.64	1358.2	1874.2	2590.6	3585.1	4965.3	6879.3	9531.6	13 203	18 281
50	1668.8	2400.0	3459.5	4994.5	7217.7	10 436	15 089	21 813	31 515	45 497

续表

n\i	21%	22%	23%	24%	25%	26%	27%	28%	29%	30%
1	1.000	1.000	1.000	1.000	1.000	1.000	1.000	1.000	1.000	1.000
2	2.210	2.220	2.230	2.240	2.250	2.260	2.270	2.280	2.290	2.300
3	3.674	3.708	3.743	3.778	3.813	3.848	3.883	3.918	3.954	3.990
4	5.446	5.524	5.604	5.684	5.766	5.848	5.931	6.016	6.101	6.187
5	7.589	7.740	7.893	8.048	8.207	8.368	8.533	8.700	8.870	9.043
6	10.183	10.442	10.708	10.980	11.259	11.544	11.837	12.136	12.442	12.756
7	13.321	13.740	14.171	14.615	15.073	15.546	16.032	16.534	17.051	17.583
8	17.119	17.762	18.430	19.123	19.842	20.588	21.361	22.163	22.995	23.858
9	21.714	22.670	23.669	24.712	25.802	26.940	28.129	29.369	30.664	32.015
10	27.274	28.657	30.113	31.643	33.253	34.945	36.723	38.593	40.556	42.619
11	34.001	35.962	38.039	40.238	42.566	45.031	47.639	50.398	53.318	56.405
12	42.142	44.874	47.788	50.895	54.208	57.739	61.501	65.510	69.780	74.327
13	51.991	55.746	59.779	64.110	68.760	73.751	79.107	84.853	91.016	97.625
14	63.909	69.010	74.528	80.496	86.949	93.926	101.47	109.61	118.41	127.91
15	78.330	85.192	92.669	100.82	109.69	119.35	129.86	141.30	153.75	167.29
16	95.780	104.93	114.98	126.01	138.11	151.38	165.92	181.87	199.34	218.47
17	116.89	129.02	142.43	157.25	173.64	191.73	211.72	233.79	258.15	285.01
18	142.44	158.40	176.19	195.99	218.04	242.59	269.89	300.25	334.01	371.52
19	173.35	194.25	217.71	244.03	273.56	306.66	343.76	385.32	431.87	483.97
20	210.76	237.99	268.79	303.60	342.94	387.39	437.57	494.21	558.11	630.17
21	256.02	291.35	331.61	377.46	429.68	489.11	556.72	633.59	720.96	820.22
22	310.78	356.44	408.88	469.06	538.10	617.28	708.03	812.00	931.04	1067.3
23	377.05	435.86	503.92	582.63	673.63	778.77	900.20	1040.4	1202.0	1388.5
24	457.22	532.75	620.82	723.46	843.03	982.25	1144.3	1332.7	1551.6	1806.0
25	554.24	650.96	764.61	898.09	1054.8	1238.6	1454.2	1706.8	2002.6	2348.8
26	671.63	759.17	941.46	1114.6	1319.5	1561.7	1847.8	2185.7	2584.4	3054.4
27	813.68	971.10	1159.0	1383.1	1650.4	1968.7	2347.8	2798.7	3334.8	3971.8
28	985.55	1185.7	1426.6	1716.1	2064.0	2481.6	2982.6	3583.3	4302.9	5164.3
29	1193.5	1447.6	1755.7	2129.0	2580.9	3127.8	3789.0	4587.7	5551.8	6714.6
30	1445.2	1767.1	2160.5	2640.9	3227.2	3942.0	4813.0	5873.2	7162.8	8730.0
35	3755.9	4783.6	6090.3	7750.2	9856.8	12 527	15 909	20 188	25 596	32 422
40	9749.5	12 936	17 154	22 728	30 088	39 792	52 571	69 377	91 447	120 392
45	25 295	34 971	48 301	66 640	91 831	126 382	173 697	238 387	326 688	447 019
50	65 617	94 525	135 992	195 372	280 255	401 374	573 877	819 103	—	—

附表 4

年金现值系数表 $\dfrac{1-(1+i)^{-n}}{i}, (P/A, i, n)$

n\i	1%	2%	3%	4%	5%	6%	7%	8%	9%	10%
1	0.990	0.980	0.971	0.962	0.952	0.943	0.935	0.926	0.917	0.909
2	1.970	1.942	1.913	1.886	1.859	1.833	1.808	1.783	1.759	1.736
3	2.941	2.884	2.829	2.775	2.723	2.673	2.624	2.577	2.531	2.487
4	3.902	3.808	3.717	3.630	3.546	3.465	3.387	3.312	3.240	3.170
5	4.853	4.713	4.580	4.452	4.329	4.212	4.100	3.993	3.890	3.791
6	5.795	5.601	5.417	5.242	5.076	4.917	4.767	4.623	4.486	4.355
7	6.728	6.472	6.230	6.002	5.786	5.582	5.389	5.206	5.033	4.868
8	7.652	7.325	7.020	6.733	6.463	6.210	5.971	5.747	5.535	5.335
9	8.566	8.162	7.786	7.435	7.108	6.802	6.515	6.247	5.995	5.759
10	9.471	8.983	8.530	8.111	7.722	7.360	7.024	6.710	6.418	6.145
11	10.368	9.787	9.253	8.760	8.306	7.887	7.499	7.139	6.805	6.495
12	11.255	10.575	9.954	9.385	8.863	8.384	7.943	7.536	7.161	6.814
13	12.134	11.348	10.635	9.986	9.394	8.853	8.358	7.904	7.487	7.103
14	13.004	12.106	11.296	10.563	9.899	9.295	8.745	8.244	7.786	7.367
15	13.865	12.849	11.938	11.118	10.380	9.712	9.108	8.559	8.061	7.606
16	14.718	13.578	12.561	11.652	10.838	10.106	9.447	8.851	8.313	7.824
17	15.562	14.292	13.166	12.166	11.274	10.477	9.763	9.122	8.544	8.022
18	16.398	14.992	13.754	12.659	11.690	10.828	10.059	9.372	8.756	8.201
19	17.226	15.678	14.324	13.134	12.085	11.158	10.336	9.604	8.950	8.365
20	18.046	16.351	14.877	13.590	12.462	11.470	10.594	9.818	9.129	8.514
21	18.857	17.011	15.415	14.029	12.821	11.764	10.836	10.017	9.292	8.649
22	19.660	17.658	15.937	14.451	13.163	12.042	11.061	10.201	9.442	8.772
23	20.456	18.292	16.444	14.857	13.489	12.303	11.272	10.371	9.580	8.883
24	21.243	18.914	16.936	15.247	13.799	12.550	11.469	10.529	9.707	8.985
25	22.023	19.523	17.413	15.622	14.094	12.783	11.654	10.675	9.823	9.077
26	22.795	20.121	17.877	15.983	14.375	13.003	11.826	10.810	9.929	9.161
27	23.560	20.707	18.327	16.330	14.643	13.211	11.987	10.935	10.027	9.237
28	24.316	21.281	18.764	16.663	14.898	13.406	12.137	11.051	10.116	9.307
29	25.066	21.844	19.188	16.984	15.141	13.591	12.278	11.158	10.198	9.370
30	25.808	22.396	19.600	17.292	15.372	13.765	12.409	11.258	10.274	9.427
35	29.409	24.999	21.487	18.665	16.374	14.498	12.948	11.655	10.567	9.644
40	32.835	27.355	23.115	19.793	17.159	15.046	13.332	11.925	10.757	9.779
45	36.095	29.490	24.519	20.720	17.774	15.456	13.606	12.108	10.881	9.863
50	39.196	31.424	25.730	21.482	18.256	15.762	13.801	12.233	10.962	9.915

续表

n\i	11%	12%	13%	14%	15%	16%	17%	18%	19%	20%
1	0.901	0.893	0.885	0.877	0.870	0.862	0.855	0.847	0.840	0.833
2	1.713	1.690	1.668	1.647	1.626	1.605	1.585	1.566	1.547	1.528
3	2.444	2.402	2.361	2.322	2.283	2.246	2.210	2.174	2.140	2.106
4	3.102	3.037	2.974	2.914	2.855	2.798	2.743	2.690	2.639	2.589
5	3.696	3.605	3.517	3.433	3.352	3.274	3.199	3.127	3.058	2.991
6	4.231	4.111	3.998	3.889	3.784	3.685	3.589	3.498	3.410	3.326
7	4.712	4.564	4.423	4.288	4.160	4.039	3.922	3.812	3.706	3.605
8	5.146	4.968	4.799	4.639	4.487	4.344	4.207	4.078	3.954	3.837
9	5.537	5.328	5.132	4.946	4.772	4.607	4.451	4.303	4.163	4.031
10	5.889	5.650	5.426	5.216	5.019	4.833	4.659	4.494	4.339	4.192
11	6.207	5.938	5.687	5.453	5.234	5.029	4.836	4.656	4.486	4.327
12	6.492	6.194	5.918	5.660	5.421	5.197	4.988	4.793	4.611	4.439
13	6.750	6.424	6.122	5.842	5.583	5.342	5.118	4.910	4.715	4.533
14	6.982	6.628	6.302	6.002	5.724	5.468	5.229	5.008	4.802	4.611
15	7.191	6.811	6.462	6.142	5.847	5.575	5.324	5.092	4.876	4.675
16	7.379	6.974	6.604	6.265	5.954	5.668	5.405	5.162	4.938	4.730
17	7.549	7.120	6.729	6.373	6.047	5.749	5.475	5.222	4.988	4.775
18	7.702	7.250	6.840	6.467	6.128	5.818	5.534	5.273	5.033	4.812
19	7.839	7.366	6.938	6.550	6.198	5.877	5.584	5.316	5.070	4.843
20	7.963	7.469	7.025	6.623	6.259	5.929	5.628	5.353	5.101	4.870
21	8.075	7.562	7.102	6.687	6.312	5.973	5.665	5.384	5.127	4.891
22	8.176	7.645	7.170	6.743	6.359	6.011	5.696	5.410	5.149	4.909
23	8.266	7.718	7.230	6.792	6.399	6.044	5.723	5.432	5.167	4.925
24	8.348	7.784	7.283	6.835	6.434	6.073	5.746	5.451	5.182	4.937
25	8.422	7.843	7.330	6.873	6.464	6.097	5.766	5.467	5.195	4.948
26	8.488	7.896	7.372	6.906	6.491	6.118	5.783	5.480	5.206	4.956
27	8.548	7.943	7.409	6.935	6.514	6.136	5.798	5.492	5.215	4.964
28	8.602	7.984	7.441	6.961	6.534	6.152	5.810	5.502	5.223	4.970
29	6.650	8.022	7.470	6.983	6.551	6.166	5.820	5.510	5.229	4.975
30	8.694	8.055	7.496	7.003	6.566	6.177	5.829	5.517	5.235	4.979
35	8.855	8.176	7.586	7.070	6.617	6.215	5.858	5.539	5.251	4.992
40	8.951	8.244	7.634	7.105	6.642	6.233	5.871	5.548	5.258	4.997
45	9.008	8.283	7.661	7.123	6.654	6.242	5.877	5.552	5.261	4.999
50	9.042	8.304	7.675	7.133	6.661	6.246	5.880	5.554	5.262	4.999

续表

n\i	21%	22%	23%	24%	25%	26%	27%	28%	29%	30%
1	0.826	0.820	0.813	0.806	0.800	0.794	0.787	0.781	0.775	0.769
2	1.509	1.492	1.474	1.457	1.440	1.424	1.407	1.392	1.376	1.361
3	2.074	2.042	2.011	1.981	1.952	1.923	1.896	1.868	1.842	1.816
4	2.540	2.494	2.448	2.404	2.362	2.320	2.280	2.241	2.203	2.166
5	2.926	2.864	2.803	2.745	2.689	2.635	2.583	2.532	2.483	2.436
6	3.245	3.167	3.092	3.020	2.951	2.885	2.821	2.759	2.700	2.643
7	3.508	3.416	3.327	3.242	3.161	3.083	3.009	2.937	2.868	2.802
8	3.726	3.619	3.518	3.421	3.329	3.241	3.156	3.076	2.999	2.925
9	3.905	3.786	3.673	3.566	3.463	3.366	3.273	3.184	3.100	3.019
10	4.054	3.923	3.799	3.682	3.571	3.465	3.364	3.269	3.178	3.092
11	4.177	4.035	3.902	3.776	3.656	3.543	3.437	3.335	3.239	3.147
12	4.278	4.127	3.985	3.851	3.725	3.606	3.493	3.387	3.286	3.190
13	4.362	4.203	4.053	3.912	3.780	3.656	3.538	3.427	3.322	3.223
14	4.432	4.265	4.108	3.962	3.824	3.695	3.573	3.459	3.351	3.249
15	4.489	4.315	4.153	4.001	3.859	3.726	3.601	3.483	3.373	3.268
16	4.536	4.357	4.189	4.033	3.887	3.751	3.623	3.503	3.390	3.283
17	4.576	4.391	4.219	4.059	3.910	3.771	3.640	3.518	3.403	3.295
18	4.608	4.419	4.243	4.080	3.928	3.786	3.654	3.529	3.413	3.304
19	4.635	4.442	4.263	4.097	3.942	3.799	3.664	3.539	3.421	3.311
20	4.657	4.460	4.279	4.110	3.954	3.808	3.673	3.546	3.427	3.316
21	4.675	4.476	4.292	4.121	3.963	3.816	3.679	3.551	3.432	3.320
22	4.690	4.488	4.302	4.130	3.970	3.822	3.684	3.556	3.436	3.323
23	4.703	4.499	4.311	4.137	3.976	3.827	3.689	3.559	3.438	3.325
24	4.713	4.507	4.318	4.143	3.981	3.831	3.692	3.562	3.441	3.327
25	4.721	4.514	4.323	4.147	3.985	3.834	3.694	3.564	3.442	3.329
26	4.728	4.520	4.328	4.151	3.988	3.837	3.696	3.566	3.444	3.330
27	4.734	4.524	4.332	4.154	3.990	3.839	3.698	3.567	3.445	3.331
28	4.739	4.528	4.335	4.157	3.992	3.840	3.699	3.568	3.446	3.331
29	4.743	4.531	4.337	4.159	3.994	3.841	3.700	3.569	3.446	3.332
30	4.746	4.534	4.339	4.160	3.995	3.842	3.701	3.569	3.447	3.332
35	4.756	4.541	4.345	4.164	3.998	3.845	3.703	3.571	3.448	3.333
40	4.760	4.544	4.347	4.166	3.999	3.846	3.703	3.571	3.448	3.333
45	4.761	4.545	4.347	4.166	4.000	3.846	3.704	3.571	3.448	3.333
50	4.762	4.545	4.348	4.167	4.000	3.846	3.704	3.571	3.448	3.333